全国职业教育规划教材·财务会计系列
本书由教育教学——精品开放课程建设(国家改革试点项目 2012)(PXM2012-014306-000194)资助完成

会计基础理论与实务

主　编　崔晓翔
副主编　高红梅　方燕平　吴爱菊
参　编　邓　晖　何妮娅　李倚天
　　　　欧江林

北京大学出版社
PEKING UNIVERSITY PRESS

内容简介

本书基于高等职业院校会计专业“教、学、训、做、评”一体化的课程开发，以会计工作环节为链条，以企业经济业务的资金运动过程为载体，是校企合作开发的基于会计工作过程的课程教材。本书具有较强的实务操作性，重点训练学生认知、理解、掌握会计业务核算方法，能够独立完成有关凭证、账簿、报表的工作任务。

为便于教学，本书提供电子课件、习题答案、模拟案例及参考答案。本书适合高等职业院校财经类专业的会计基础教学，也可作为各类成人院校及企业会计从业人员的培训教材，还可用作普及会计基础知识与技能的自学用书。

图书在版编目(CIP)数据

会计基础理论与实务/崔晓翔主编. —北京：北京大学出版社，2016.12

（全国职业教育规划教材·财务会计系列）

ISBN 978-7-301-27508-5

Ⅰ.①会… Ⅱ.①崔… Ⅲ.①会计学—高等职业教育—教材 Ⅳ.①F230

中国版本图书馆 CIP 数据核字（2016）第 216368 号

书　　名　会计基础理论与实务
著作责任者　崔晓翔　主编
策 划 编 辑　成　淼
责 任 编 辑　李　玥
标 准 书 号　ISBN 978-7-301-27508-5
出 版 发 行　北京大学出版社
地　　址　北京市海淀区成府路 205 号　100871
网　　址　http://www.pup.cn　新浪微博：@北京大学出版社
电 子 信 箱　zyjy@pup. cn
电　　话　邮购部 62752015　发行部 62750672　编辑部 62765126
印 刷 者　三河市北燕印装有限公司
经 销 者　新华书店
787 毫米×1092 毫米　16 开本　13.5 印张　325 千字
2016 年 12 月第 1 版　2016 年 12 月第 1 次印刷
定　　价　32.00 元

前　言

“会计基础”是会计专业的核心课程，旨在帮助学生理解会计基本理论、会计工作过程，掌握会计日常核算方法，培养学生具备基本的会计职业素质。

本书以会计工作环节为链条，以企业经济业务的资金运动过程为载体，是校企合作开发的基于会计工作过程的课程教材。全书融“教、学、训、做、评”于一体，强化会计基础理论知识的运用。全书编写的主要特点是：

（1）按照《中华人民共和国会计法》《企业会计准则》等法律法规精神编写。

（2）定位于会计高等职业教育，校企合作开发教材，力图体现工学结合的特点。

（3）编排新颖、结构严谨。我们根据企业调研和专家意见，以会计工作环节“确认、计量、记录、报告”为主线，以企业经济业务的资金运动过程为载体，将会计基础知识融于会计工作过程中。本书突出“教、学、做”的职业教育理念，各部分包括“学习目标”“案例导入”“知识讲解”“案例学习”“教、学、做一体化训练”“拓展思维”“总结评价”等内容。这种教学模式，比较符合高职学生对会计理论和方法的认知理解。

（4）详略得当，讲练结合。本书在保持会计基本理论框架完整的同时，遵循“必需、够用”的原则，强调高等职业教育教学的实用性以及职业标准，重点训练学生认知、理解、掌握会计业务核算方法，使其能够独立完成有关凭证、账簿、报表的工作任务。其中，项目七完整配备了一家企业的模拟案例。

本书由中企港财务顾问有限公司、北京爱思济会计师事务所有限公司和北京电子科技职业学院合作开发，由会计行业专家、企业会计工作人员和会计专业教师共同编写。本书编写人员具有丰富的教学经验和实践经验，多位参编人员拥有注册会计师资格。参编单位包括北京电子科技职业学院、北京劳动保障职业学院、北京联合大学职业教育学院、中企港财务顾问有限公司、北京爱思济会计师事务所有限公司等。编写人员具体分工为：崔晓翔编写项目一、五，邓晖编写项目二，何妮娅、李倚天编写项目三，方燕平编写项目四，高红梅编写项目六，吴爱菊编写项目七，欧江林编写项目八。

在编写过程中参编人员通力协作，参考了国内外大量文献；中企港财务顾问有限公司杜军、钟鹏，北京爱思济会计师事务所有限公司王金国，北京财贸职业学院孙连香等老师在本书编写过程中给予了大力支持，在此一并表示感谢。

书中如有疏漏之处，恳请广大读者、同行指正。

编　者

2016 年 11 月

目　　录

项目一

企业经济业务活动运行环境

——企业认知

学习目标

◎ 认识企业经济业务运行的内外部环境。

◎ 初步了解企业经济业务活动的流程和企业资金运动过程。

◎ 在了解会计的产生和发展过程的基础上，理解会计的目标和职能。

◎ 认识会计工作的主要内容，熟悉会计核算方法。

案例导入

每年9月份会计专业新生入学的时候，老师都要问大家为什么选择学习会计，同学们的回答往往是："每个公司都有会计""希望找个好工作""会计收入稳定"，甚至有的说"由家长决定的"……新生们的回答往往是比较模糊、茫然的。

我们需要先澄清关于会计专业就业前景的问题。确实大部分单位都设置有财务部门，需要出纳、会计、财务经理等专业人员，进行企业日常现金收支、会计核算、纳税申报、融资业务等，这些属于企业组织行为的一部分工作内容。

会计专业的就业率、收入水平高低都是相对的。入职会计岗位必须先取得会计从业资格证书。如果要在专业领域有所成就，还要付出很多努力，需要考取国际注册会计师(ACCA)资格、注册会计师(CPA)资格、IT审计师(CISA)资格等证书，这样你的择业竞争力将大幅度提升，同时收入也会相当可观。

知识讲解

1.1 企业经济业务活动运行环境

1.1.1 什么是企业

企业就是按照市场需求自主组织生产经营，以提高经济效益、劳动生产率和实现资产保值增值为目的的社会经济组织。企业通常应具备两个特征：一是能够给社会提供服务或产品;二是以营利为目的,不以营利为目的的社会组织不能称之为企业。根据组织形式不同,企业可以分为独资企业、合伙企业和公司三种形式。

公司与企业的概念不同,公司是企业的一种形式,是按照特定的法律程序设立的组织。《中华人民共和国公司法》(以下简称《公司法》)规定,公司包括股份有限公司、有限责任公司、国有独资公司三种形式。

提示

企业的含义要比公司广,公司一定是法人,而企业不一定是法人。

1. 企业目标和企业行为

企业目标就是创造价值,实现其宗旨所要达到的预期成果。如中远公司目标是“创国际一流企业,跻身世界500强”。企业目标就是企业发展的终极方向,是指引企业航向的灯塔,是激励企业员工不断前行的精神动力,没有目标的企业是没有希望的企业。

企业行为是指追求一定目标的企业社会活动。也就是企业在内部动力和外部约束的作用下,追求企业目标的经济活动。例如,企业在成立过程中申请注册登记、领取营业执照、申请刻制印章、办理税务登记、购买所需发票、申请开户、购买支票等。开始营业时需要租赁或购买地皮,租赁或建造办公楼、车间和仓库,购买机器设备,采购原材料,支付日常费用,进行产品研发、市场开拓,招募、组织员工从事生产经营等。

一个企业从成立、建造到营业,无时无刻不在进行各种活动,而这些活动的目的就是实现资产的保值增值。

2. 企业的经营环境

影响企业行为的因素主要有市场条件的变化、政府的经济行动意向、科学技术发展水平、投资环境和资金使用状况、政府财政收支状况、企业内部的利益分配、企业经营者的素质等。正是这些因素构成了企业经营的内外部环境。

(1) 企业经营的外部环境。

企业经营的外部环境是对企业外部的政治环境、社会环境、技术环境、经济环境等的总称。政治环境是指国家的方针政策、法令法规,国内外政治形势的发展状况。社会环境是指人口、居民的收入或购买力,居民的文化教育水平等。技术环境是指与本行业有关的科学技术水平和发展趋势。经济环境则包括宏观经济形势、世界经济形势、行业在经济发展中的地位以及企业的直接市场等。其中,企业的直接市场是与企业关系最密切、影响最大的环境因素,具体包括销售市场、供应市场、资金市场、劳务市场等。

请大家通过政府机构网站页面,进一步了解有关政府机构的部门职责。如图1-1所示是首都之窗—北京市政务门户网站 www.beijing.gov.cn 中的政府网站导航,点击各办事机构,可以全面了解各职能部门的机构简介、动态信息、法律法规、为民服务指南以及相关资料下载等内容。

图 1-1 首都之窗——北京市政务门户网站

（2）企业经营的内部环境。

企业内部环境是指企业内部的物质、文化环境的总和，包括企业资源、指导思想和经营理念、企业家能力和工作作风、企业文化等因素，也称为企业内部条件。

我们可以从了解企业内部功能系统和内部组织机构着手，分析一个具体企业的内部经营环境。企业内部功能系统一般由供、产、销、研四个子系统构成。企业内部组织机构是有关企业人、财、物、管理政策与制度的具体安排，主要有直线职能组织和事业部组织，其中直线职能组织适用于中小型制造企业，事业部组织结构主要适用于大企业。

现代企业法人治理结构由股东大会、董事会、监事会和由高层经理人员组成的执行机构四部分组成。其中股东大会选举董事组成董事会，并将自己的资产交给董事会托管。董事会是公司的最高决策结构，拥有对高层经理人员的聘用、奖惩及解雇权。股东大会同时选举监事组成监事会，负责监督检查企业的财务状况和业务执行状况。高层经理人员组成的执行机构在董事会的授权范围内负责公司的日常经营。

3. 企业的分类

（1）企业按性质分类。

根据《公司法》及有关法律法规的相关规定，企业按性质可分为国有企业、集体企业、联营企业、股份合作制企业、私营企业、个体户、合伙企业、有限责任公司、股份有限公司。其中，有限责任公司是依照《公司法》设立，股东以其出资额为限对公司承担责任，公司是以其全部财产对公司债务承担责任的企业法人。股份有限公司是依照《公司法》设立，其全部资本分为等额股份，股东以其所持股份为限对公司承担责任，公司是以其全部资产对公司的债务承担责任的企业法人。

（2）企业按规模分类。

根据工业和信息化部、国家统计局等四部委于 2011 年 6 月 18 日联合印发的《关于印发中小企业划型标准规定的通知》，我国目前将中小企业划分为中型、小型、微型三种类型，具体标准根据企业从业人员、营业收入、资产总额等指标，结合行业特点，以统计部门的统计数据为依据对企业类型进行划分。具体的各行业划型标准如表 1-1 所示。

表 1-1　各行业划型标准

行业名称	指标名称	计量单位	中型	小型	微型
农、林、牧、渔业	营业收入(Y)	万元	500≤Y＜20000	50≤Y＜500	Y＜50
工业	从业人员(X) 营业收入(Y)	人 万元	300≤X＜1000 2000≤Y＜40000	20≤X＜300 300≤Y＜2000	X＜20 Y＜300
建筑业	营业收入(Y) 资产总额(Z)	万元 万元	6000≤Y＜80000 5000≤Z＜80000	300≤Y＜6000 300≤Z＜5000	Y＜300 Z＜300
批发业	从业人员(X) 营业收入(Y)	人 万元	20≤X＜200 5000≤Y＜40000	5≤X＜20 1000≤Y＜5000	X＜5 Y＜1000
零售业	从业人员(X) 营业收入(Y)	人 万元	50≤X＜300 500≤Y＜20000	10≤X＜50 100≤Y＜500	X＜10 Y＜100
交通运输业	从业人员(X) 营业收入(Y)	人 万元	300≤X＜1000 3000≤Y＜30000	20≤X＜300 200≤Y＜3000	X＜20 Y＜200
仓储业	从业人员(X) 营业收入(Y)	人 万元	100≤X＜200 1000≤Y＜30000	20≤X＜100 100≤Y＜1000	X＜20 Y＜100
邮政业	从业人员(X) 营业收入(Y)	人 万元	300≤X＜1000 2000≤Y＜30000	20≤X＜300 100≤Y＜2000	X＜20 Y＜100
住宿业	从业人员(X) 营业收入(Y)	人 万元	100≤X＜300 2000≤Y＜10000	10≤X＜100 100≤Y＜2000	X＜10 Y＜100
餐饮业	从业人员(X) 营业收入(Y)	人 万元	100≤X＜300 2000≤Y＜10000	10≤X＜100 100≤Y＜2000	X＜10 Y＜100
信息传输业	从业人员(X) 营业收入(Y)	人 万元	100≤X＜2000 1000≤Y＜100000	10≤X＜100 100≤Y＜1000	X＜10 Y＜100
软件和信息技术服务业	从业人员(X) 营业收入(Y)	人 万元	100≤X＜300 1000≤Y＜10000	10≤X＜100 50≤Y＜1000	X＜10 Y＜50
房地产开发经营	营业收入(Y) 资产总额(Z)	万元 万元	1000≤Y＜200000 5000≤Z＜10000	100≤Y＜1000 2000≤Z＜5000	Y＜100 Z＜2000
物业管理	从业人员(X) 营业收入(Y)	人 万元	300≤X＜1000 1000≤Y＜5000	100≤X＜300 500≤Y＜1000	X＜100 Y＜500
租赁和商务服务业	从业人员(X) 资产总额(Z)	人 万元	100≤X＜300 8000≤Z＜120000	10≤X＜100 100≤Z＜8000	X＜10 Z＜100
其他未列明行业	从业人员(X)	人	100≤X＜300	10≤X＜100	X＜10

提示

涉及会计工作的规范制度有很多，包括《中华人民共和国会计法》《企业会计准则》《企业财务会计报告条例》《会计基础工作规范》和《会计档案管理办法》等。

1.1.2　企业的经济业务活动和资金运动过程

1. 企业经济业务活动的流程

企业在“持续经营”的情况下，年初需制订企业全年的运营计划和财务预算，并提交董事会和股东大会决议通过。企业运营过程中包括资金运作、采购业务、物流管理、生产控制、销售业务、日常办公、利润分配等环节。这些内容均可以通过会计核算予以反映和监督，如图1-2所示。

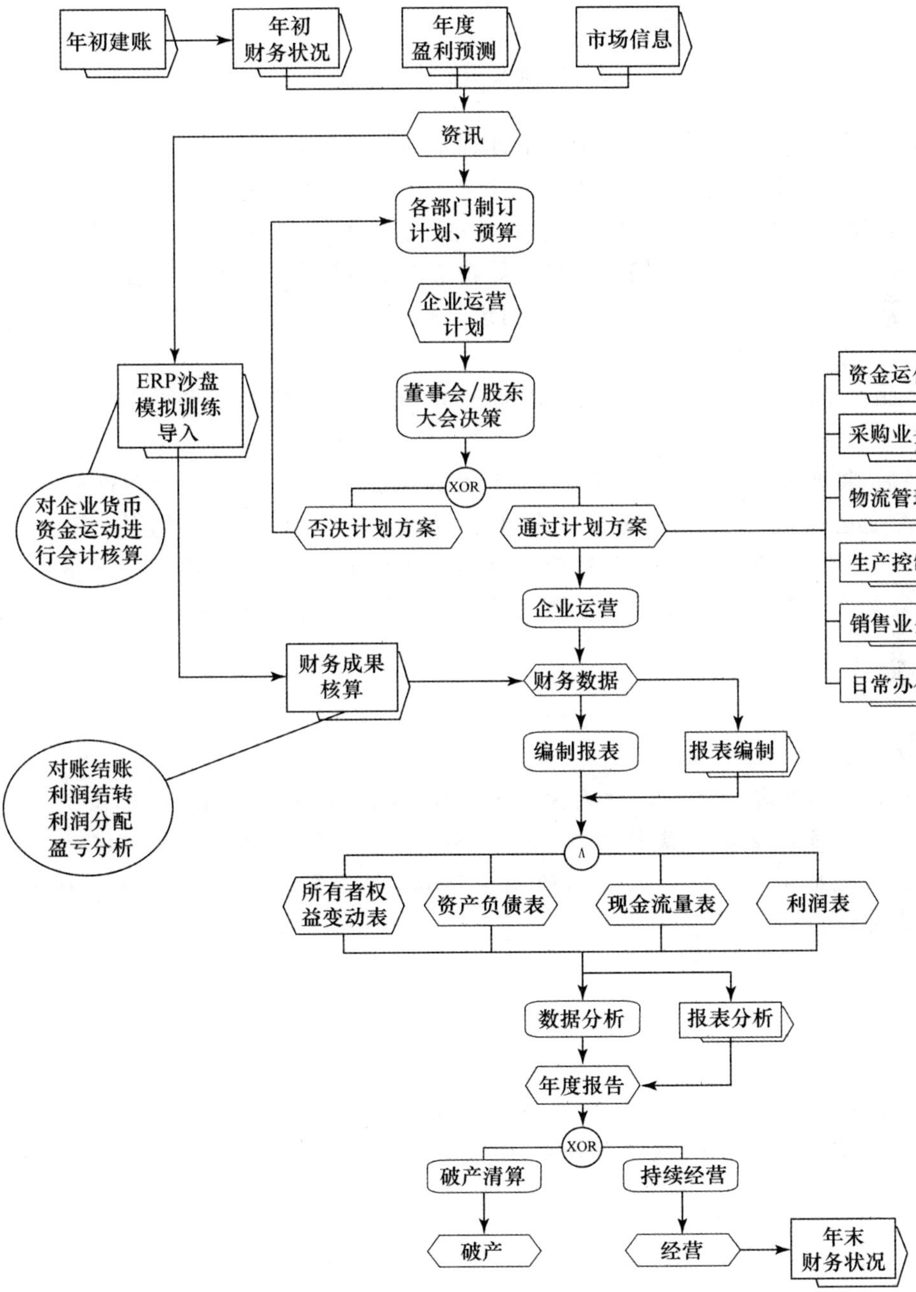

图1-2　企业财务成果核算业务流程

2. 企业资金运动过程

企业的整个经营过程，用货币计量，从货币资金开始，又回到货币资金，其经营过程实质是一个资金循环过程。如图 1-3 所示。

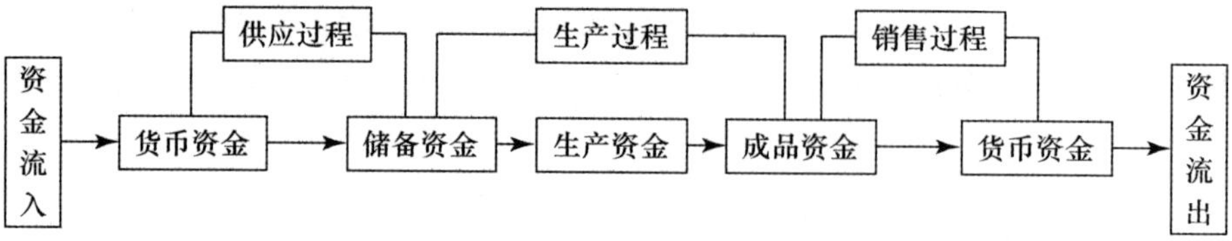

图 1-3 企业资金循环过程

企业资金运动过程中，资金表现为以下几种不同的占用形态。

(1) 企业存放在银行的存款和存放在保险柜里的现金，我们称之为货币资金形态。

(2) 企业用现金或银行存款购买了原材料并存放在仓库里，以备生产经营所需，货币资金就转化到原材料等物资上，我们把原材料等物资占用的资金称为储备资金形态。

(3) 企业将原材料从仓库发到生产车间进行产品生产，我们把正在加工中的产品所占用的资金称为生产资金形态。

(4) 产品在车间生产完工，要转入产成品仓库，我们把完工产品所占用的资金称为成品资金形态。

(5) 最后，将产成品出售，收回现金或银行存款，成品资金又转化为货币资金形态。

企业资金运动过程从货币资金形态开始，沿着供应、生产、销售这三个过程，历经储备资金形态、生产资金形态、成品资金形态，转到新的货币资金形态(增值后的)，这个周而复始的资金循环过程，也称之为资金周转。会计的对象就是企业的资金运动。

提示

任何工作都有其特定的工作对象，会计工作也不例外。一般来说，会计对象就是指会计工作所要核算和监督的内容。具体来说，会计对象是指企事业单位在日常经营活动或业务活动中所表现出的资金运动，即资金运动构成了会计核算和会计监督的内容。

案例学习

参考某企业职能部门的设置情况(如图 1-4 所示)，分设学习小组模拟组建企业运营团队，制定企业经营目标，拟订年度工作计划，明确岗位分工。

总经理	财务主管	营销主管	生产主管	供应主管
制定发展战略	日常财务记账和登账	市场调查分析	产品研发管理	编制采购计划
竞争格局分析	向税务部门报税	市场进入策略	管理体系认证	供应商谈判
经营指标确定	提供财务报表	品种发展策略	固定资产投资	签订采购合同
业务策略制定	日常现金管理	广告宣传策略	编制生产计划	监控采购过程
全面预算管理	企业融资策略制定	制订销售计划	平衡生产能力	到货验收
管理团队协同	成本费用控制	争取定单与谈判	生产车间管理	仓储管理
企业绩效分析	资金调度与风险管理	签订合同与过程控制	产品质量保证	采购支付抉择
业绩考评管理	财务制度与风险管理	按时发货应收款管理	成品库存管理	与财务部协调
管理授权与总结	财务分析与协助决策	销售绩效分析	产品外协管理	与生产部协同

图 1-4　某企业职能部门的设置情况

资料来源：《用友 ERP 教学系统》。

1.2　企业经济业务活动的会计核算认知

1.2.1　会计发展史

会计是适应人类社会生产发展和经济管理的要求而产生和发展起来的，其发展史可以概括为古代会计、近代会计、现代会计三个阶段。

(1) 古代会计是从会计活动产生到复式记账法出现之前的一段时期。

在最早的生产活动中，人类就认识到有必要对其劳动耗费与劳动成果进行计量、计算、记录和登记，“绘图、刻符、结绳、刻契记事等形式”就可以看作是会计的萌芽。文明古国中国、古巴比伦、古埃及与古印度都曾留下了对会计活动的记载。我国《周礼》中有会计官职的设置，例如，“司会”掌管国家和地方的财产物资；元代就形成了“四柱清册”，即“旧管＋新收－开除＝实在”(相当于现代会计中的期初结存数＋本期收入数－本期支出数＝期末结存数)；明清产生了“龙门账”，即把全部账目分为“进、缴、存、该”四部分(相当于现代会计中的收入、支出、资产、负债)。

古代会计采用的是单式簿记，即对所发生的经济业务只记录其一个方面，并主要侧重债权、债务和货币资金。在具体记录过程中，并不采用统一的货币计量单位，而是以实物量度为主，由于各类实物量度单位不能直接汇总，也就不能在最后编制综合的汇总报告，会计信息的作用也受到极大的限制。

(2) 近代会计从复式记账法产生，一直延续到美国“公认会计准则”的形成。

这一时期开始于 13—16 世纪意大利地中海沿岸资本主义的萌芽。当时社会生产力有了一定的发展，出现了商品和货币，商品经济形态逐渐形成。同时受十字军东征和海外冒险的深刻影响，财富在意大利越来越集中，地中海沿岸的一些城市发展成为世界贸易的中心。此时意大利的商业和金融业在西欧各国中最为发达，意大利人几乎垄断了国际金融业，意大利商人变成商人兼金融家，他们创办银行，并在欧洲各国开办分行或设置分支机构，从事信贷和高利贷业务。单式簿记方法已经不能满足金融业规模不断扩大的需要，尤其是银行业务的处理方法，复式簿记方法随之诞生了。

18—19世纪产业革命的兴起、股份公司的出现、所有权和经营权的分离，对近代会计的发展产生了重要影响。1854年，苏格兰成立了世界上第一家特许会计师协会，这被誉为是继复式簿记后会计发展史上的又一个里程碑。

1929—1933年的经济危机过后，人们认为松散、不规范的会计实务是经济危机爆发的主要原因之一。为了挽救会计职业，会计界认为必须着手制定会计准则。1934年，第一批公认会计准则(GAAP)得到纽约证券交易所和会计师协会的共同认可。1937年，美国证券交易委员会(SEC)开始公布与上市公司信息披露有关的法规《会计系列公告》(ASR)，并在ASR No.4中将制定会计准则的权力赋予会计职业界，而证券交易委员会则保留监督权与最终的否决权。此后，会计准则制定团体先后经历了“会计程序委员会”(CAP)、“会计原则委员会”(APB)以及现在的“会计准则委员会”(FASB)。其中，会计准则委员会自成立以来，迄今已经公布了133份财务会计准则公告(SFAC or FAS)。

(3) 现代会计一般是指20世纪50年代以后的会计理论与实践活动。

第二次世界大战后，随着资本主义经济的进一步发展，以及信息论、控制论、系统论和现代数学方法、电子计算机技术的开发应用，传统会计的社会服务职能和内部管理职能逐步分离，从而形成了财务会计和管理会计相互依存又相对独立的两大会计分支。财务会计是通过对企业经济信息的加工处理，定期地编制财务报表，并对外披露；而管理会计则是利用财务报表的资料以及其他相关信息，运用数学和统计的方法，对企业的经营活动作出分析和决策。从20世纪50年代开始，管理会计逐渐由单纯的执行性管理会计阶段(侧重于标准成本、预算控制和差异分析)，过渡到以“决策与计划会计”和“执行会计”为主体，把决策会计放到主要位置的现代管理会计阶段。管理会计从传统的、单一的会计系统中分离出去，是会计发展史上第三座里程碑。

另一方面，如何保证会计信息的真实性、可靠性，如何规范会计的核算体系成为各国会计界研究的重要课题。以美国为先导，各国纷纷建设自己的会计规范体系，经过几十年的不断完善，适应新经济形式和资本市场全球化的国际会计准则应运而生。

1.2.2 会计的含义和职能

1. 会计的含义

会计是以货币为主要计量单位，以原始凭证为依据，采用一系列专门的方法和程序，对企事业单位发生的经济业务活动进行连续、系统、全面、综合的确认、计量、记录和报告，并向利益相关者提供会计信息的一种管理活动。

(1) 会计以货币为主要计量单位。

“货币计量假设”是会计核算的基本前提条件之一。货币计量是指会计主体在会计核算过程中采用货币作为统一的主要的计量单位，记录、反映会计主体的经营情况。会计所反映的企业生产经营活动，也要用实物计量单位和劳动计量单位，但只有货币计量单位才具有高度综合性。

(2) 会计以真实、合法的原始凭证为依据。

原始凭证是在经济业务发生时取得或填制的，用以记录经济业务的发生和完成情况的直接书面证明，是会计核算的原始依据。原始凭证不仅记录着经济业务的过程和结果，也明确了经济责任。会计以真实、合法的原始凭证为依据，以确保会计信息真实可靠。

（3）会计运用专门的核算方法。

会计的核算方法包括设置会计科目和账户、复式记账、填制和审核会计凭证、登记账簿、成本计算、财产清查和编制财务报告等。

（4）会计工作的主要环节是对经济业务活动进行确认、计量、记录和报告。

会计工作过程包括确认、计量、记录和报告四个阶段。会计确认是指依据规定的标准和方法，确定是否将企业的经济业务活动记入会计凭证、账簿并列入会计报表的过程。会计计量是指运用一定的计量单位和计量属性，确定被记录项目金额的过程。会计记录是指将经过确认和计量的信息在会计特有的载体上予以查记的过程。会计报告是指将日常记录的会计信息归类整理后编制成财务会计报告，以便提供给使用者的过程。

（5）会计工作有明确的质量要求。

会计核算的一般原则分为会计信息质量要求的原则、会计确认与计量的原则、会计修正性的原则等三大类，会计工作是对企业经济业务活动进行连续、系统、全面、综合的核算与监督。

（6）会计信息的使用者是企业利益相关者。

编制会计报表的目的是为了向会计报表的使用者提供其在经济决策中有用的信息，包括企业的财务状况、经营业绩和现金流量的资料。会计信息的使用者涉及企业现有和潜在的投资人、债权人、经营管理者、内部员工、供应商、客户等，乃至政府及其机构。

（7）会计管理活动的特点是价值管理。

会计目标是指会计工作所要达到的终极目的，是评价企业会计工作是否有效合理的标准。作为经济管理工作重要组成部分的会计管理工作，以提高经济效益作为最终目标。

2. 会计的职能

《中华人民共和国会计法》（以下简称《会计法》）对会计的基本职能表述为会计核算与会计监督。

会计核算职能是指会计对企业经济业务活动进行确认、计量、记录，并进行汇总、报告。会计监督职能是指会计在其核算过程中对企业经济业务活动的合法性、合理性和有效性所进行的审查。

会计核算和会计监督两个基本职能存在着密切的内在联系，相辅相成。会计核算是基础，会计不能离开核算而孤立地进行监督，离开了核算，监督就没有依据。同时，核算的过程也是监督的过程，只有通过监督才能进行有效核算，保证核算资料的真实可靠，离开了监督，核算就没有保证。

会计职能不是一成不变的。随着社会经济的发展和经济管理的现代化，除了会计核算和会计监督两个基本职能外，会计还有分析经济情况、预测经济前景、参与经济决策、评价经营业绩等多种职能。

提示

各单位应当建立、健全本单位内部会计监督制度。单位内部会计监督制度应当符合下列要求。

（1）记账人员与经济业务事项和会计事项的审批人员、经办人员、财物保管人员的职责权限应当明确，并相互分离、相互制约。

（2）重大对外投资、资产处置、资金调度和其他重要经济业务事项的决策和执行的相互监督、相互制约程序应当明确。

（3）财产清查的范围、期限和组织程序应当明确。

（4）对会计资料定期进行内部审计的办法和程序应当明确。

1.2.3 会计核算方法

会计核算的专门方法有七个，包括复式记账、设置账户、填制和审核会计凭证、登记账簿、成本计算、财产清查和编制会计报告。

1. 复式记账

复式记账法是会计核算的基本方法，它是对每项发生的经济业务都以相等的金额在两个或两个以上相互联系账户中进行记录的方法。复式记账法从近代会计时期产生以后，在实践活动中不断发展和完善，是符合会计基本平衡关系原理的一种比较完善、科学的记账方法。

2. 设置账户

设置账户是指对会计对象的具体内容（即会计要素）进行更具体的科学分类、核算和监督的一种专门方法。会计要素是会计对象（即企业经济业务活动）的具体化，是大的分类。经济活动的复杂多样性，使各会计要素的存在及表现形式也多种多样，这就要求对会计要素作进一步的分类，并在此基础上进行分类记录、核算和监督，从而取得有用的会计信息。

3. 填制和审核会计凭证

会计凭证是记录经济业务、明确经济责任并据以登记会计账簿的书面证明，是会计核算程序的初始阶段。会计凭证有反映经济业务实际发生和完成情况的原始凭证，还有对原始凭证初步分类整理加工后作为记账直接依据的记账凭证。对已经发生或完成的经济业务，都要由经办人员或有关单位填制会计凭证，所有凭证都要经过会计部门和有关部门的审核，经过审核并认为正确无误的凭证才能作为登记账簿的依据。只有通过对会计凭证的填制和审核，才能保证会计资料的真实性、合法性、合理性。

4. 登记账簿

会计账簿是指由一定格式的账页组成的，以会计凭证为依据，用以全面、连续、系统地记录各项经济业务的簿籍。它是会计账户的表现形式，是加工和保存会计数据资料的重要工具，也是会计核算的重要文件资料。登记账簿把复式记账和设置账户融为一体，根据会计凭证所提供的原始核算资料，将所有经济业务按其发生的时间顺序，分类记入有关账户，并定期地进行对账和结账，从而为编制会计报表提供必要的资料。

5．成本计算

成本计算是对企业生产经营过程中发生的各种耗费，按照一定的对象和标准进行归集和分配，计算出各经营对象的总成本和单位成本的一种专门方法。产品成本是产品定价的重要依据，同时，成本信息反映了生产技术与组织状况以及企业经营管理水平，是成本管理和控制的依据。

6．财产清查

财产清查是指通过对货币资金、实物资产和往来款项的盘点或核对，确定其实存数，以查明账存数与实存数是否相符的一种专门方法。在清查中，如果发现账实不符，应分析原因，明确责任，作出相应处理，并调整账簿记录，使账实完全一致。账簿记录的数据只有达到准确无误、真实可靠，才能用来编制会计报表。财产清查对于保证会计核算资料的客观真实性，监督财产物资的安全完整与合理使用，具有重要的作用。

7．编制会计报告

会计报告是企业根据账簿记录的数据资料，定期编制的、总括反映企业在某一时点的财务状况、一定期间的经营成果及其现金流量变动情况的报告文件。编制会计报告是对分散在账簿中的日常核算资料进行加工整理，可为国家有关部门、投资者、经营管理者等企业的利益相关者在决策时提供有用的会计信息。会计报表是会计数据加工的最终成果，是输出会计信息的主要工具。我国《企业会计准则》规定，对外报送的会计报表包括资产负债表、利润表、现金流量表及相关附表。

上述会计核算的各种方法相互联系、密切配合，构成了一个完整的核算方法体系，如图 1-5 所示。

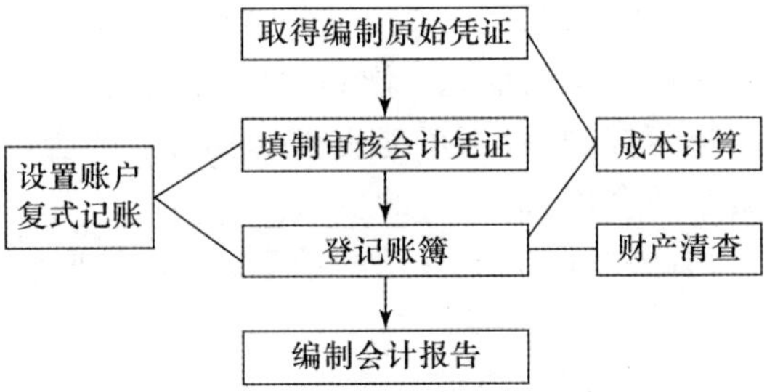

图 1-5　会计核算方法关系图

教、学、做一体化训练

一、知识测试

1．单项选择题

（1）会计的基本职能是（　　）。

A．控制与监督　　B．反映与监督

C．反映与核算　　D．反映与分析

（2）属于会计工作实践产生的结果的是（　　）。

A. 会计作用　　B. 会计任务

C. 会计目的　　D. 会计对象

(3) 会计核算的具体对象是(　　)。

A. 实物运动　　B. 资金运动

C. 会计运动　　D. 经济运动

(4) 确定会计核算工作空间范围的前提条件是(　　)。

A. 会计主体　　B. 持续经营

C. 会计分期　　D. 货币计量

(5) 会计的管理活动论认为(　　)。

A. 会计是一种经济管理活动

B. 会计是一个经济信息系统

C. 会计是一项管理经济的工具

D. 会计是以提高经济效益为目的的一种管理活动

2. 多项选择题

(1) 下列说法正确的有(　　　)。

A. 会计是适应生产活动发展的需要而产生的

B. 会计是生产活动发展到一定阶段的产物

C. 会计从产生、发展到现在经历了一个漫长的发展历史

D. 经济越发展,会计越重要

(2) 以下有关会计基本职能的关系,正确的说法有(　　　)。

A. 反映职能是监督职能的基础

B. 监督职能是反映职能的保证

C. 没有反映职能提供可靠的信息,监督职能就没有客观依据

D. 没有监督职能进行控制,就不可能提供真实可靠的会计信息

E. 两大职能是紧密结合,辩证统一的

(3) 会计的目标就是为有关方面提供有用的信息,针对企业来说,会计提供的信息应当(　　　)。

A. 符合国家宏观经济管理的要求

B. 满足各方了解企业财务状况和经营成果的需要

C. 满足企业内部经营管理的需要

D. 满足信息使用者决策的需要

E. 满足公众了解企业经营状况的需要

(4) 关心企业的内在风险和报酬的会计报表使用者是(　　　)。

A. 股东　　B. 债权人

C. 潜在投资者　　D. 企业职工

(5) 有关“公司”的说法正确的是(　　　)。

A. 公司都是法人

B. 企业都是公司

C. 公司是依据《公司法》成立的组织

D. 企业都是法人

3. 判断题

(1) 会计主体是指企业法人。 (　　)

(2) 会计反映具有连续性，而会计监督只具有强制性。 (　　)

(3) 会计学科体系中包括理论会计学和应用会计学两大部分。 (　　)

(4) 会计七大核算方法是一个完整的方法体系。 (　　)

(5) 会计和财务是既有区别又相互联系的两项工作。 (　　)

二、实务操作

请分组学习，模拟组织企业运营团队，财务主管协同总经理及各部门主管初步拟订年度工作计划、财务预算草案。

拓展思维

一、课外阅读

潘序伦先生是国内外颇负盛名的会计学家和教育家，被国外会计界誉为“中国会计之父”。

潘序伦1921年毕业于圣约翰大学获得文学士学位。同年被保送至美国哈佛大学商业管理学院，选修了会计学科。1923年，潘序伦获得哈佛大学企业管理硕士学位，翌年又获得哥伦比亚大学经济博士学位。

1924年，潘序伦学成回国，任上海商科大学教务主任兼会计主任等职。1927年，创办了潘序伦会计事务所(后更名为立信会计师事务所)，并编译出版会计丛书，创办会计学校。1930年12月，潘序伦任国民政府主计处筹委会委员，1931年任主计处主计官。由他创办的立信会计补习学校、立信会计专科学校和立信高级会计职业学校培养的学生逾10万人，遍布全国各地，远达美、德、日等20多个国家和地区。迄今，“立信会计”名声远扬，潘序伦在我国会计界功不可没。

让我们铭记潘序伦先生的教导：“信以立志、信以守身、信以处事、信以待人，毋忘立信，当必有成。”

二、课后思考题

1. 企业经营过程中应该联系哪些机构，办理哪些手续？

2. 讨论有限责任公司与股份有限公司的异同。

3. 企业经营过程离不开会计，会计该遵守的“规矩”——会计法、准则、制度、条例等，你知道多少？

4. 会计信息的使用人有哪些？对会计信息的需求侧重在哪些方面？

5. 会计核算的各种方法在会计核算工作中是如何相互配合运用的？

总结评价

一、本章总结

企业就是按照市场需求自主组织生产经营，以提高经济效益、劳动生产率和实现资产保值增值为目的的社会经济组织。

企业经营的内外部环境因素影响企业行为，主要有市场条件的变化、政府的经济行动意向、科学技术发展水平、投资环境和资金使用状况、政府财政收支状况、企业内部的利益分配、企业经营者的素质等。

企业的分类方法有很多，我们应关注有限责任公司与股份有限公司的异同。

企业资金运动过程从货币资金形态开始，沿着供应、生产、销售这三个过程，历经储备资金形态、生产资金形态、成品资金形态，转到新的货币资金形态（增值后的）。

会计是以货币为主要计量单位，以原始凭证为依据，采用一系列专门的方法和程序，对企事业单位发生的经济业务活动进行连续、系统、全面、综合的确认、计量、记录和报告，并向利益相关者提供会计信息的一种管理活动。会计是适应人类社会生产发展和经济管理的要求而产生和发展起来的。会计发展史可以概括为古代会计、近代会计、现代会计三个阶段。

复式记账、设置账户、填制和审核会计凭证、登记账簿、成本计算、财产清查和编制会计报告是会计核算的专门方法。

二、自我评价

评价项目	评价内容	备注
本章重点		
本章难点		
我的问题		

项目二

企业经济业务活动的确认

——原始凭证

学习目标

◎ 认识不同行业的企业经济业务运行的基本流程。
◎ 能够识别企业常见经济业务的原始凭证。
◎ 能够填制企业常见业务的原始凭证。
◎ 熟悉原始凭证的审核要点。

案例导入

改革开放以来被处决的最年轻女贪污犯

刘伊平，广州白云机场售票员，因贪污 55 万元获罪（赃款已全部追缴），于 1991 年被处以死刑。死前她在狱中与丈夫通信多次，并写下一万多字的日记，表达了对自己犯罪的悔恨之情，被枪毙时年仅 23 岁。刘伊平将贪污所得都存了起来，一分钱都没花出去，尚未造成不可挽回的经济损失，但她仍被处以死刑。因为当时处于严打经济犯罪的高潮，她被定为顶风作案。

据采访过刘伊平的记者周小瑾说，刘伊平主要通过改机票，把国内航班改成国外航班，人民币变成美金，一个人变成几批人，通过这样的方式套取人民币和美金。刘伊平第一次犯罪是因为她找错了一位顾客 500 元钱，那位顾客拿了钱扭头就走，她就亏了。亏了以后，她就采用不当的办法补偿，发现有很高的回报，她觉得这完全有一个空档可以钻，且就这样做下去了。

刘伊平被判处死刑后，留下了遗书，其中这样写道："人生是一种际遇，是一种不复再有的邀请，我应邀来到世界上自由生长了 7700 多个日夜。活着的时候，有知有觉。不知多少天以后，我会被它重新收回，让留下的白发人泪眼望晴空，哀吟着寻找我的影踪。""不是畏惧死亡，不是畏惧结束，而是畏惧内心的谴责，畏惧临死之前，无法偿还的债，无法洗刷所犯的罪过。年轻的灵魂，永远没有安息的那一刻……"

（资料来源：观察者，www.guancha.cn。）

知识讲解

2.1 企业经济业务流程概述

2.1.1 不同行业的企业经营

企业按照其从事经营活动内容的不同，主要分为农业企业、工业企业和服务性企业(如商贸流通企业、金融企业、房地产企业、电子商务企业、物流企业等)。农业企业主要从事农、林、牧、副、渔业等生产经营活动；工业企业主要从事工业性生产经营活动或工业性劳务活动，一般包括供应、生产、销售三个生产经营环节；服务性企业主要从事交通运输、餐饮、住宿、旅游、批发、零售等服务性劳务活动，与前者最大的区别在于其没有生产环节。

1. 工业企业

工业企业的经营过程主要包括筹资、供应、生产、销售和分配五个方面。工业企业的经营过程如图 2-1 所示。

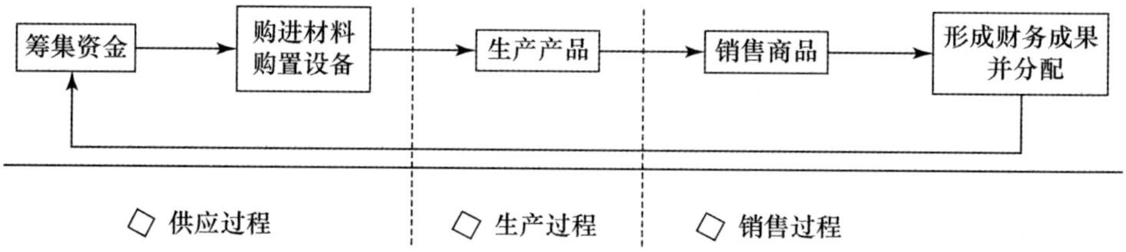

图 2-1 工业企业的经营过程

筹资过程的常见业务主要有收到投资者投入资本、向银行等金融机构借款；供应过程的常见业务主要有采购原材料、购置设备；生产过程的常见业务主要有领用原材料、支付职工工资等薪酬、支付其他相关费用、产品完工并验收入库；销售过程的常见业务主要有确定销售收入、销售成本、核定销售过程中的相关税费；分配过程的常见业务主要有利润的形成与分配。

2. 商品流通企业

商品流通企业是指主要从事商品购销活动的服务性企业，其经营活动主要包括购进、销售两个环节。商品流通企业的经营过程如图 2-2 所示。

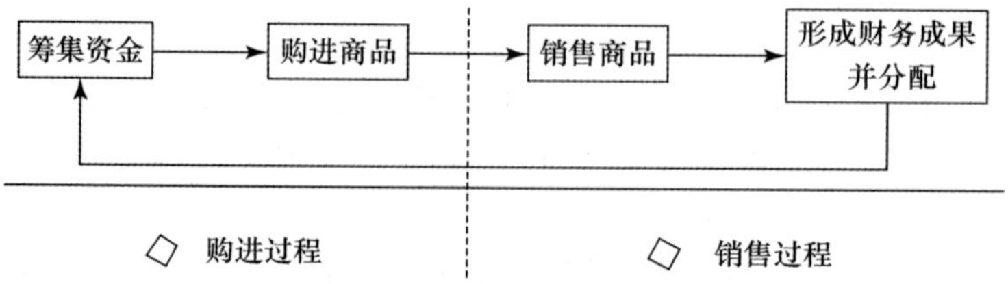

图 2-2 商品流通企业的经营过程

提示

现代服务业是相对于传统服务业而言，是适应现代人和现代城市发展的需求而产生和发展起来的具有高技术含量和高文化含量的服务业，如金融、物流、批发、零售、电子商务，以及中介和咨询等专业服务。

作为近年来异军突起的电子商务企业（如京东商城）、物流企业（如顺丰快递），对传统的商品流通企业形成了巨大的挑战。这些企业的经营过程分别如图 2-3 和图 2-4 所示。

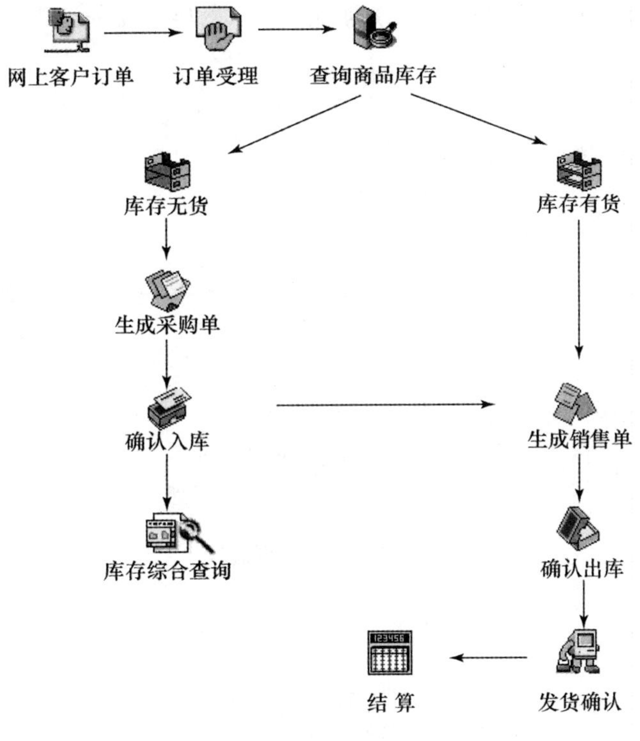

图 2-3　电子商务企业的经营过程

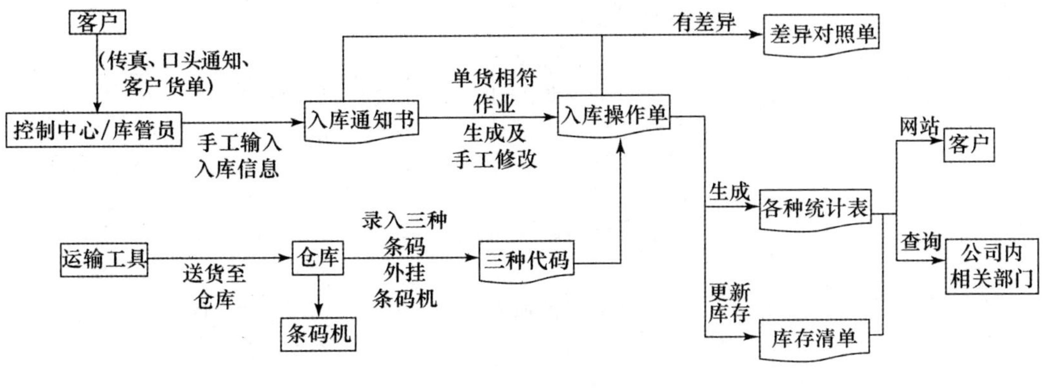

图 2-4　物流企业的经营过程

提示

涉及的各环节经济业务，企业应完善相应的财务制度，可依据《会计法》《企业会计准则》等规范企业的会计行为，制定合理的内部控制制度，规范会计和出纳的岗位职责及各部门负责人的权限。

2.1.2 企业的典型业务流程

各类型企业从事经营活动，都会涉及诸如采购业务、销售业务、付款业务以及费用报销业务等。图 2-5、图 2-6、图 2-7 和图 2-8 分别描述了以上典型业务流程。

1. 采购业务(单货同到的情况)

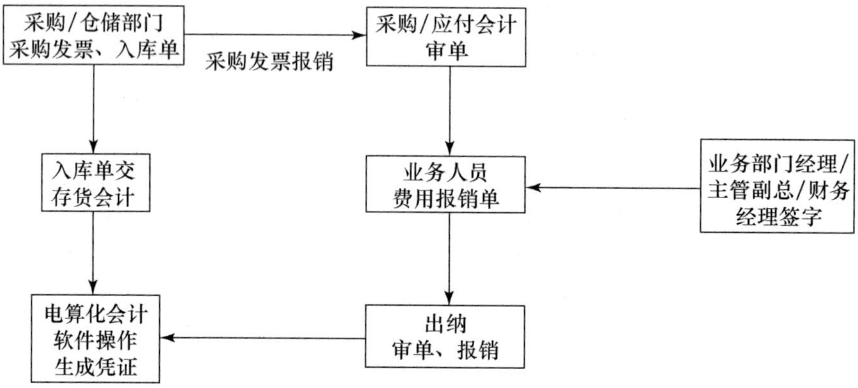

图 2-5 采购业务流程

2. 销售业务

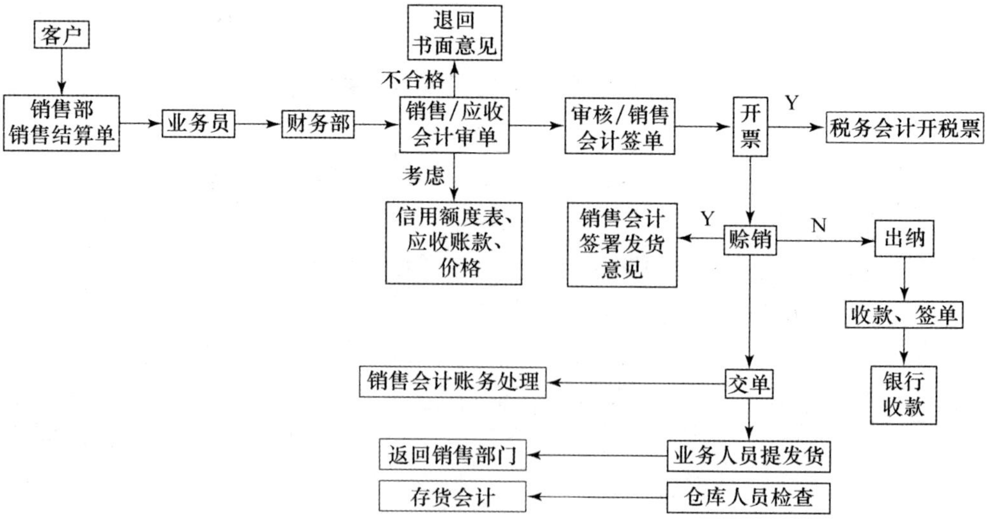

图 2-6 销售业务流程

3. 付款业务

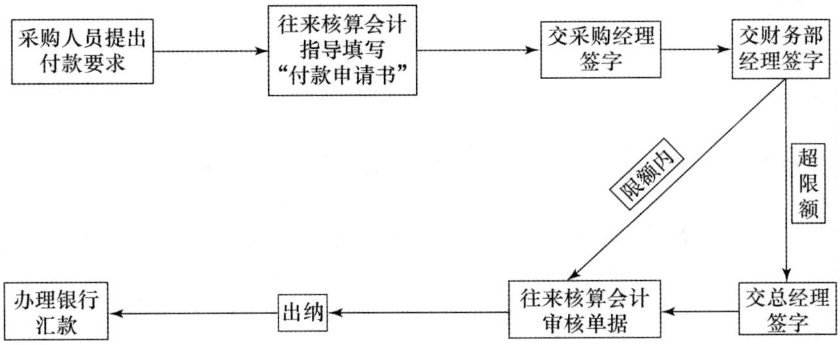

图 2-7　付款业务流程

4. 费用报销业务

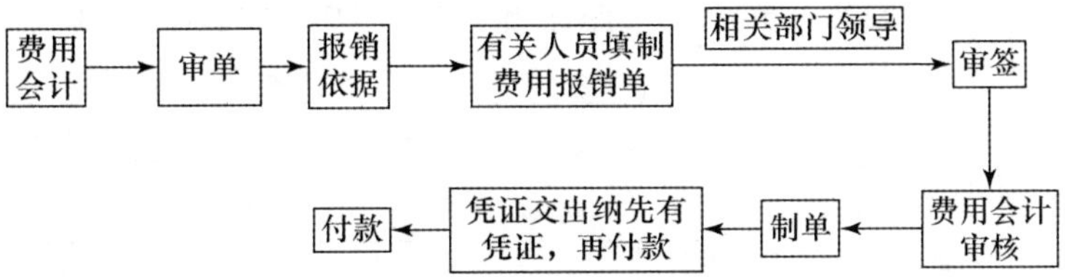

图 2-8　费用报销业务流程

提示

企业在日常生产经营活动中会发生许多经济业务，如采购、销售等。这些经济业务发生及完成时，有关人员会取得或填制相应的书面凭证，以证明经济业务的发生及完成情况，如发票、入库单、支票等。

2.2　认识原始凭证

会计凭证，简称凭证，是记录经济活动、明确经济责任，并作为记账依据的书面证明。

任何单位，每发生一项经济业务，经办业务的相关人员必须按照规定的程序和要求，取得和填制会计凭证，以证明经济业务发生及完成情况。经过审核无误的会计凭证是记账的基本依据，而填制与审核会计凭证是会计核算的首要环节。会计凭证是否真实、完整，对会计信息质量有着十分重要的影响。

企业发生的经济业务内容非常复杂丰富，用以记录、监督经济业务的会计凭证，也必然五花八门、名目繁多。为了具体地认识、掌握和运用会计凭证，首先要对会计凭证加以分类。会计凭证按填制程序和用途一般可以分为原始凭证和记账凭证两类。前者是在经济业务发生时取得或填制的，用以证明经济业务发生和完成情况的原始依据，是会计核算的原始依据。后者是会计人员根据审核无误的原始凭证，按照经济业务事项的内容确定会计分录后所填制的，是登记账簿的直接依据。

作为企业的会计人员，要完成原始凭证的填制与审核工作，必须了解原始凭证的种类，熟悉原始凭证的内容。

2.2.1 原始凭证的分类

1. 外来原始凭证和自制原始凭证

按照原始凭证取得的来源不同，分为外来原始凭证和自制原始凭证。

(1) 外来原始凭证。

外来原始凭证是指在同外单位发生经济往来关系时，从外单位取得的原始凭证。如企业购买材料、商品时，从供货单位取得的购货发票、差旅人员的车船票、付款支票等。如图2-9、图2-10所示。

北京银行进账单（回　单）

2015 年 1月10日

出票人	全　称	北京新华贸易有限公司			收款人	全　称	北京大风制造有限工司									
	账　号	4001202330654-68				账　号	7001201020541-78									
	开户银行	中国银行西单支行				开户银行	北京银行东城新街口支行									
金额	人民币（大写）	肆拾万元整					亿	千	百	十	万	千	百	十	元	角	分
									¥	4	0	0	0	0	0	0	0
票据种类		支票	票据张数	1													
票据号码		3301															
		复核　记账			开户银行盖章												

图 2-9　银行进账单

1100104620　**北京增值税普通发票**　NO 01418761

发　票　联

（全国统一发票监制章　北京　国家税务总局监制）

校验码 45181 42019 01305 79674　　　　开票日期：2011 年10月10日

购货单位	名　　称：个人 纳税人识别号： 地 址、电 话： 开户行及账号：			密码区	3522*/*3078>*9/61>-+<加密版本：01 89-010239>711951<25/9　11001046200 5>04915350175>379>46　1418761 1//40>-/+67>*/<9+<>0>		
货物或应税劳务名称	规格型号	数量	单位	单价	金额	税率	税额
灵芝片	60g	瓶	4	15.92920354	63.72	13%	8.28
合　计					¥63.72		¥ 8.28
价税合计（大写）	⊗柒拾贰元整				（小写）¥ 72.00		
销货单位	名　　称：北京好药师大药房连锁有限公司 纳税人识别号：110115785540401 地 址、电 话：北京市大兴经济开发区广平大街9号 010-60210802 开户行及账号：中行大兴开发区支行 810422419508091001			备注	96617077213		

（北京好药师大药房连锁有限公司　110115785540401　发票专用章）

收款人：方琴　　复核：吴欢欢　　开票人：朱志爽　　销货单位：（章）

货便函〔2010〕211号北京至美数码防伪印务有限公司

第二联：发票联　购货方记账凭证

图 2-10　增值税普通发票

（2）自制原始凭证。

自制原始凭证是指在经济业务发生、执行或完成时，由本单位的经办人员自行填制的原始凭证，如收料单、领料单、借款单等。如图 2-11、图 2-12 所示。

差旅费用报销单

部门：

<table>
<tr><td colspan="2">出差人</td><td colspan="9"></td><td colspan="3">出差事由</td><td colspan="3"></td></tr>
<tr><td colspan="4">出发</td><td colspan="4">到达</td><td>交通</td><td colspan="2">交通费</td><td colspan="6">出 差 补 贴</td></tr>
<tr><td>月</td><td>日</td><td>时</td><td>地点</td><td>月</td><td>日</td><td>时</td><td>地点</td><td>工具</td><td>单据</td><td>金额</td><td>天数</td><td colspan="2"></td><td colspan="2">金额</td><td></td></tr>
<tr><td></td><td></td><td></td><td></td><td></td><td></td><td></td><td></td><td></td><td></td><td></td><td colspan="6">其 他 费 用</td></tr>
<tr><td></td><td></td><td></td><td></td><td></td><td></td><td></td><td></td><td></td><td></td><td></td><td>项目</td><td>单据</td><td>金额</td><td>项目</td><td>单据</td><td>金额</td></tr>
<tr><td></td><td></td><td></td><td></td><td></td><td></td><td></td><td></td><td></td><td></td><td></td><td>住宿费</td><td></td><td></td><td>邮电费</td><td></td><td></td></tr>
<tr><td></td><td></td><td></td><td></td><td></td><td></td><td></td><td></td><td></td><td></td><td></td><td>住宿费补贴</td><td></td><td></td><td>不买卧铺补</td><td></td><td></td></tr>
<tr><td></td><td></td><td></td><td></td><td></td><td></td><td></td><td></td><td></td><td></td><td></td><td>市内车费</td><td></td><td></td><td>补助</td><td></td><td></td></tr>
<tr><td></td><td></td><td></td><td></td><td></td><td></td><td></td><td></td><td></td><td></td><td></td><td>办公用品</td><td></td><td></td><td>培训费</td><td></td><td></td></tr>
<tr><td colspan="10"></td><td></td><td>小计</td><td></td><td></td><td>小计</td><td></td><td></td></tr>
<tr><td colspan="2">报销总额</td><td colspan="9">人民币（大写）</td><td colspan="3">小写 ￥</td><td colspan="3">预借金额
退补金额</td></tr>
</table>

附单据 张

主管： 审核： 证明： 领款人：

图 2-11 差旅费报销单

支 出 凭 证

年 月 日 第 号

即 付 ______________________________

______________________________ 款

计人民币（大写）： ______________ ￥

领款人：______________ 主管审批：______________

单据 张

财务主管： 记账： 出纳： 审核： 制单：

图 2-12 支出凭单

2. 一次凭证、累计凭证和汇总原始凭证

按照原始凭证填制方法不同，分为一次凭证、累计凭证和汇总原始凭证 。

（1）一次凭证。

一次凭证是指在经济业务发生时，一次性填制完成的原始凭证。如企业购进材料验收入库，由仓库保管员填制的“收料单”；车间或班组向仓库领用材料时填制的“领料单”；报销人员填制的、出纳人员据以付款的“报销凭单”等，都是一次凭证。外来原始凭证都是一次凭证。如图 2-13 所示。

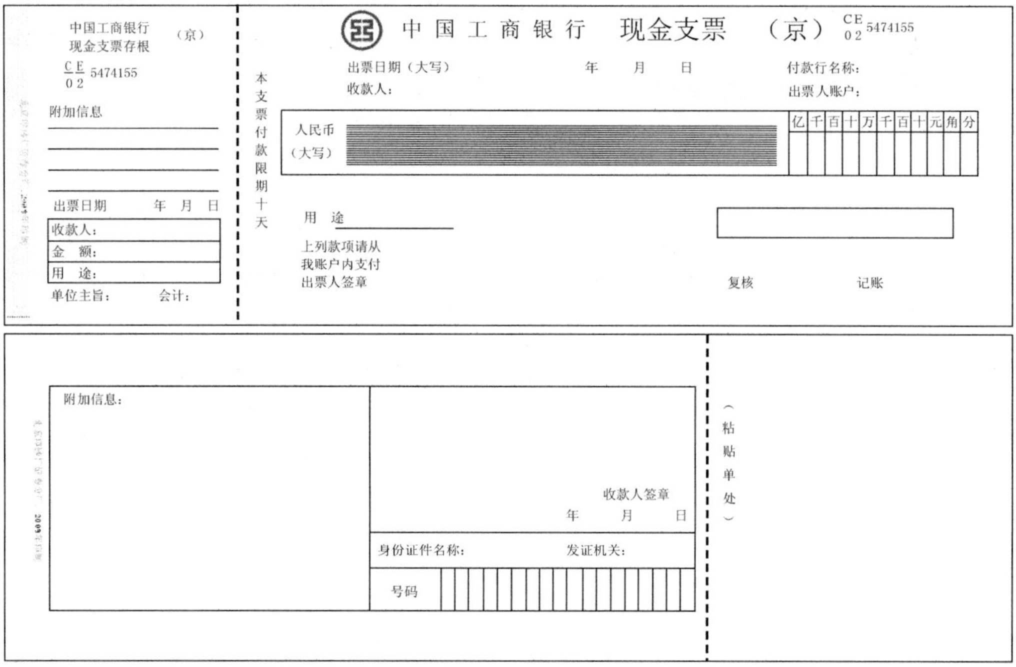

图 2-13 现金支票

（2）累计凭证。

累计凭证是指在一定期间内，连续多次记载若干不断重复发生的同类经济业务，直到期末，凭证填制手续才算完成，以期末累计数作为记账依据的原始凭证。如制造企业常用的限额领料单等。使用累计凭证，可以简化核算手续，能对材料消耗、成本管理起事先控制的作用，是企业进行计划管理的手段之一。如图 2-14 所示。

限 额 领 料 单

领料部门：生产车间　　　　发料仓库：2号

用　　途：B产品生产　　20×× 年 2 月　　编　　号：008

材料类别	材料编号	材料名称及规格	计量单位	领料限额	实际领用	单价	金额	备注
型钢	0348	圆钢&10mm	公斤	500	480	4.40	2112	

日期	请领		实发			限额结余	退库	
	数量	签章	数量	发料人	发料人		数量	退库单
2.3	200		200	姜同	王立	300		
2.12	100		100			200		
2.20	180		180	姜同	王立	20		
合计	480		480			20	姜同	王立

供应部门负责人 李微　　生产计划部门负责人 佟伟　　仓库负责人签章 刘俊

图 2-14 限额领料单

(3) 汇总原始凭证。

汇总原始凭证是根据一定时期内若干同类经济业务的原始凭证,按照一定的管理要求汇总编制一张汇总凭证,用以集中反映某项经济业务总括发生情况的会计凭证,如"发料凭证汇总表""收料凭证汇总表""现金收入汇总表"等都是汇总原始凭证。如图 2-15 所示。

领 料 单 汇 总 表

20×× 年 3 月 31 日

用　途 (会计科目)	上　旬	中　旬	下　旬	月　计
生产成本	3 000	3 000	2 712	8 712
甲产品	2 000	2 000	2 600	6 600
乙产品	1 000	1 000	112	2 122
制造费用			120	2 122
管理费用			110	110
在建工程			100	100
合　计	3 000	3 000	3 042	9 042

会议主管 李鸣　　复核 张满　　制表 曲信

图 2-15　领料单汇总表

提示

企业取得的单证并非都是原始凭证,如购销合同、购料申请单、银行对账单等不能证明经济业务发生或完成情况的各种单证,这些不能作为原始凭证,也不能据以登记入账。

2.2.2　原始凭证的基本内容

由于企业经济业务内容和管理要求各不相同,原始凭证的名称、格式、项目等都不完全一样。但作为反映经济业务的原始资料,必须能证明经济业务已经发生或者完成,要能明确经办单位和人员相应的经济责任。因此,原始凭证应该具备以下几个基本内容。

(1) 原始凭证的名称。它标明了原始凭证所记录业务内容的种类,反映了原始凭证的作用,如"购货发票""入库单"等。

(2) 填制原始凭证的日期。一般是业务发生或完成的日期。如果在业务发生或完成时,因各种原因未能及时填制原始凭证的,应以实际填制日期为准。

(3) 原始凭证的编号。原始凭证应连续编号,以有利于查对核实。

(4) 接受原始凭证的单位名称。即原始凭证的"抬头",是指发生经济业务的对方单位。将接受凭证单位与填制凭证单位或填制人相联系,标明经济业务的来龙去脉。

(5) 经济业务内容。这主要是表明经济业务的项目、名称、规格及所涉及的数量、计量单位、单价和金额总量,是原始凭证的核心。

(6) 填制单位和经办人员的签名盖章。原始凭证以此明确经济责任。

以增值税专用发票为例，原始凭证的基本内容如图 2-16 所示。

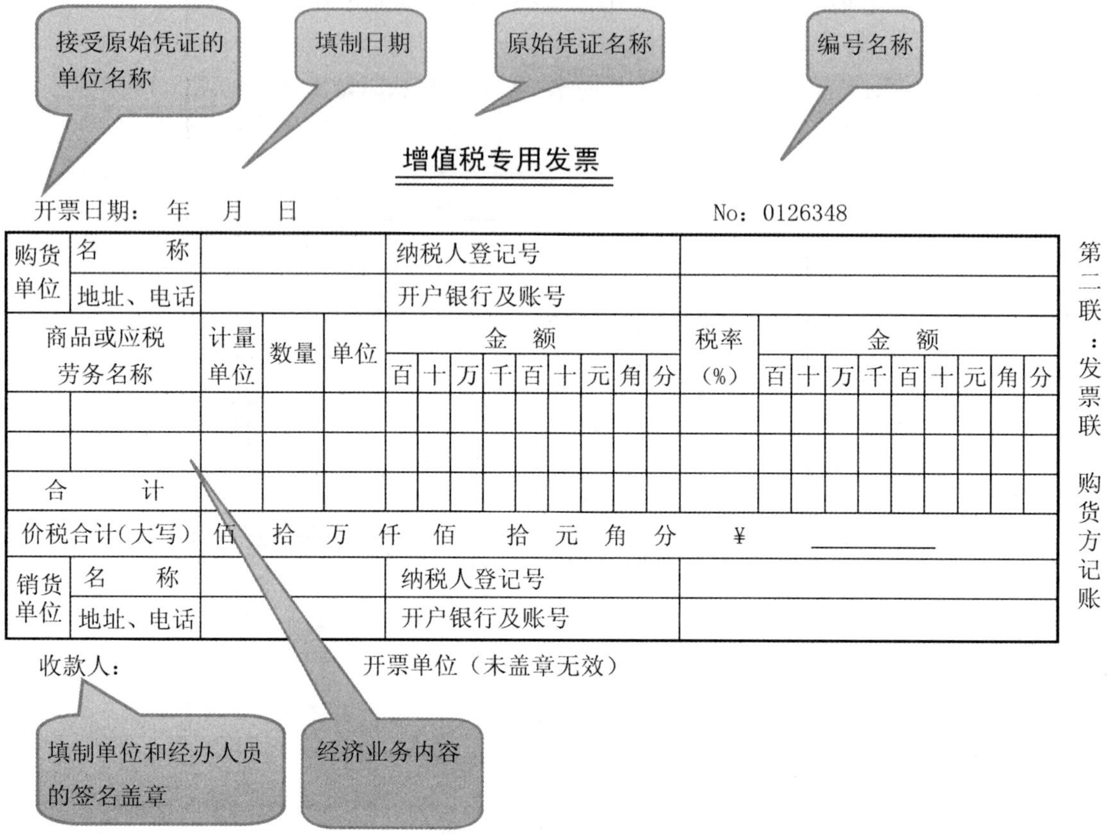

图 2-16 增值税专用发票的基本内容

2.3 填制审核原始凭证

2.3.1 会计数字的书写规范

1. 阿拉伯数字的书写规范

(1) 不得连写。应一个一个地写，不得连笔写，特别是连续几个“0”时。数字的排列要整齐，数字之间的空隙应均匀，不宜过大。

(2) 适当倾斜。在书写时应有一定的斜度，倾斜角度的大小应以笔顺书写方便、好看易认为准，一般可掌握在 60°左右。

(3) 适当高度。书写还应有高度标准，一般要求数字的高度占凭证横格高度的 1/2 为宜。书写时还要注意紧靠横格底线，使上方能留出一定空位，这样，以便于一旦发生错误时，能比较容易地进行更正。

(4) 特殊数字的书写。例如，“6”的竖划应上提为一般数字的 1/4，“7”“9”的竖划可以下拉出格至一般数字的 1/4。

手写体阿拉伯数字的书写范例如图 2-17 所示。

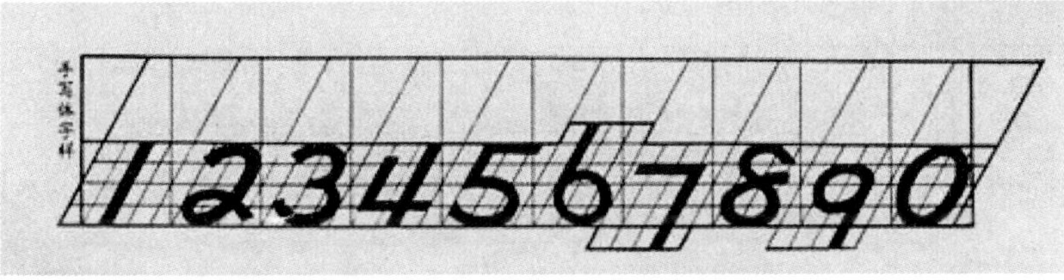

图 2-17 手写体阿拉伯数字书写范例

提示

会计凭证要按规定填写，文字要简要，字迹要清楚，易于辨认。

2. 小写金额的书写规范

（1）阿拉伯数字前面应当书写货币币种符号或者货币名称，币种符号与阿拉伯数字之间不得留有空白。凡阿拉伯数字前写有货币符号的，数字后面不再写货币单位。

（2）所有以“元”为单位的阿拉伯数字除表示单价等情况外，一律填写到角分。无角分的，角位和分位可写“00”，或者符号“—”。有角无分的，分位应当写“0”，不得用符号“—”代替。

例如，¥6 443.62，¥7 564.02，¥993.00，¥993.—，¥803.60。

3. 大写金额的书写规范

（1）汉字大写数字金额，一律用正楷或者行书书写，如图 2-18 所示。

壹	贰	叁	肆	伍	陆	柒	捌	玖	拾
佰	仟	万	亿	兆	元	角	分	零	整

图 2-18 汉字大写数字书写范例

（2）大写数字金额到“元”或“角”为止的，在“元”或“角”之后应当书写“整”或“正”字。

例如，人民币 35 680 元，大写金额应写成“人民币叁万伍仟陆佰捌拾元整”。

人民币 471.90 元，大写金额应写成“人民币肆佰柒拾壹元玖角整”。

人民币 2 308.66 元，大写金额应写成“人民币贰仟叁佰零捌元陆角陆分”。

（3）大写数字金额前未印有货币名称的，应当加写货币名称（人民币），货币名称与大写金额之间不得留有空白。

（4）零字的写法。阿拉伯数字金额中间有“0”时，汉字大写金额要写“零”。阿拉伯数字金额中间连续有几个“0”时，汉字大写金额中可以只写一个“零”。阿拉伯数字金额元位是“0”时，或者数字金额中连续有几个“0”时，元位也是“0”；但角位不是“0”时，汉字大写金额可以只写一个“零”字,也可以不写“零”字。

例如,人民币 105 846 元,应写成“人民币壹拾万零伍仟捌佰肆拾陆元正”。

人民币 1 000 846 元,应写成“人民币壹佰万零捌佰肆拾陆元正”。

人民币 86 000.80 元,应写成“人民币捌万陆仟元零捌角整”,或者写成“人民币捌万陆仟元捌角正”。

(5) 表示位的文字前必须有数字,如数字为拾几、拾几万时,大写数字写时应有“壹”字,因为“拾”字代表位数,而不是数字。例如,10 元,应写为“壹拾元整”。19 元,应写成“壹拾玖元整”。

提示

汉字大写数字金额不得用“○”“一”“二”“三”“四”“五”“六”“七”“八”“九”“十”等简化字代替,或者用“另”代替“零”,以“两”代替“贰”,以“廿”代替“贰拾”。

2.3.2 填制原始凭证

原始凭证是经济业务的原始证明,是记账的原始依据。填制原始凭证是会计工作的第一个环节,因此严格按照相关的要求进行填制至关重要。

(1) 记录要真实。原始凭证上记录的内容应与实际业务内容完全一致,真实可靠,如实填列,不允许有任何的弄虚作假或歪曲事实。

(2) 内容要完整。原始凭证中的所要求填列的项目必须填写齐全,不得遗漏和省略。

(3) 手续要完备。无论是外来还是自制的原始凭证,都必须有经办部门及人员的签名盖章,履行相应的手续,明确相关的责任。具体要求如下:从外单位取得的原始凭证,必须盖有填制单位的公章;从个人取得的原始凭证,必须有填制人员的签名或者盖章;自制原始凭证必须有经办部门负责人或其指定的人员的签名或者盖章;对外开出的原始凭证,必须加盖本单位的公章。

(4) 填制要及时。各种原始凭证要根据经济业务发生或完成情况,及时填列,不得随意拖延,以有效减少发生差错的可能。

(5) 编号要连续。一式几联的发票和收据,必须用双面复写纸套写,并连续编号。如果原始凭证已预先印定编号,在写坏作废时,不能丢弃,应按原编号顺序与其他凭证一起保存。

(6) 书写要规范。即要求填制凭证时要严格按照书写的规范,做到字迹清楚端正、易于辨认。具体要求如下:原始凭证必须用蓝色或黑色墨水书写(除套写的可用圆珠笔);凡填有大写和小写金额的原始凭证,大写与小写金额必须相符;一旦发生错误,不得随意涂改、刮擦、挖补,更不能撕毁,应按规定的方法予以更正。不能更正的,应按规定方法予以作废,办理作废手续,加盖“作废”戳记,然后重新填制。

案例学习

1．发票的填制，如图 2-19 所示。

4403001140　　**北京增值税专用发票**　　NO.00514251

记 账 联　　开票日期：2015年12月19日

购货单位	名　　称：北京瑞通电子科技有限公司 纳税人识别号：110228236812965 地 址、电 话：北京市密云县工业开发区88号 010-89616666 开户行及账号：工行密云支行 02100236585	密码区	8*24795*9166*72* 加密版本：号01- /-* 2/47552507-/5 4 6<</56634>> +1158999140++14>5<<3782++3001 336515

货物或应税劳务名称	规格型号	单位	数量	单价	金额	税率	税额
电费			8 200	0.9	7 380	17%	1 254.6
合　　计					￥7 380		￥ 1 254.6
价税合计（大写）	捌仟陆佰叁拾肆元陆角整　（小写）　￥8 634.6						

销货单位	名　　称：北京市供电总公司 开户行及账号：工行密云支行 02100114578 地 址、电 话：鼓楼大街5号 89256333 纳税人识别号：110112289379504	备注	

收款人：项一飞　　复核：　　开票人：夏丹　　销货单位：（章）

第二联：发票联购货方记账凭证

图 2-19　增值税专用发票的填制示例

2．差旅费报销单据的填制，如图 2-20 所示。

差旅费报销单

部门 厂部办公室　　2015 年10 月9 日

出差人				李斌					出差事由		行业会议				
出发				到达				交通工具	交通费		出差补贴		其他费用		
月	日	时	地点	月	日	时	地点		天数	金额	单据张数	金额	项目	单据张数	金额
10	1		北京	10	1		上海	飞机	1	570.00	8	120.00	住宿费	1	1 200.00
10	8		上海	10	8		北京	飞机	1	668.00			市内车费	8	262.00
													会议费	1	800.00
													餐费	5	400.00
													其他	1	200.00
合计(小写)　￥4 220.00									2	1 238.00		120.00		16	2 862.00
报销总额	人民币（大写）肆仟贰佰贰拾元整								预借旅费		￥3 000.00		补领金额	￥1 220.00	
													退还金额		

图 2-20　差旅费报销单的填制示例

2.3.3 审核原始凭证

在会计核算工作中，只有经过审核无误的原始凭证才能作为记账的依据。

1. 原始凭证的审核重点

(1) 合法性。审核凭证是否符合国家的法律法规、方针政策及财会制度的规定，有无虚报冒领、伪造凭证等违法乱纪行为。

(2) 合理性。审核凭证有关费用的开支是否符合企业有关的计划和预算，是否符合经济节约原则，有无营私舞弊行为。

(3) 完整性。审核凭证内容是否完整，有无漏项，手续办理是否完备，凭证联次是否正确，有关单位和经办人员是否已签名盖章等。

(4) 准确性。审核凭证文字和数字填写是否清楚，金额等数字计算是否正确。

(5) 及时性。审核原始凭证的填制日期是否及时。

2. 原始凭证的审核处理结果

原始凭证审核后，应根据不同的情况进行处理。

(1) 对于审核无误的原始凭证，应及时办理会计手续，据以编制记账凭证入账。

(2) 对于真实、合法、合理但记载不够完整、准确的原始凭证，应暂缓办理会计手续，退回给有关经办人员，由其负责将有关凭证补充完整、更正错误或重开后，再办理会计手续。

(3) 对于不真实、不合法、不合理的原始凭证，会计机构、会计人员有权不予接受，并向单位负责人报告。

教、学、做一体化训练

一、知识测试

1. 单项选择题

(1) 下列不属于会计凭证的是(　　)。

A. 发货票　　B. 领料单

C. 购销合同　　D. 住宿费收据

(2) 下列属于外来原始凭证的是(　　)。

A. 入库单　　B. 产品出库单

C. 银行收账通知单　　D. 工资汇总表

(3) 原始凭证的基本内容中，不包括(　　)。

A. 经济业务发生日期

B. 经济业务内容摘要

C. 实物数量及金额

D. 会计科目名称

(4) 限额领料单是一种(　　)。

A. 记账凭证　　B. 汇总凭证

C. 累计凭证　　D. 一次凭证

（5）以下不能作为原始凭证的是（　　）。

A. 发货票　　B. 收料单

C. 经济合同　　D. 领料单

2. 多项选择题

（1）下列凭证中属于一次原始凭证的有（　　　）。

A. 领料单　　B. 购货发票

C. 通用记账凭证　　D. 限额领料单

（2）下列单据中，可作为会计核算原始凭证的有（　　　）。

A. 购销发票　　B. 出差车票

C. 购销合同　　D. 现金支票存根

（3）企业购入材料一批，货款已付，材料验收入库，则应编制的全部会计凭证有（　　　）。

A. 收料单　　B. 累计凭证

C. 收款凭证　　D. 付款凭证

E. 转账凭证

（4）外来原始凭证应该是（　　　）。

A. 从企业外部取得的

B. 由企业会计人员填制的

C. 一次凭证

D. 盖有填制单位公章的

E. 累积凭证

（5）填写原始凭证时，符合书写要求的是（　　　）。

A. 阿拉伯数字前面应当写货币品种符号

B. 大写金额有分的，分字后面可以写整，也可以不写整

C. 汉字大写金额不得写简化字

D. 书写金额与币种符号间不得留有空白

3. 判断题

（1）一次凭证是指只反映一项经济业务的凭证，如“领料单”；累计凭证是指在一定时期内连续记载若干项同类经济业务，其填制手续是随着经济业务发生而分次完成的凭证，如自制原始凭证中的“限额领料单”。（　　）

（2）会计人员对收到的原始凭证，必须按规定进行认真审核，审核正确后方可据以登记账簿。（　　）

（3）从外单位取得的原始凭证，必须盖有填制单位的公章。（　　）

（4）大写金额“人民币贰仟零壹元伍角整”，其小写应为“￥2 001.5 元”。（　　）

（5）小写金额“￥2 001.55”，大写金额应为“贰仟零壹元伍角伍分整”。（　　）

二、实务操作

1. 书写规范实训

835 479 美元

数码字应书写为：______

大写金额应书写为：

3 258 400.29人民币元

数码字应书写为：______

大写金额应书写为：

50 002 679.30港币

数码字应书写为：______

大写金额应书写为：

2. 华翔公司2月份部分经济业务事项如下，请模拟填制有关原始凭证

（1）2月10日华翔公司根据本月份工资结算汇总表，开出现金支票提取现金110 000元，备发工资。请填制现金支票。

中国工商银行

现金支票存根

VI II 03335689

科　　目 ______

对方科目 ______

签发日期

收款人

金　额 ______

用　途 ______

备注 ______

单位主管　　　会计

本支票付款期十天

中国工商银行　现金支票　　　VI II 03335689

出票日期（大写）　　年　月　日　　开户行名称

签发人账号

收款人：

人民币（大写）	千	百	十	万	千	百	十	元	角	分

用途 ______

上列款项请从

我账户内支付

签发人盖章

科目（借）______

对方科目（贷）______

付讫日期　　年　　月　　日

出纳　　记账　　复核

（2）2月11日，经理办公室秘书张辉赴北京开会，经批准向财务科借差旅费6 000元，财务人员审核无误后付现金。请填制借款单。

借　　款　　单

年　　月　　日

借款人		部门		职务	
借款事由					
借款金额	人民币（大写）　　　　　　¥				
出纳	××		经手	××	

（3）2月18日，经理办公室秘书张辉出差回来报销差旅费，其中飞机票3 600元，住宿费

1 600 元，余款退回。请填制收据、差旅费报销单。

收　　据

年　　月　　日

今收到 ________________________________

交来 __________________________________

人民币（大写）__________________________

收款单位　　　　　　　　　　　　　　　收款人

（公章）　　　　　　　　　　　　　　　（签字）　××

差旅费报销单

年　月　日

单位名称				姓名			职别		
出差事由							出差日期		
到达地点									
项目金额	交通工具					其他	旅馆费	伙食补助	
	火车	汽车	飞机	轮船	出租车			在途　天	住勤　天
总计金额人民币（大写）									
主管　　　领款人					月	日	顺序号	明细科目编号或名称	

（4）2 月 20 日，销售一批 A 产品给江林公司，数量 10 吨，单价每吨 100 元，价款 1 000 元，增值税额 170 元，价税计 1 170 元，开出增值税专用发票一式四联，对方以转账支票办理结算。请填制增值税专用发票和进账单。

（购货单位：江林公司；纳税识别号：123456789012345；地址：天津市正义路 208 号；电话：87654321；开户行及账号：工商银行天津支行正义路分理处 08—87203412）。

增值税专用发票

开票日期：年　月　日　　　　　　　　　　　　No：02468973

购货单位	名　称				纳税人登记号																		
	地址、电话				开户银行及账号																		
商品或应税劳务名称		计量单位	数量	单位	金额									税率（%）	金额								
					百	十	万	千	百	十	元	角	分		百	十	万	千	百	十	元	角	分
合计																							
价税合计（大写）		佰	拾	万	仟	佰	拾	元	角	分	¥________												
销货单位	名　称				纳税人登记号																		
	地址、电话				开户银行及账号																		

第二联：发票联　购货方记账

收款人：　　　　　　　　　开票单位（未盖章无效）

中国工商银行进账单

年　月　日　　　　　　　　第　　号

<table>
<tr><td rowspan="3">付款人</td><td>全　称</td><td></td><td rowspan="3">收款人</td><td>全　称</td><td colspan="10"></td></tr>
<tr><td>账　号</td><td></td><td>账　号</td><td colspan="10"></td></tr>
<tr><td>开户银行</td><td></td><td>开户银行</td><td colspan="10"></td></tr>
<tr><td rowspan="2">人民币（大写）</td><td colspan="4" rowspan="2"></td><td>千</td><td>百</td><td>十</td><td>万</td><td>千</td><td>百</td><td>十</td><td>元</td><td>角</td><td>分</td></tr>
<tr><td></td><td></td><td></td><td></td><td></td><td></td><td></td><td></td><td></td><td></td></tr>
<tr><td>票据种类</td><td colspan="3"></td><td colspan="11" rowspan="3">收款人开户行盖章</td></tr>
<tr><td>票据张数</td><td colspan="3"></td></tr>
<tr><td colspan="4">单位主管　会计　复核　记账</td></tr>
</table>

拓展思维

一、课外阅读

会计假设

会计核算的基本前提是指会计核算工作赖以存在的前提条件，亦称会计假设。会计核算的基本前提，并非无中生有、主观臆测，而是会计界总结长期实践经验后做出的合乎理性的判断。只有规定了这些会计核算的前提条件，会计核算才能正常地进行下去。会计核算的基本前提包括会计主体、持续经营、会计分期和货币计量。

1. 会计主体

会计主体是指会计工作为其服务的特定单位或组织。在会计主体前提下，会计核算应当以企业发生的各项交易或事项为对象，记录和反映企业本身的各项生产经营活动。会计主体这一基本前提，为会计人员在日常的会计核算中对各项交易或事项做出正确判断、对会计处理方法和会计处理程序做出正确选择提供了依据。

值得注意的是，会计主体不同于法律主体。一般来说，法律主体必然是一个会计主体，会计主体不一定是法律主体。但是，为了全面反映企业集团的财务状况、经营成果和现金流量，就有必要将这个企业集团作为一个会计主体，编制合并会计报表。

2. 持续经营

持续经营是指会计主体的生产经营活动在可预见的将来将延续下去。企业是否持续经营，在会计原则、会计方法的选择上有很大差别。

一般情况下，应当假定企业将会按当前的规模和状态继续经营下去，不会停业，也不会大规模削减业务。明确这个基本前提，会计人员就可以在此基础上选择会计原则和会计方法。需要注意的是，任何企业都存在破产、清算的风险，如果判断企业不会持续经营下去，就应当改变会计核算的原则和方法，并在企业财务会计报告中做出相应披露。

3. 会计分期

会计分期是指将会计主体持续不断的经济活动分割为一定的期间。在会计分期前提下，会计核算应当划分会计期间，分期结算账目和编制财务会计报告。会计期间分为年度、半年度、季度和月度。年度、半年度、季度和月度均按公历日历确定。半年度、季度和月度均称为会计中期。

明确会计分期这个会计核算的基本前提对会计核算有着重要影响。由于会计分期，才产生了当期与其他期间的差别，从而出现权责发生制和收付实现制的区别，才使不同类型的会计主体有了记账的基准，进而出现了应收、应付、预提、待摊等会计处理方法。

4. 货币计量

货币计量是指会计主体在会计核算过程中采用货币作为计量单位，记录、反映会计主体的经营情况。在货币计量前提下，企业的会计核算应以人民币为记账本位币。业务收支以人民币以外的货币为主的企业，可以选定其中一种货币作为记账本位币，但是编报的财务会计报告应当折算为人民币。在境外设立的中国企业向国内报送的财务会计报告，应当折算为人民币。

在会计核算过程中之所以选择货币作为计量单位，是由货币本身的属性决定的。货币是商品的一般等价物，是衡量一切商品价值的共同尺度，具有价值尺度、流通手段、贮藏手段和支付手段等特点。其他的计量单位，如重量、长度、容积、台、件等，只能从一个侧面反映企业的生产经营成果，无法在量上进行比较，不便于实物管理和会计计量。所以，为全面反映企业的生产经营、业务收支等情况，会计核算就选择了货币作为计量单位。

二、课后思考题

1. 结合你所熟悉的某个企业的具体经营业务，说说它的业务流程。
2. 请留意我们日常生活工作中接触到的原始凭证，并对收集到的原始凭证加以描述。
3. 你是否发现相同业务内容所涉及的原始凭证在不同的企业不尽相同，说说为什么。
4. 为什么说并非所有的原始单证都是原始凭证？
5. 原始凭证和记账凭证都是会计凭证，它们的关系是什么？

总结评价

一、本章总结

企业按照其从事经营活动内容的不同，主要分为农业企业、工业企业和服务性企业。各类型企业的经营过程是有区别的，但是一般都会涉及采购业务、销售业务、付款业务以及费用报销等业务。

会计凭证，简称凭证，是记录经济活动、明确经济责任，并作为记账依据的书面证明。会计凭证按填制程序和用途一般可以分为原始凭证和记账凭证两类。前者是在经济业务发生时取得或填制的，用以证明经济业务发生和完成情况的原始依据，是会计核算的原始依据。后者是会计人员根据审核无误的原始凭证，按照经济业务事项的内容确定会计分录后所填制的，是登记账簿的直接依据。

按照原始凭证取得的来源不同，可将其分为外来原始凭证和自制原始凭证。按照原始凭证填制方法的不同，可将其分为一次凭证、累计凭证和汇总原始凭证。

企业经济业务内容和管理要求各不相同，原始凭证的名称、格式、项目等都不完全一样。但作为反映经济业务的原始资料，必须能证明经济业务已经发生或者完成，要能明确经办单位和人员相应的经济责任。原始凭证的填制与审核要符合规范要求。

二、自我评价

评价项目	评价内容	备注
本章重点		
本章难点		
我的问题		

项目三

企业经济业务活动的计量

——复式记账法原理

学习目标

◎ 理解会计要素的概念及其分类。

◎ 掌握会计恒等式的原理,能够对企业发生的经济业务加以分析。

◎ 认识会计科目,理解账户的设置。

◎ 掌握借贷记账法的原理,并加以具体应用。

案例导入

球迷老公给会计老婆讲足球规则

2014 年巴西世界杯是第二十届世界杯足球赛。比赛于 2014 年 6 月 12 日至 7 月 13 日在南美洲国家巴西境内 12 座城市中的 12 座球场内举行。本次世界杯共有 32 支球队参赛。最终,德国国家男子足球队战胜阿根廷夺得冠军,阿根廷、荷兰、巴西分获第 2 至第 4 名。

观赛的同时,某球迷老公与当会计的老婆探讨起"足球与会计的关系",让我们一起分享吧。

足球与会计应该存在一定的关系。两者的相通之处在哪里?球场规则就是足球比赛时应遵守的"国际会计准则"。比赛成绩就是两个球队给各自股东报送的"利润表"。比赛时间就是足球比赛的"会计年度"(会计年度是 365 天,足球赛的"会计年度"是 90 分钟)。裁判就是足球比赛场上的"注册会计师"(足球场上的"注册会计师"不是事后审计,而是事中审计,当场签名盖章),它还有两个"审计助理",叫助理裁判。"乌龙球"就是足球运动员在球场上"记账"时,发生的"串户"现象,将本来"记"入对方球门的球"记"进了自己球门。假摔就是足球运动员做"假账",通过假摔换取裁判错误地惩罚对方球员,使自己的球队得到有利的进攻机会。越位就是足球运动员提前确认"收入",当进攻队员踢或触及球的一瞬间,他比对方队员更接近于对方的球门线。红牌警告就是裁判对于严重犯规的运动员给予吊销"会计从业资格证书"的处罚。足球场上,得到红牌警告的运动员通常被当场罚下场,且停赛一场。而吊销会计从业资格证书的会计人员,按规定"年内依法吊销会计从业资格证书的人员,自被吊销之日起 5 年内(含 5 年)不得参加会计从业资格考试,不得重新取得会计从业资格证书"。

(资料来源:会计网,www.kuaiji.com。)

知识讲解

3.1 会计要素与会计等式

3.1.1 会计要素

会计要素是会计对象组成部分的具体化，是根据交易或者事项的经济特征所确定的财务会计对象的基本分类。会计要素按照其性质分为资产、负债、所有者权益、收入、费用和利润。其中，资产、负债、所有者权益侧重于反映企业的财务状况，列示于资产负债表，也称资产负债表要素。而收入、费用和利润则更加注重于反映企业的经营成果，列示于利润表，也称利润表要素。会计要素的界定和分类可以使财务会计系统更加科学严密，为投资者等财务报告使用者提供更加有用的信息。

1. 资产

(1) 资产的定义和特征。

资产是指企业过去的交易或者事项形成的，由企业拥有或者控制的，预期会给企业带来经济利益的资源。它是企业从事生产经营活动的物质基础，具有以下几方面特征。

① 资产是一项由过去的交易或者事项形成的资源。资产必须是现实的资产，而不能是预期的资产。这里所指的企业过去的交易或者事项包括购买、生产、建造行为，或其他交易或者事项。也就是说，只有过去的交易或事项才能形成资产，企业预期在未来发生的交易或者事项不形成资产。例如，企业有购买某存货的意愿或者计划，但是购买行为尚未发生，就不符合资产的定义，不能因此而确认为存货资产。

② 资产必须由企业拥有或控制。资产作为一项资源，应该由企业拥有或者控制，也就是说，企业享有某项资产的所有权，或者虽然不享有某项资产的所有权，但该资源能被企业所控制。

企业享有资产的所有权，通常表明企业能够排他性地从资产中获得经济利益。通常在判断资产是否存在时，所有权是考虑的主要因素。在有些情况下，资产虽然不为企业所拥有，即企业不享有其所有权，但企业控制了这些资产，同样表明企业能够从资产中获取经济利益，符合会计上对资产的定义。如果企业既不拥有也不控制资产所能带来的经济利益，就不能将其作为企业的资产予以确认。例如，融资租入的固定资产，按照实质重于形式的要求，也应将其作为企业资产予以确认。

③ 资产预期会给企业带来经济利益。它是指直接或间接导致现金和现金等价物流入企业的潜力。这种潜力可以来自企业日常的生产经营活动，也可以是非日常的生产经营活动。带来的经济利益可以是现金或现金等价物，或者是可以转化为现金或现金等价物的形式，或者是可以减少现金或者现金等价物流出的形式。

资产必须具有交换价值和使用价值。没有交换价值和使用价值，不能给企业带来未来经济利益的资源不能确认为企业的资产。例如，待处理财产损失或已失效、已毁损的存货，已经不能给企业带来未来经济利益，就不应该再作为资产出现在资产负债表中。

(2) 资产的分类。

资产以各种具体形态分布或占用在生产经营过程的不同方面，按其流动性通常可分为流动资产与非流动性资产。流动资产是指可以在一年或超过一年的一个营业周期内变现或耗用的资产。流动资产按其变现能力的大小，可分为库存现金及银行存款、交易性金融资产、应收及预付款项、存货等。非流动资产是指除流动资产以外的其他资产，是指不能在一年或者超过一年的一个营业周期内变现或者耗用的资产，包括长期投资、固定资产、无形资产、递延资产和其他资产。

2. 负债

(1) 负债的定义及特征。

负债是企业过去的交易或者事项形成的、预期会导致经济利益流出企业的现时义务。负债有以下几个特征。

① 负债是企业承担的现时义务。现时义务是指企业在现行条件下已承担的义务。未来发生的交易或者事项所形成的义务，不属于现时义务，不应当确认为负债。

② 负债的清偿预期会导致经济利益流出企业。只有企业在履行义务时会导致经济利益流出企业的，才符合负债的定义。在履行现时义务清偿负债时，导致经济利益流出企业的形式多种多样。例如，用现金或以实物资产形式偿还，以提供劳务形式偿还，部分转移资产、部分提供劳务形式偿还，将负债转为资本等。

③ 负债是由过去的交易或事项形成的。只有过去的交易或者事项才形成负债，企业将在未来发生的承诺、签订的合同等交易或者事项，不形成负债。

(2) 负债的分类。

负债一般按其偿还时间的长短划分为流动负债和长期负债两类。流动负债是指将在1年或超过1年的一个营业周期内偿还的债务，主要包括短期借款、应付票据、应付账款、预收账款、应付职工薪酬、应交税费、应付股利、其他应付款等。长期负债是偿还期在1年或超过1年的一个营业周期以上的债务，包括长期借款、应付债券、长期应付款等。

3. 所有者权益

(1) 所有者权益的概念和特征。

所有者权益在西方会计中又被称为“业主(股东)权益”，是指业主对企业资产的要求权。我国会计准则解释为，所有者权益是指企业资产扣除负债后由所有者享有的剩余权益。公司的所有者权益又称为股东权益。所有者权益一般具有以下几个特征。

① 所有者权益表现为投资者对企业净资产的所有权，随投资者的投资行为而产生。

② 所有者权益一般不需要归还给投资者，除非发生清算、减资或分派现金股利的情况。一般情况下，投资者投入企业的资本归企业长期使用，不需偿还，也不能任意抽回。

③ 所有者能按投资额大小或合同章程规定，参加企业经营管理，享有参与利润分配的权益和分担风险或亏损的责任。

④ 所有者权益是剩余权益。

(2) 所有者权益的分类。

① 所有者权益按经济内容不同，通常分为实收资本(或股本)、盈余公积、资本公积、未分配利润。

② 所有者权益按来源不同，可以分为所有者投入的资本、直接计入所有者权益的利得和损失、留存收益。

所有者投入的资本是指所有者所有投入企业的资本部分，它既包括构成企业注册资本或者股本部分的金额，也包括投入资本超过注册资本或者股本部分的金额，即资本溢价或者股本溢价，这部分投入资本在我国企业会计准则体系中被计入了资本公积，并在资产负债表中的资本公积项目下反映。

直接计入所有者权益的利得和损失，是指不应计入当期损益、会导致所有者权益发生增减变动的、与所有者投入资本或者向所有者分配利润无关的利得或者损失。利得是指由企业非日常活动所形成的、会导致所有者权益增加的、与所有者投入资本无关的经济利益的流入。损失是指由企业非日常活动所发生的、会导致所有者权益减少的、与向所有者分配利润无关的经济利益的流出。

留存收益包括企业盈余公积和未分配利润两个部分。

提示

商业银行等金融企业在税后利润中提取的一般风险准备，也构成所有者权益。

4．收入

（1）收入的概念和特征。

收入是指企业在日常活动中形成的、会导致所有者权益增加的、与所有者投入资本无关的经济利益的总流入。收入包括销售商品收入、提供劳务收入和让渡资产使用权收入。收入主要有以下几个基本特征。

① 产生自企业的日常活动中。日常活动是指企业为完成其经营目标所从事的经营性活动以及与之相关的活动。例如，工业企业制造并销售产品、商业企业销售产品、保险公司签发保单、咨询公司提供咨询服务等。

② 表现为三种形式，即资产增加、负债减少或两者兼而有之。

③ 收入能导致企业所有者权益的增加。与收入相关的经济利益的流入应当会导致所有者权益的增加，不会导致所有者权益增加的经济利益流入不符合收入的定义，不应确认为收入。例如，企业向银行借入款项，尽管也导致了企业经济利益的流入，但该流入并不导致所有者权益的增加，反而使企业承担了一项现时义务，应当确认为负债，而不是收入。同样，企业代第三方收取的款项，应当作为负债处理，不应当确认为收入。

（2）收入的分类。

按照企业经营业务的主次分类，可以把收入分为主营业务收入和其他业务收入。主营业务收入也称基本业务收入，是指企业从事主要经营活动所取得的收入，如工业企业销售产品的收入、商业企业销售商品的收入。其他业务收入是指企业除主要经营业务以外从事其他业务活动所取得的收入，如工业企业销售外购商品、进行技术转让、出租固定资产和包装物、提供运输服务等非工业性劳务的收入。

（3）收入的确认。

以商品销售收入为例，只有在同时满足下列条件时，才能确认收入的实现。

① 企业已将商品所有权上的主要风险和报酬转移给购货方。

② 企业既没有保留通常与所有权相联系的继续管理权，也没有对已售出的商品实施有效控制。

③ 收入的金额能够可靠计量。

④ 相关经济利益很可能流入企业。

⑤ 相关的已发生或将发生的成本能够可靠计量。

5．费用

（1）费用的概念和特征。

费用是指企业在日常活动中发生的、会导致所有者权益减少的、与向所有者分配利润无关的经济利益的总流出。无论费用是否包括损失，都应具有以下特征。

① 费用最终会导致企业资源的减少，这种减少具体表现为企业的资金支出。从这个意义上说，费用本质是一种资源流出企业，它与资源流入企业所形成的收入相反，它也可理解为资产的耗费，其目的是为了取得收入，从而获得更多资产。

② 费用最终会减少企业的所有者权益。一般而言，企业的所有者权益会随着收入的增长而增加；相反，费用的增加会减少所有者权益。但是所有者权益减少也不一定都列入费用，如企业偿债性支出和向投资者分配利润，显然减少了所有者权益，但不能归入费用。

③ 费用可能表现为资产的减少，或负债的增加，或者二者兼而有之。

(2) 费用的分类。

费用包括直接费用、间接费用和期间费用。直接费用是指直接为生产商品和提供劳务等发生的费用，包括直接材料、直接人工和其他直接的费用；间接费用是指企业各个生产单位（分厂、车间）组织和管理生产经营活动而发生的费用，如车间管理人员的工资、车间固定资产的折旧费用和修理费用等；期间费用是指企业行政管理部门为组织和管理生产经营活动而发生的各项费用，包括销售费用、管理费用和财务费用。

6. 利润

(1) 利润的定义。

利润是指企业在一定会计期间的经营成果。通常，如果企业实现了利润，表明企业的所有者权益将增加，业绩得到了提升；反之，如果企业发生了亏损，表明企业的所有者权益将减少，业绩下滑了。因此，利润往往是评价企业管理层业绩的一项重要指标，也是投资者等财务报告使用者进行决策时的重要参考。

(2) 利润的来源构成。

利润包括收入减去费用后的净额、直接计入当期利润的利得和损失等。其中，收入减去费用后的净额反映的是企业日常活动的业绩，直接计入当期利润的利得和损失反映的是企业非日常活动的业绩。

直接计入当期利润的利得和损失，是指应当计入当期损益、最终会引起所有者权益发生增减变动的、与所有者投入资本或者向所有者分配利润无关的利得或者损失。企业应当严格区分收入和利得、费用和损失之间的区别，以更加全面地反映企业的经营业绩。

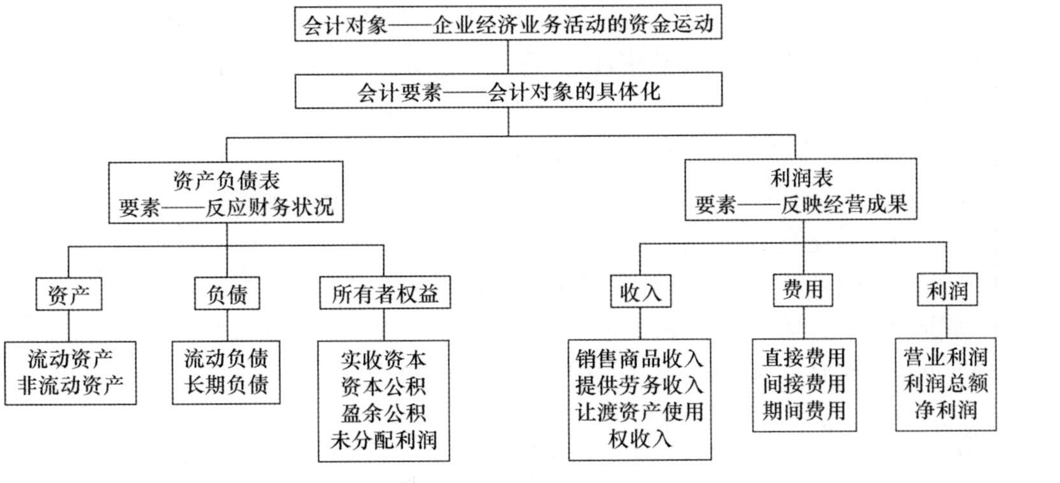

图 3-1　会计对象与会计要素的关系

综上所述，在实际业务处理过程中，会计对象具体化为会计要素，会计要素还须进一步细化，也就是后续将介绍的“会计科目”。图 3-1 列出了会计对象与会计要素的关系。

3.1.2 会计等式

1. 会计等式的表达形式

会计等式是反映会计要素之间内在联系的数学表达式，它是各会计主体设置账户进行复式记账和编制会计报表的报表的理论依据。会计等式分为如下几种。

(1) 恒等式：资产＝权益。

任何单位进行生产经营活动，都需要拥有一定数量和适当结构的经济资源，这些经济资源在会计上称为“资产”。而这些资产的来源概括为两个渠道：一是由企业债权人提供；二是由企业所有者(投资者)提供。企业的债权人和所有者为企业提供了资产，就应该对企业的资产享有一定的要求权，这种对资产的要求权，在会计上称为“权益”。注意，资产表明企业拥有什么经济资源和拥有多少经济资源，权益表明经济资源的来源渠道，资产和权益是同一事物的两个不同侧面。因此，资产和权益两者在量上始终是相等的。

(2) 反映财务状况的会计等式：资产＝负债＋所有者权益。

上述恒等式可以表达为资产、负债和所有者权益三个会计要素之间的关系，揭示企业在某一特定时点的财务状况，称为财务状况等式或资产负债表等式。具体而言，它表明了企业在某一特定时点所拥有的各种资产以及债权人和投资者对企业资产要求权的基本状况，表明企业所拥有的全部资产，都是由投资者和债权人提供的。

(3) 反映经营成果的会计等式：收入－费用＝利润。

这一会计等式，称为财务成果等式或利润表等式，它反映了收入、费用和利润三个会计要素的关系，揭示了企业在某一特定期间的经营成果。

(4) 扩展的会计等式：

资产＝负债＋所有者权益＋利润

资产＝负债＋所有者权益＋(收入－费用)

或　　资产＋费用＝负债＋所有者权益＋收入

这一等式综合了企业利润分配前财务状况等式和经营成果等式之间的关系，揭示了企业的财务状况与经营成果之间的相互联系。在企业生产经营过程中，收入的发生必然带来资产的流入，费用的发生必然带来资产的流出；利润是企业资产流入与流出的结果，必然带来所有者权益的增加。因此，企业资产、负债、所有者权益、收入、费用、利润之间的数量关系存在着一种内在的有机联系。

2. 企业经济业务发生对会计等式的影响

企业经济业务对会计等式的影响归纳起来有以下四种基本类型。

(1) 资产和负债及所有者权益双方同时等额增加。

(2) 资产和负债及所有者权益双方同时等额减少。

(3) 资产内部有增有减，增减的金额相等。

(4) 负债及所有者权益内部有增有减，增减的金额相等。

案例学习

【例 3-1】 某企业当期发生如下经济业务。

(1) 企业收到投资人投入的现金 40 000 元,设备 60 000 万元。

(2) 企业从银行借款 20 000 元。

(3) 企业购买设备 10 000 元。

(4) 经协商,银行同意将借款中的 10 000 元转为对企业的投资。

这四个业务对会计恒等式的影响表现为:

资产	=	负债	+	所有者权益
(1) +40 000+60 000				+100 000
(2) +20 000		+20 000		
(3) +10 000−10 000				
(4)		−10 000		+10 000

假设企业期初资产、负债及所有者权益的简要情况如表 3-1 所示。

表 3-1　某企业期初资产、负债及所有者权益的情况　　单位:元

资产	金额	负债及所有者权益	金额
库存现金	5 000	短期借款	100 000
银行存款	200 000	应付票据	130 000
应收账款	100 000	应付账款	275 000
原材料	200 000		
库存商品	500 000	实收资本	1 000 000
固定资产	500 000		
总计	1 505 000	总计	1 505 000

表 3-1 中,企业期初资产总额为 1 505 000 元,负债及所有者权益合计为 1 505 000 元,双方相等。随着经济业务的发生,有关项目会相应发生变化,但无论如何变化,双方的总额总是平衡的,如表 3-2 所示。

资产	=	负债	+	所有者权益
1 505 000		505 000		1 000 000
银行存款增加 40 000 元				实收资本增加 100 000 元
固定资产增加 60 000 元				
等式为: 1 505 000+40 000+60 000	=	505 000	+	1 000 000+100 000
1 605 000	=	505 000	+	1 100 000
银行存款增加 20 000 元		短期借款增加 20 000 元		
等式为: 1 605 000+20 000	=	505 000+20 000	+	1 100 000
1 625 000	=	525 000	+	1 100 000
固定资产增加 10 000 元				
银行存款减少 10 000 元				
等式为: 1 625 000+10 000−10 000	=	525 000	+	1 100 000
1 625 000	=	525 000	+	1 100 000
		短期借款减少 10 000 元		实收资本增加 10 000 元
等式为: 1 625 000	=	525 000−10 000	+	1 100 000+10 000
1 625 000	=	515 000	+	1 110 000

表 3-2 经济业务变动引起资产和负债及所有者权益方变动情况

单位：元

资产	期初金额	增减额	期末金额	负债及所有者权益	期初金额	增减额	期末金额
库存现金	5 000		5 000	短斯代款	100 000	+10 000	110 000
银行存款	200 000	+50 000	250 000	应付票据	130 000		130 000
应收账款	100 000		100 000	应付账款	275 000		275 000
原材料	200 000		200 000				
库存商品	500 000		500 000	实收资本	1 000 000		1 110 000
固定资产	500 000	+70 000	570 000			+110 000	
总计	1 505 000	+120 000	1 625 000	总计	1 505 000	+120 000	1 625 000

如将上述四种类型具体化，经济业务对会计恒等式的影响有以下几种类型。

（1）资产增加、资产减少，负债和所有者权益不变。

（2）资产增加、负债增加，所有者权益不变。

（3）资产减少、负债减少，所有者权益不变。

（4）负债增加、负债减少，资产和所有者权益不变。

（5）资产增加、所有者权益增加，负债不变。

（6）资产减少、所有者权益减少，负债不变。

（7）负债增加、所有者权益减少，资产不变。

（8）负债减少、所有者权益增加，资产不变。

（9）所有者权益增加、所有者权益减少，资产与负债不变。

如进一步考虑，在会计期间内企业一方面取得各种收入，同时也发生着各种费用，这对会计恒等式有如下的影响。

（1）收入会使得资产要素和收入要素同时增加，或在增加收入的同时减少负债。

（2）费用会使得费用要素增加，资产要素减少，或在增加费用的同时增加负债。

（3）在会计期末，按收入减费用计算出的利润按程序分配后，其留归企业部分（如盈余公积）和未分配利润部分仍为所有者权益的增加。反之，若发生亏损会引起所有者权益减少，会计等式仍保持平衡。

提示

会计等式反映了会计要素之间的数量关系，是设置账户、复式记账和编制资产负债表等会计核算方法建立的理论依据。

要加强练习企业经济业务的发生对会计等式的影响分析。

3.2 会计科目与账户

3.2.1 会计科目

1. 设置会计科目的意义

会计科目是对会计对象的具体内容进行分类核算的标志或项目，是账户的名称。

设置会计科目时，要为每一个具体的类别规定一个科目名称，并且限定在该科目名称下包括的内容。如“库存现金”“银行存款”科目。设置会计科目时，需要将会计对象中具体内容相同的归为一类，设立一个会计科目，凡是具备这类信息特征的经济业务，都应该在这个科目下进行核算。会计科目是设置账户、账务处理所遵循的规则和依据，是正确组织会计核算的一个重要条件。

2. 设置会计科目的原则

设置会计科目时，应遵循以下几项原则。

(1) 必须结合会计对象的特点，全面反映会计对象的内容。

设置会计科目时，除了各行各业有共性的会计科目外，还应根据各行各业会计对象的特点，设置相应的会计科目。如工业企业必须设“生产成本”“制造费用”科目。全面反映会计对象的内容，不能有遗漏。

(2) 既要满足对外报告的要求，又要符合内部经营管理的需要。

设置会计科目时，要兼顾对外报告和企业内部经营管理要求。例如，为了反映企业实收资本情况，可以设置“实收资本”账户，为了反映企业债务情况，可以设“短期借款”“长期借款”“应付账款”。可以根据管理需要设置总分类科目和明细分类科目。

(3) 要将统一性和灵活性结合起来。

统一性是指根据《企业会计准则》的要求，对一些主要会计科目的设置进行统一规定，对核算标准、口径都要一致。灵活性是指在能够提供统一核算指标的前提下，各单位根据本单位的具体情况，对统一规定的会计科目做必要的调整，设置或增补会计科目。

(4) 要简明、适用，通俗易懂。

每一会计科目反映一项经济内容，不能模棱两可，相互包含。为方便起见，对所设置的会计科目要进行适当的分类，给予一定的编号。

(5) 既要适应经济发展的需要，又要保持相对稳定。

随着市场经济的发展，会计科目的设置也会有所调整，但要保持相对稳定，以便不同时期的指标具有可比性。

3. 会计科目的分类

(1) 按其反映的经济内容分类。

我国《企业会计准则》规定，会计科目按其所反映的经济内容不同，可分为资产类、负债类、所有者权益类、成本类和损益类。

① 资产类科目。资产类科目又可分为反映流动资产、长期股权投资、固定资产、无形资产和其他资产的科目。其中反映流动资产的科目主要有“库存现金”“银行存款”“应收账款”“原材料”和“库存商品”等科目。

② 负债类科目。负债类科目又可分为反映流动负债和长期负债的科目。其中流动负债类科目主要有“短期借款”“应付账款”“应付利润”和“应付利息”等，长期负债类科目主要有“长期借款”“应付债券”等。

③ 所有者权益类科目。所有者权益类科目主要有“实收资本”“资本公积”“盈余公积”“本年利润”和“利润分配”等科目。

④ 成本类科目。成本类科目主要有“生产成本”和“制造费用”科目。

⑤ 损益类科目。损益类科目又可分为反映收入和费用的科目，主要有“主营业务收入”

“主营业务成本”“其他业务收入”“其他业务成本”“销售费用”“管理费用”和“财务费用”等。

(2) 按其提供指标的详细程度分类。

会计科目按其提供指标的详细程度,可分为总分类科目、明细分类科目。总分类科目(也称一级科目、总账科目)是对会计对象的具体内容进行总括分类,提供总括的核算指标,由财政部或主管部门设置。明细分类科目(也称明细科目)是对总分类科目所包含的内容作进一步分类,以提供详细具体的核算指标。企业根据自身的实际情况可自行设置明细科目及其级次,如表3-3是某制造业企业原材料科目的设置。

表3-3 某制造业企业原材料各级科目

一级科目	二级科目	三级科目
原材料	原料及主要材料	圆钢
		碳钢
	辅助材料	油漆
		润滑油
	燃料	汽油
		烟煤

提示

会计科目按其隶属关系分类,有助于了解会计科目反映的具体经济内容,满足经营管理所需要的会计信息。为了详细、具体地反映总账科目的核算内容,在总账科目下一般需要设置明细科目。明细科目从属于某个总账科目的核算内容,总账科目统驭其所属的全部明细科目。但应当说明的是,并不是所有的一级科目都需分设二级和三级科目,根据信息使用者所需不同信息的详细程度,有些只需设一级科目,有些只需设一级和三级科目,而不需设置二级科目。

4. 会计科目编号

为便于会计核算工作的顺利进行,尤其是适应会计电算化的要求,通常要编制会计科目表(见表3-4),将所使用的全部会计科目列于其中,并对每一会计科目加以编号。

(1) 总账科目编号。

会计科目编号的第一位数代表会计要素的类别,如“1”代表资产类、“2”代表负债类、“4”代表所有者权益类、“5”代表成本类、“6”代表损益类。

(2) 明细科目。

对于明细科目的编号,一般可以采用在总账科目编号后加数字的方式。如“其他货币资金”科目编号为“1012”,它的明细科目有“外埠存款”“银行本票”“银行汇票”等,就可以分别编为“101201”“101202”“101203”等。

提示

会计科目(总账科目)有了统一编号,各会计主体不要随意改变或打乱重编,在某些会计科目之间留有空号,可供有需要的会计主体增设会计科目之用。

表 3-4　工商企业常用会计科目表(依据 2014 新会计准则)

总序	顺序	代号	科目名称	总序	顺序	代号	科目名称
一、资产类				80	46	2202	应付账款
1	1	1001	库存现金	81	47	2203	预收账款
2	2	1002	银行存款	82	48	2211	应付职工薪酬
5	3	1012	其他货币资金	83	49	2221	应交税费
8	4	1101	交易性金融资产	84	50	2231	应付利息
10	5	1121	应收票据	85	51	2232	应付股利
11	6	1122	应收账款	86	52	2241	其他应付款
12	7	1123	预付账款	93	53	2401	递延收益
13	8	1131	应收股利	94	54	2501	长期借款
14	9	1132	应收利息	95	55	2502	应付债券
18	10	1221	其他应收款	100	56	2701	长期应付款
19	11	1231	坏账准备	101	57	2702	未确认融资费用
26	12	1401	材料采购	102	58	2711	专项应付款
27	13	1402	在途物资	103	59	2801	预计负债
28	14	1403	原材料	104	60	2901	递延所得税负债
29	15	1404	材料成本差异	三、共同类			
30	16	1405	库存商品	107	61	3101	衍生工具
31	17	1406	发出商品	108	62	3201	套期工具
32	18	1407	商品进销差价	109	63	3202	被套期项目
33	19	1408	委托加工物资	四、所有者权益类			
34	20	1411	包装物及低值易耗品(或周转材料)	110	64	4001	实收资本
40	21	1471	存货跌价准备	111	65	4002	资本公积
41	22	1501	持有至到期投资	112	66	4101	盈余公积
42	23	1502	持有至到期投资减值准备	114	67	4103	本年利润
43	24	1503	可供出售金融资产	115	68	4104	利润分配
44	25	1511	长期股权投资	116	69	4204	库存股
45	26	1512	长期股权投资减值准备	五、成本类			
46	27	1521	投资性房地产	117	70	5001	生产成本
47	28	1531	长期应收款	118	71	5101	制造费用
48	29	1532	未实现融资收益	119	72	5201	劳务成本
50	30	1601	固定资产	120	73	5301	研发支出
51	31	1602	累计折旧	六、损益类			
52	32	1603	固定资产减值准备	124	74	6001	主营业务收入
53	33	1604	在建工程	129	75	6051	其他业务收入
54	34	1605	工程物资	131	76	6101	公允价值变动损益
55	35	1606	固定资产清理	138	77	6111	投资收益
62	36	1701	无形资产	142	78	6301	营业外收入
63	37	1702	累计摊销	143	79	6401	主营业务成本
64	38	1703	无形资产减值准备	144	80	6402	其他业务支出
65	39	1711	商誉	145	81	6405	营业税金及附加
66	30	1801	长期待摊费用	155	82	6601	销售费用
67	41	1811	递延所得税资产	156	83	6602	管理费用
69	42	1901	待处理财产损溢	157	84	6606	财务费用
二、负债类				159	85	6701	资产减值损失
70	43	2001	短期借款	160	86	6711	营业外支出
77	44	2101	交易性金融负债	161	87	6801	所得税费用
79	45	2201	应付票据	162	88	6901	以前年度损益调整

3.2.2 账户

1. 设置账户的意义

会计账户是指按照会计科目设置的，具有一定结构的，用以对会计对象进行分类、序时、连续、系统记录和汇总的一种簿记形式，是用以分类反映会计要素增减变动情况及其结果的载体。

每个企业单位必须根据规定的会计科目设置账户，在账户中分门别类地记录经济业务的发生情况，以及由此引起的各会计要素增减变动及其变动结果。

2. 账户的基本结构和内容

账户的结构是指账页的格式。账户要记录由于经济业务发生而引起各会计要素增减变化，必须拥有一定格式的账页。

要使用账户进行会计核算，就必须了解账户的结构，在认识账户的一般结构的共性基础上，掌握不同类别账户的结构区别和使用特点。

（1）账户的基本结构。

不同性质的账户所反映的经济业务的特点和内容不同，其账户的具体结构也不同。但是，就账户总体而言，经济业务发生引起的各会计要素的变动，从数量上看，不外乎是增加和减少两种情况。因此，账户的基本结构分为左右两个基本区域，一方登记增加发生额，一方登记减少发生额。如果左边区域（借方）记录增加发生额，则右边区域（贷方）记录减少发生额，反之亦然。不同性质的账户，记录增加发生额和减少发生额的方向可能不同。

在教学中，通常采用简化的“T”字形账户，如图 3-2 所示。

左方（借方）	账户名称（会计科目）	右方（贷方）
增加发生额（减少发生额）	减少发生额（增加发生额）	

图 3-2 账户的基本结构

（2）账户的基本内容。

完整的账户结构，除了记录会计信息发生的金额外，还必须辅以必要的文字说明，才能将会计信息清晰明确地揭示出来。一般包括以下内容：①账户名称（会计科目）；②日期和凭证编号，凭证编号是记载账户上的每一笔记录所依据凭证的种类和编号，反映了账户的记录与记账依据之间的联系，是复查核对的线索；③摘要，对账户所记录的经济业务内容加以概要说明；④增加和减少发生金额。如表 3-5 所示。

表 3-5 账户名称（会计科目）

年		凭证编号	摘要	借方金额	贷方金额
月	日				

账户的左方（借方）和右方（贷方）分别记录增加额和减少额。增减相抵后的差额即为余额。因此在每个账户中所记录的金额，可以分为期初余额、本期增加额、本期减少额和期末余额。本期增加额和本期减少额是指在一定的会计期间内（如月份、季度或年度），账户在左

右两方分别登记的增加金额合计和减少金额合计，也称为本期增加发生额和本期减少发生额。本期增加发生额和本期减少发生额相抵后的差额即为本期的期末余额。如果将本期的期末余额转入下一期，就是下一期的期初余额。上述四项金额的关系可以用公式表示如下：

本期期末余额＝期初余额＋本期增加发生额－本期减少发生额

提示

会计账户与会计科目既有联系，又有区别。二者均是对会计要素内容所作的具体分类，每一个科目和账户只反映经济业务的一个特定方面，账户记录的内容与科目所规定的内容完全一致，并且会计科目就是账户的户名。因此，会计科目与账户一般可以不加区别，互相通用。

但是，两者又是有区别的。会计科目只规定了对会计对象的具体内容（会计要素）进行分类的项目或标志，其本身并不能提供系统的会计信息。而账户则是在会计科目的基础上，再赋予一定的结构，能指明记账的方向，以核算各会计要素的增减变动和余额，对企业资金运动进行全面、系统、连续记录和汇总反映的形式。

3．账户的基本分类结构

各类账户由于反映的内容与会计要素之间的关系不同，其结构和使用方法也不同。账户按经济内容的分类是账户的基本分类，具体分为资产类账户、负债类账户、所有者权益类账户、收入类账户和费用类账户五大类。

（1）资产类账户。

资产类账户是用来反映企业各项资产的增减变动及结存情况的账户。主要包括“库存现金”“银行存款”“应收账款”“预付账款”“其他应收款”“原材料”“产成品”“长期股权投资”“长期债券投资”“固定资产”“在建工程”和“无形资产”等账户。

资产类账户借方记录企业各项资产的增加额，贷方记录其减少额，余额一般在记录增加额的借方，表示某一时点企业实际拥有的资产数额。

期末借方余额＝期初借方余额＋本期借方发生额－本期贷方发生额

资产类账户结构以 T 形账表示，如图 3-3 所示。

左方（借方）　　资产类账户　　右方（贷方）

期初余额：×××	本期减少额发生额：×××
本期增加发生额：×××	
本期发生额合计：×××	本期发生额合计：×××
期末余额：×××	

图 3-3　资产类账户结构

（2）负债类账户。

负债类账户是用来反映企业负债增减变动及其实际负担情况的账户。主要包括“短期借款”“应付票据”“应付账款”“预收账款”“应付工资”“应付福利费”“应付利润”“应付股利”“应交税金”“预提费用”“长期借款”“长期应付款”和“应付债券”等账户。

负债类账户的贷方记录企业负债的增加额，借方记录其减少额，余额一般在记录增加额的贷方,反映企业在某一时点所承担债务的实际数额。

期末贷方余额=期初贷方余额+本期贷方发生额-本期借方发生额

负债类账户结构以T形账表示,如图3-4所示。

左方(借方)	负债类账户　　　　右方(贷方)
本期减少发生额:×××	期初余额:××× 本期增加发生额:×××
本期发生额合计:×××	本期发生额合计:×××
	期末余额:×××

图3-4　负债类账户结构

(3)所有者权益类账户。

所有者权益类账户是用来反映企业所有者权益增减变动及其实际拥有情况的账户。主要包括“实收资本(股本)”“资本公积”“盈余公积”“本年利润”和“利润分配”等账户。

所有者权益类账户的贷方记录企业所有者权益的增加额,借方记录其减少额,余额一般在记录增加额的贷方,反映所有者拥有的企业净资产的实际数额。

期末贷方余额=期初贷方余额+本期贷方发生额-本期借方发生额

所有者权益类账户以T形账表示,如图3-5所示。

左方(借方)	所有者权益类账户　　　　右方(贷方)
本期减少发生额:×××	期初余额:××× 本期增加发生额:×××
本期发生额合计:×××	本期发生额合计:×××
	期末余额:×××

图3-5　所有者权益类账户结构

提示

从以上三种类型账户的结构可以看出,资产类账户的结构与负债类和所有者权益类账户的结构正好相反。这是因为在会计恒等式“资产=负债+所有者权益”中,资产列在等式的左边,负债和所有者权益列在等式的右边,左右两边永远相等。在会计账户的记录中,资产类账户的增加记在左边,减少记在右边;相应地,负债类和所有者权益类账户必须与之相反,增加记在右边,减少记在左边。负债类账户和所有者权益类账户,可以被统称为权益类账户,其结构和使用方法基本相同。这样,在会计账户的记录中,又体现了会计恒等式的另一表达形式“资产 = 权益”。

(4)收入类账户。

收入类账户是反映企业各项收益的形成及结转情况的账户。主要包括“营业收入”“营业外收入”和“投资收益”等账户。

收入类账户是利润及利润分配的直接来源,其结构和所有者权益类账户的结构基本相同,贷方记录企业收益的增加额,借方记录收益的转销额,转销后期末无余额。收入类账户结构以T形账表示,如图3-6所示。

左方(借方)	收入类账户　　　　右方(贷方)
本期减少额:××× 净收入结转:×××	本期增加额:×××
本期发生额合计:×××	本期发生额合计:×××
	期末余额:0

图 3-6　收入类账户结构

(5) 费用类账户。

费用类账户是反映企业生产经营过程中各种费用的形成及结转、计算产品成本的账户。主要包括“生产成本”“制造费用”“营业成本”“其他业务支出”“管理费用”“财务费用”“营业外支出”和“所得税”等账户。

费用类账户与资产类账户有密切联系,资产一经耗用即形成成本费用,成本费用是资产表现形态的变化,其具体结构和资产类账户基本相似。借方记录成本费用的增加额,贷方记录其结转额。这类账户期末结转后一般没有期末余额,如有期末借方余额就表示为企业的资产,“生产成本”的借方余额是企业期末尚未完工的在产品的成本。费用类账户结构以T形账表示,如图 3-7 所示。

左方(借方)	费用类账户　　　　右方(贷方)
本期增加额:×××	本期减少额:××× 净支出结转:×××
本期发生额合计:×××	本期发生额合计:×××
期末余额:0	

图 3-7　费用类账户结构

4. 账户的平行登记

账户的开设应与会计科目的设置相适应,会计科目分为总账科目、二级明细科目和三级明细科目,账户也应相应地分为总分类账户(一级账户)和明细分类账户(二、三级账户)。总分类账户所属的各明细分类账户余额总计与总分类账户余额相等。在记账时,总分类账和明细分类账总是平行登记的。

(1) 同时间登记。

对发生的每项经济业务,要根据会计凭证,一方面在有关的总分类账中进行总括登记,另一方面要在有关的明细分类账中进行明细登记。

(2) 同方向登记。

登记总分类账户及其所属的明细分类账户时,借贷记账方向必须一致。

(3) 同金额登记。

登记总分类账户及其所属的明细分类账户时,总分类账户的金额必须与记入其所属的一个或几个明细分类账户的金额合计数相等。

如表 3-3 所示,原材料是总分类账户,各种原材料是明细分类账户。该企业应该设置和登记原材料总分类账户,以金额综合反映甲、乙、丙三种原材料的期初结存、本期购入、生产领用和期末结存等总金额。同时还应分别设置和登记各种原材料的明细分类账户,具体反映各种材料的期初结存、本期购入、生产领用和期末结存等的数量和金额。这样,三个明细账户的金额总和应等于原材料总分类账户的金额。如果通过核对发现总分类账户的金额与其明细账户合计数金额不等，就表明总分类账或明细分类账的登记有误，应及时查明更正。

3.3 复式记账与借贷记账法

复式记账法是指对发生的每一笔经济业务都要以相等的金额在相互联系的两个或两个以上的账户中进行登记的一种记账方法。作为一种科学的记账方法，复式记账法已成为现代企业会计普遍采用的记账方法。复式记账法在使用中有三种具体形式，即借贷记账法、增减记账法和收付记账法。国际上普遍采用的复式记账方法是借贷记账法，我国颁布的《企业会计准则》规定，从 1993 年 7 月 1 日开始"会计记账统一采用借贷记账法"。

3.3.1 借贷记账法的概念和特征

借贷记账法起源于 13 世纪意大利借贷资本家对业务的会计处理，借贷资本的经营业务主要是资金的借入和贷出。在初期阶段，"借"字表示借贷资本家放出的资本，在账务中反映其债权的增加，而"贷"字表示借贷资本家收进的存款，反映其债务的增加。随着商品经济的迅速发展，经济业务的种类日益增多、范围不断扩大，借贷资本家与业主之间、业主与业主之间的经济业务已不仅局限于相互之间债权、债务和直接交易关系，会计核算的内容也随之扩大，"借""贷"二字逐渐演变成单纯的记账符号，而失去它原有的意义。到 15 世纪，以"借""贷"二字为记账标志的记账方法已日臻完善，并总结归纳出科学的借贷记账法。目前，借贷记账法是世界各国普遍采用的会计核算方法。

借贷记账法是复式记账法的一种，是以会计恒等式为理论基础，以"借""贷"二字为记账符号记录经济业务的方法。借贷记账法主要有两个特点，一个是可以了解每一项经济业务的来龙去脉，全面了解经济活动的过程和结果。另一个是可以对账户记录的结果进行试算平衡，以检查账户记录的准确性。借贷记账法基本内容包括记账符号、记账规则、会计分录和试算平衡。

3.3.2 借贷记账法的原理

1. 借贷记账法的记账符号

记账符号是指对账户不同记账区域所做的标志或记号。如图 3-2 所示，账户分为两个基本区域（左方和右方），左方命名为"借"方，右方命名为"贷"方。记账符号的作用是表示记账的方位或方向。

需要注意的是，在借贷记账法下，以"借""贷" 二字作为记账符号，表示资金运动的方向，记账符号本身并不表示特定的含义，即"借"不一定就代表增加、借入，"贷"也不一定就代表减少、贷出。借贷记账法以"借""贷"二字表示不同经济业务的增减变动情况，具体的含义还要取决于账户的性质或类型，如表 3-6 所示。

表 3-6 各类账户"借""贷" 的含义

按经济内容分类	借方	贷方	余额
资产类账户	增加	减少	借方
负债类账户	减少	增加	贷方
所有者权益类账户	减少	增加	贷方
收入类账户	结转	增加	无
费用类账户	增加	结转	无

借贷记账法下，各类账户的结构详见图 3-3～图 3-7。

2. 借贷记账法的记账规则

借贷记账法是建立在会计恒等式“资产＝负债十所有者权益”基础之上，其记账规则可以概括为“有借必有贷，借贷必相等”，即对于任何一项经济业务必须同时在两个或两个以上相互联系的账户中以相反的方向（借方和贷方）进行登记，必须以相等的金额同时记入借方账户与贷方账户。

案例学习

借贷记账法的记账规则在具体运用时，涉及的经济业务的种类是多种多样的，归纳起来，主要有四种类型。

(1) 等式两边同时增加一个相等的金额，即资产与权益（负债、所有者权益）同时增加。

【例 3-2】 企业购入材料 1 000 元，尚未支付款项。这项业务的发生，使“原材料”这一资产项目和“应付账款”这一负债项目同时增加 1 000 元。资产增加记借方，负债增加记贷方，有借有贷，借贷金额相等。该项业务在账户中的表现，如图 3-8 所示。

借　　原材料	贷
1 000	

借　　应付账款	贷
	1 000

图 3-8　资产与权益同增业务

(2) 等式两边同时减少一个相等的金额，即资产与权益（负债、所有者权益）同时减少。

【例 3-3】 企业以银行存款偿还前欠的购料款 1 000 元。这项业务的发生，使银行存款这一资产项目和应付账款这一负债项目同时减少 1 000 元。负债减少记借方，资产减少记贷方，有借有贷，借贷金额相等。该业务在账户中的表现，如图 3-9 所示。

借　　银行存款	贷
	1 000

借　　应付账款	贷
1 000	

图 3-9　资产与权益同减业务

(3) 等式左边的项目此增彼减一个相等的金额，即资产内部有增有减，总额不变。

【例 3-4】 企业用银行存款 3 000 元购买一台新的办公设备。这项业务的发生，使固定资产和银行存款这两个资产项目一增一减，金额 3 000 元。资产增加记借方，资产减少记贷方，有借有贷，借贷金额相等。该业务在账户中的表现，如图 3-10 所示。

借	银行存款	贷
		3 000

借	固定资产	贷
3 000		

图 3-10　资产方一项增加一项减少业务

(4) 等式右边的项目此增彼减一个相等的金额，即权益(负债、所有者权益)内部有增有减，总额不变。

【例 3-5】 企业的一项应付账款 20 000 元，由于财务困难，经与债权人协商，将其转为投资，债权人因此成为企业的股东。这项业务的发生，使实收资本和应付账款两个权益项目一增一减，金额是 20 000 元，负债减少记借方，所有者权益增加记贷方。有借有贷，借贷金额相等。该项业务在账户中的表现，如图 3-11 所示。

借	应付账款	贷
20 000		

借	实收资本	贷
		20 000

图 3-11　权益方一项增加一项减少业务

以上所举各项说明，在借贷记账法下，对任何类型的经济业务，都是一律采用“有借必有贷，借贷金额必相等”的记账规则。借贷记账法的记账规则要求以相反的方向、相等的金额对发生的经济业务在两个或两个以上相互联系的账户中登记，其中一个账户的借方就和另一个账户的贷方具有了对应关系，这种关系称为账户的对应关系。具有应借应贷对应关系的账户互为对应账户。通过账户的对应关系或对应账户，可以反映经济业务的来龙去脉。

提示

对有些复杂的经济业务，在运用借贷记账法记账时，则需要将其登记在一个账户的借方和几个账户的贷方，或者登记在一个账户的贷方和几个账户的借方。借贷双方的金额也必须相等。

3. 借贷记账法的会计分录

会计分录简称分录，是按借贷记账法的要求，对每项经济业务标明应借应贷账户名称及其金额的一种记录形式。

(1) 编制会计分录的步骤。

编制会计分录是在经济业务登记到账户之前，对其内容所进行的分析和确认，并将一般的经济信息转化为会计信息的过程，一般分为以下三个步骤。

① 分析确定经济业务涉及的账户类别、特点及其名称。

② 分析确定每个对应账户应记录的借贷方向。

③ 分析计算记入每个对应账户的金额。

(2) 会计分录的内容与格式。

会计分录应具备三项基本内容,即记账符号、账户名称和应计金额。编制会计分录应当注意以下书写格式。

① 先借后贷,借贷分行写,且相错一格或两格。

② 同行文字与金额的数字应适当错开位置。

③ 复合会计分录的借方或贷方的文字和金额数字必须分别对齐。

案例学习

【例 3-6】 将前述例 3-2～例 3-5 的业务编写会计分录。

(1) 借:原材料　　1 000
　　贷:应付账款　　1 000

(2) 借:应付账款　　1 000
　　贷:银行存款　　1 000

(3) 借:固定资产　　3 000
　　贷:银行存款　　3 000

(4) 借:应付账款　　20 000
　　贷:实收资本　　20 000

根据会计分录的分析确认,进而记入到有关的账户中去,如图 3-8～图 3-11 所示。

提示

会计分录按其对应账户的多少可分为简单会计分录和复合会计分录。简单会计分录是指一项经济业务只涉及两个账户,即一借一贷的对应关系的会计分录;复合会计分录是指一项经济业务同时涉及两个以上账户,即一借多贷或多借一贷的对应关系的会计分录。复合会计分录可以分解为简单会计分录。在会计实务中,有时也需要编制多借多贷的会计分录,但是,不能把不同的经济业务合并在一起,编制多借多贷的会计分录。对于初学者而言,简单会计分录的账户对应关系比较清楚,复合会计分录的等量性不是很明确,应尽可能避免编制多借多贷的复合会计分录。

4. 借贷记账法的试算平衡

试算平衡是会计工作中经常使用的一种方法,它是根据会计恒等式"资产＝负债＋所有者权益"的平衡关系以及借贷记账法"有借必有贷、借贷必相等"的记账规则,检查某一会计期间内的全部账户记录内容是否正确、完整的方法。

试算平衡的平衡关系式为:借方金额＝贷方金额。在会计核算实务中使用的试算平衡公式有以下三个。

(1) 会计分录试算平衡公式:

$$借方账户金额 = 贷方账户金额$$

(2) 本期发生额试算平衡公式：

全部账户本期借方发生额合计数 ＝ 全部账户本期贷方发生额合计数

(3) 期末余额试算平衡公式：

全部账户期末借方余额合计数 ＝ 全部账户期末贷方余额合计数

在会计核算实务中，通过编制试算平衡表进行试算平衡，对全部账户记录的正确性加以验证。试算平衡表的格式如表 3-7 所示。

表 3-7 试算平衡表

年 月

会计科目	期初余额		本期发生额		期末余额	
	借方	贷方	借方	贷方	借方	贷方
合计						

提示

在编制试算平衡表时，要注意：① 必须保证所有账户的发生额及余额均已记入试算平衡表，特别是只有期初余额没有发生额的账户，以及没有期初余额但有本期发生额的账户。② 试算不平衡，账户记录肯定有错误，应认真检查直到实现平衡为止。但是试算平衡只能说明记账基本无误，因为有些核算中的错误是试算平衡检查不出来的，如漏登或重登某项经济业务、记账借贷方向发生错误、记错账户等，可以通过其他的方法加以检查。

案例学习

【例 3-7】 某企业总分类账户的月初余额如表 3-8 所示。

表 3-8 月初某企业总分类账户资料

单位：元

资　　产	期初金额	负债及所有者权益	期初金额
银行存款	25 400	短期借款	10 000
原材料	60 000	应付账款	4 600
库存商品	8 200	实收资本	205 000
固定资产	150 000	资本公积	10 000
生产成本	6 000	盈余公积	20 000
合　　计	249 600	合　　计	249 600

该企业本月发生如下经济业务事项(暂且忽略增值税)。

① 用银行存款购买材料 5 400 元，材料已验收入库(假设该企业不设“材料采购”账户)。

② 向银行借入短期借款 2 600 元，直接偿还应付账款。

③ 用银行存款偿还短期借款 5 000 元。

④ 收到投资者追加投资 60 000 元，存入银行。

⑤ 本期生产产品领用材料 10 000 元。

⑥ 销售产品一批，价款 8 000 元，款项已收讫并存入银行。

如何进行当月会计核算业务，编制试算平衡表。

第一步，按照所给月初总分类账户资料，开立有关账户，以“银行存款”账户设置为示范，如图 3-12 所示。

借	银行存款 贷
期初 25 400	

图 3-12　“银行存款”账户

类似地开立，如原材料、库存商品、实收资本、资本公积、固定资产、生产成本、短期借款、应付账款、盈余公积、营业收入等有关账户。

第二步，分析当其发生的经济业务事项对会计恒等式的影响，编制会计分录。

	借方	贷方
① 借：原材料	5 400	
贷：银行存款		5 400
② 借：应付账款	2 600	
贷：短期借款	2 600	
③ 借：短期借款	5 000	
贷：银行存款		5 000
④ 借：银行存款	60 000	
贷：实收资本		60 000
⑤ 借：生产成本	10 000	
贷：原材料		10 000
⑥ 借：银行存款	8 000	
贷：营业收入		8 000

第三步，过账、结账。过账是指将在记账凭证中确定的会计分录，按一定的分类顺序一一记入相关分类账中的工作。过账结束后要进行结账，即计算出每一账户的本期发生额和期末余额。如图 3-13～图 3-23 所示。

借　　银行存款	贷
期初余额　25 400	①　5 400
④　60 000	③　5 000
⑥　8 000	
本期发生额 68 000	本期发生额　10 400
期末余额 83 000	

图 3-13　“银行存款”账户

借　　原材料	贷
期初余额　60 000	
①　5 400	⑤　10 000
本期发生额　5 400	本期发生额 10 000
期末余额　55 400	

图 3-14　“原材料”账户

库存商品

借	贷
期初余额 8 200	
本期发生额 0	本期发生额 0
期末余额 8 200	

图 3-15 “库存商品”账户

固定资产

借	贷
期初余额 150 000	
本期发生额 0	本期发生额 0
期末余额 150 000	

图 3-16 “固定资产”账户

生产成本

借	贷
期初余额 6 000	
⑤ 10 000	
本期发生额 10 000	本期发生额 0
期末余额 16 000	

图 3-17 “生产成本”账户

短期借款

借	贷
	期初余额 10 000
③ 5 000	② 2 600
本期发生额 5 000	本期发生额 2 600
	期末余额 7 600

图 3-18 “短期借款”账户

应付账款

借	贷
	期初余额 4 600
② 2 600	
本期发生额 2 600	本期发生额 0
	期末余额 2 000

图 3-19 “应付账款”账户

实收资本

借	贷
	期初余额 205 000
	④60 000
本期发生额 0	本期发生额 60 000
	期末余额 265 000

图 3-20 “实收资本”账户

资本公积

借	贷
	期初余额 10 000
本期发生额 0	本期发生额 0
	期末余额 10 000

图 3-21 “资本公积”账户

借	盈余公积　贷
	期初余额　20 000
本期发生额　0	本期发生额　0
	期末余额　20 000

图 3-22　“盈余公积”账户

借	营业收入　贷
	期初余额　0 ⑥ 8 000
本期发生额　0	本期发生额　8 000
	期末余额　8 000

图 3-23　“营业收入”账户

第四步，根据账户记录进行试算平衡，编制发生额及余额试算平衡表，如表 3-9 所示。

表 3-9　发生额及余额试算平衡表

单位：元

会计科目	期初余额		本期发生额		期末余额	
	借方	贷方	借方	贷方	借方	贷方
银行存款	25 400		68 000	10 400	83 000	
原材料	60 000		5 400	10 000	55 400	
库存商品	8 200				8 200	
固定资产	150 000				150 000	
生产成本	6 000		10 000		16 000	
短期借款		10 000	5 000	2 600		7 600
应付账款		4 600	2 600			2 000
实收资本		205 000		60 000		265 000
资本公积		10 000				10 000
盈余公积		20 000				20 000
营业收入				8 000		8 000
合计	249 600	249 600	91 000	91 000	312 600	312 600

教、学、做一体化训练

一、知识测试

1. 单项选择题

(1) 下列会计科目，不属于资产类的是(　　)。

A. 预付账款　　B. 坏账准备　　C. 在途物资　　D. 预收账款

(2) 下列各项中，不属于损益类科目的是(　　)。

A. 公允价值变动损益

B. 财务费用

C. 累计折旧

D. 资产减值损失

(3) 假设某账户本期期初余额为 5 600 元,本期期末余额为 5 700 元,本期减少发生额为 800 元,则该账户本期增加发生额为(　　)元。

A. 900　　B. 10 500　　C. 700　　D. 12 100

(4) 账户的基本结构是(　　)。

A. 左方登记增加,右方登记减少

B. 右方登记增加,左方登记减少

C. 哪一方登记增加、哪一方记减少,由所采用的记账方法和记录的经济内容确定

D. 哪一方登记增加、哪一方登记减少,由会计人员自行确定

(5) 下列不属于流动负债类账户的是(　　)。

A. 应付债券　　B. 应付票据　　C. 应付利润　　D. 应付职工薪酬

2. 多项选择题

(1) 会计科目的意义是(　　　)。

A. 它是复式记账的基础

B. 它是编制记账凭证的基础

C. 为成本计算与财产清查提供前提条件

D. 为编制会计报表提供方便

(2) 会计账户是(　　　)。

A. 根据会计科目在一定结构的账页上开设的户头

B. 按照规定的会计科目设置的

C. 会计科目的名称

D. 等同于会计科目的

(3) 会计科目与会计账户的联系是(　　　)。

A. 会计科目就是会计账户的名称

B. 会计科目和会计账户的结构一致

C. 会计账户和会计科目反映的经济内容是一致的

D. 会计科目具有统一性,会计账户的开设具有灵活性

(4) 下列各类负债项目中,属于非流动负债的有(　　　)。

A. 长期借款　　B. 递延所得税负债

C. 应付债券　　D. 长期应付款

(5) 会计科目是(　　　)。

A. 会计要素的具体化　　B. 报表的项目

C. 账簿的名称　　D. 账户的名称

3. 判断题

(1) 流动负债是指将在 1 年(含 1 年)或超过 1 年的一个营业周期内偿还的债务。(　　)

(2) 债务结算账户的借方登记债务的增加数,贷方登记债务的减少数,期末余额在借方。(　　)

(3) 即使某一总分类账户所属的明细分类账户较多,也不能再增设二级账户。(　　)

(4) 长期待摊费用按账户用途与结构分类属于费用账户。(　　)

（5）预收账款和应收账款同属于资产类账户。（　　）

二、实务操作

1．指出下述项目哪些归属负债项目，哪些归属所有者权益项目，并对资产项目按流动资产、固定资产、无形资产、长期投资分类，负债项目按流动负债和长期负债分类。

（1）厂房一栋，价值 100 000 元。

（2）银行存款 12 560 元。

（3）库存原材料 500 吨，价值 24 800 元。

（4）尚未收回的货款 12 000 元。

（5）三年期国库券 28 000 元。

（6）土地使用权，价值 50 000 元。

（7）生产甲产品专利权，价值 15 000 元。

（8）甲产品 1 000 件，价值 32 860 元。

（9）库存零用现金 1 876 元。

（10）尚未兑现的应收票据 3 张，价值 36 480 元。

（11）开办费 30 000 元。

（12）预付下年保险费 3 060 元。

（13）在产品 200 件，价值 5 784 元。

（14）某工厂股票 12 000 元，拟于半年后出售。

（15）机器设备 5 台，价值 150 000 元。

（16）欠付原材料供应单位货款 16 800 元。

（17）投资者甲的资本额 200 000 元。

（18）须于两年后偿还的银行贷款 50 000 元。

（19）应付票据 10 张，金额 32 420 元。

（20）预收购货单位货款 8 000 元。

（21）投资者乙的资本额 100 000 元。

（22）向投资者分配利润 10 670 元。

（23）应交纳税费 4 730 元。

（24）盈余公积金 24 000 元。

（25）须于半年后偿还的银行借款 20 000 元。

2．某工厂 2 月初的资产及权益状况如下表所示。

资产	金额	负债及所有者权益	金额
固定资产	120 000	实收资本	147 000
原材料	30 000	短期借款	20 000
生产成本	25 000	应付账款	13 480
库存商品	12 000	盈余公积	3 200
库存现金	180	未分配利润	20 000
银行存款	11 800		
应收账款	4 700		
合计	203 680	合计	203 680

2月发生下列经济业务：

(1) 购A材料一批，计价6 000元，货款由银行存款中支付，并已验收入库；

(2) 收到红星工厂所欠货款4 700元，存入银行；

(3) 收到国家投入全新的机器设备一台，价值34 000元；

(4) 以银行存款2 000元归还到期的银行借款(借款期为半年)；

(5) 以现金预付职工出差费80元；

(6) 从银行提取现金120元；

(7) 该工厂经批准将其盈余公积金3 200元转增资本；

(8) 该工厂债权人同意将工厂所欠货款10 000元转作对本企业的投入资本；

(9) 该工厂出售产成品100件，每件售价150元，取得销售收入15 000元存入银行；

(10) 该工厂计算出本月应支付给管理人员的工资费用2 000元，款项未付。

要求：用借贷记账法记录以上业务，试编制2月底的试算平衡表。

拓展思维

一、课外阅读

会计计量属性

会计计量是为了将符合确认条件的会计要素登记入账并列报于财务报表而确定其金额的过程。从会计角度，计量属性反映的是会计要素金额的确定基础，主要包括历史成本、重置成本、可变现净值、现值和公允价值等。企业应当按照规定的会计计量属性进行计量，确定相关金额。

1. 历史成本

历史成本又称为实际成本，就是取得或制造某项财产物资时所实际支付的现金或其他等价物。在历史成本计量下，资产按照其购置时支付的现金或者现金等价物的金额，或者按照购置资产时所付出的对价的公允价值计量。负债按照其因承担现时义务而实际收到的款项或者资产的金额，或者承担现时义务的合同金额，或者按照日常活动中为偿还负债预期需要支付的现金或者现金等价物的金额计量。

2. 重置成本

重置成本又称现行成本，是指按照当前市场条件，重新取得同样一项资产所需支付的现金或现金等价物金额。在重置成本计量下，资产按照现在购买相同或者相似资产所需支付的现金或者现金等价物的金额计量。负债按照现在偿付该项债务所需支付的现金或者现金等价物的金额计量。在实务中，重置成本多应用于盘盈固定资产的计量等。

3. 可变现净值

可变现净值是指在正常生产经营过程中，以资产预计售价减去进一步加工成本和预计销售费用以及相关税费后的净值。在可变现净值计量下，资产按照其正常对外销售所能收到现金或者现金等价物的金额扣减该资产至完工时估计将要发生的成本、估计的销售费用以及相关税费后的金额计量。可变现净值通常应用于存货资产减值情况下的后续计量。

4. 现值

现值是指对未来现金流量以恰当的折现率进行折现后的价值，是考虑货币时间价值的一种计量属性。在现值计量下，资产按照预计从其持续使用和最终处置中所取得的未来净现金流入量的折现金额计量。负债按照预计期限内需要偿还的未来净现金流出量的折现金额计量。

5. 公允价值

公允价值是指在公平交易中，熟悉情况的交易双方自愿进行资产交换或者债务清偿的金额。在公允价值计量下，资产和负债按照在公平交易中熟悉情况的交易双方自愿进行资产交换或者债务清偿的金额计量。

在各会计要素计量属性中，历史成本通常反映的是资产或者负债过去的价值，而重置成本、可变现净值、现值、公允价值通常反映的是资产或者负债的现时成本或者现时价值，是与历史成本相对应的计量属性。当然，这种关系也不是绝对的。基本准则规定，企业在对会计要素进行计量时，一般应当采用历史成本。采用重置成本、可变现净值、现值、公允价值计量的，应当保证所确定的会计要素金额能够取得并可靠计量。

企业会计准则体系适度、谨慎地引入公允价值这一计量属性，是因为随着我国资本市场的发展，越来越多的股票、债券、基金等金融产品在交易所挂牌上市，使得这类金融资产的交易已经形成了较为活跃的市场。因此，我国已经具备了引入公允价值的条件。在这种情况下，引入公允价值，更能反映企业此类交易的实际情况，对投资者等财务报告使用者的决策更具有相关性。

在引入公允价值的过程中，我国充分考虑了国际财务报告准则中公允价值应用的三个级次。第一，存在活跃市场的资产或负债，活跃市场中的报价应当用于确定其公允价值。第二，不存在活跃市场的，参考熟悉情况并自愿交易的各方最近进行的市场交易中使用的价格或参考实质上相同的其他资产或负债的当前公允价值。第三，不存在活跃市场，且不满足上述两个条件的，应当采用估值技术等确定资产或负债的公允价值。

二、课后思考题

1. 怎样理解资产和权益的平衡关系？
2. 会计对象、会计要素、会计科目以及账户，这几个概念有什么关联？
3. 会计科目分为哪几类？内容是什么？举例说明。
4. 账户按其所反映的会计对象具体内容可分为几类？说明在借贷记账法下各类账户的具体结构。
5. 什么是借贷记账法的试算平衡？借贷记账法下的试算平衡具体包括哪些方面？

总结评价

一、本章总结

企业的业务种类繁多，为了便于核算，通常把会计对象按照构成会计报表的基本因素进行分类，称为会计要素。会计要素按照其性质分为资产、负债、所有者权益、收入、费用和利润。

会计等式是反映会计要素之间内在联系的数学表达式，它是各会计主体设置账户进行复式记账和编制会计报表的理论依据。要理解会计恒等式：资产＝权益，能够分析企业实际经济业务对会计等式的影响。

会计科目是对会计对象的具体内容进行分类核算的标志或项目，是账户的名称。会计科目按提供指标的详细程度，可分为总分类科目、明细分类科目。

账户是根据会计科目设置的，具有一定格式和结构，用以分类反映会计要素增减变动情况及其结果的载体。

借贷记账法是复式记账法的一种，是以会计恒等式为理论基础，以“借”“贷”二字为记账符号记录经济业务的方法。

二、自我评价

评价项目	评价内容	备注
本章重点		
本章难点		
我的问题		

项目四

企业经济业务活动的典型事项

学习目标

◎ 了解制造业企业的主要生产经营过程。

◎ 掌握制造业企业融资业务、生产准备及采购业务、生产作业、销售业务、利润形成与分配业务的账务处理，增强借贷记账法的实际应用能力。

案例导入

内控失去监督作用

光华会计师事务所受托对某钢铁厂的存货进行审计，发现存在下列问题。

1. 年终财产清查发现，原材料账实不符

该钢铁厂已经建立了完善的内部控制制度。在存货的管理中实行了采购人员、运输人员、保管人员等不同岗位分工负责的内部牵制制度。然而在实际操作中，由于三者合伙作弊，使内控制度失去了监督作用。该钢铁厂 2002 年根据生产需要每月需要购进各种型号的铁矿石 1 000 吨，货物自提自用。2002 年 7 月，采购人员张××办理购货手续后，将发票提货联交由本企业汽车司机胡××负责运输，胡在运输途中，一方面将 600 吨铁矿石卖给某企业，另一方面将剩余的 400 吨铁矿石运到本企业仓库，交保管员王××按 1000 吨验收入库，三个人随即分得赃款。财会部门从发票、运单、入库单等各种原始凭证的手续上看，完全符合规定，照例如数付款。可是在进行年终财产清查时才发现账实不符的严重情况，只得将不足的原材料数量金额先做流动资产的盘亏处理，期末处理时，部分做管理费用处理，部分做营业外支出处理。

2. 毁损材料不报废，制造虚盈实亏

该钢铁厂 2003 年 1 月发生了一场火灾，材料损失达 90 万元。保险公司可以赔偿 30 万元。企业在预计全年收支情况后，可知如果报列材料损失，就会使利润下降更加严重。为保证利润指标的实现，该钢铁厂领导要求财会部门不列报毁损材料。

知识讲解

制造业的生产经营活动过程是以产品生产为主要经济活动的生产准备、产品生产和产品销售活动的统一。为了独立进行生产经营活动,企业必须拥有一定数量的经营资金作为从事生产经营活动的基础。这些资金有一定的来源渠道,有具体的用途。随着企业生产经营活动的进行,资金运动由货币资金开始,经过储备资金、生产资金和成品资金,最终又回到货币资金形态。资金的占用形态不断转化,周而复始,形成了资金的循环和周转(如图 1-3 所示)。

企业从不同渠道筹集的资金首先表现为货币资金形态。企业用货币资金支付建造厂房、购买机器设备等的一次性开支和生产用原材料等材料物资的经常性支出,为进行产品生产准备必要的条件。第一,用于增加固定资产支付的资金由货币资金形态转变为固定资产形态,用于购买原材料等支付的资金由货币资金形态转变为储备资金形态。第二,产品生产过程中,生产者使用固定资产等劳动资料进行社会所需产品的生产。产品生产过程中发生的各种材料费用、固定资产折旧费用、薪酬等生产费用的总和构成了产品生产成本。此时,企业资金由固定资金、储备资金和货币资金形态转化为生产资金形态。第三,随着产品生产完成并验收入库,企业资金由生产资金形态转化为成品资金形态。第四,产品销售过程中,企业在将产品销售给购货方的同时要办理结算并收取货款,此时企业资金又由成品资金形态转化为货币资金形态。第五,将企业一定时期的全部收入与全部支出相抵,其差额即为企业的财务成果(利润或亏损)。通过利润分配,一部分资金退出企业,另一部分资金则重新进入生产领域。在企业生产经营过程中,资金筹集、资金运用、资金回收或退出企业,与生产准备、产品生产和产品销售三个过程首尾衔接,构成了制造业的主要经济业务。

提示

为了反映再生产过程中的资金运动,企业必须根据各项经济业务的具体要求和管理需要开设不同的账户,并运用借贷记账法进行经济业务的处理,以提供信息需求者需要的会计信息,满足有关方面的需要。

4.1 融资业务的账务处理

企业筹集资金的渠道是指企业取得资金的来源。一般情况下,企业以吸纳所有者投资和向债权人借入资金等做为筹集资金的主要渠道。通常,从所有者处筹集到的资金为所有者权益,从债权人处筹集到的资金为债权人权益,即负债。

4.1.1 实收资本的核算

实收资本是指企业实际收到的投资人投入的资本。按照投资主体的不同,企业的资本分为国家投资、法人投资、个人投资和外商投资;按照投资不同的物质形态,企业的资本分为货币投资、实物投资、有价证券投资及无形资产投资等。

为了反映和监督企业实收资本的增减变动情况及其结果,应设置“实收资本”账户。该账户是所有者权益类账户,其借方登记投资者投入资本的减少数,贷方登记投资者投入资本的增加数，期末余额在贷方，表示期末投资者投入资本的实有数。实收资本账户应按照投资者设置明细账，进行明细分类核算。“实收资本”账户的结构如图 4-1 所示。

借方	实收资本　　　　　贷方
投入资本的减少	收到投资者投入的资本
	期末余额：期末投入资本实有数

图 4-1 “实收资本”账户

企业收到的所有者投资应按实际投资额入账。以货币形式投资的，按实际收到的投资额入账；以实物形式投资的，按双方认可的估计数入账。

提示

企业生产经营过程中取得的收入和收益及所发生的费用和损失，不得直接增减投资额。

案例学习

【例 4-1】 公司收到国家投资 1 000 000 元，款项存入银行。

这项经济业务的发生，一方面使公司的银行存款增加 1 000 000 元，另一方面使国家对公司的投资增加 1 000 000 元。因此，这项经济业务涉及“银行存款”和“实收资本”两个账户。“银行存款”是资产类账户，增加应记入“银行存款”账户的借方，“实收资本”是所有者权益类账户，增加应记入“实收资本”账户的贷方。这项业务应编制如下会计分录：

借：银行存款	1 000 000	
贷：实收资本		1 000 000

【例 4-2】 收到 A 公司投入新设备一台，价值 2 000 000 元，专利一项，经评估价值为 300 000 元。

这项经济业务的发生，一方面使公司的固定资产增加2 000 000元，无形资产增加 300 000元，另一方面使 A 公司的投资增加 2 300 000 元。因此，这项经济业务涉及“固定资产”“无形资产”和“实收资本”三个账户。“固定资产”和“无形资产”是资产类账户，增加应记入各该账户的借方，“实收资本”是所有者权益类账户，增加应记入“实收资本”账户的贷方。这项业务应编制如下会计分录：

借：固定资产	2 000 000	
无形资产	300 000	
贷：实收资本		2 300 000

4.1.2 借款的核算

在生产经营过程中，为弥补资金的不足，经常需要借入资金。企业向银行或其他非银行金融机构等借入的期限在一年以下(含一年)的各种借款被称为短期借款，期限在一年以上(不含一年)的各种借款被称为长期借款。短期借款主要用于企业的生产经营需要，形成企业的流动负债。长期借款主要用于大型设备的购置、增加房地产、进行技术改造等，属于企业的长期负债。无论短期借款还是长期借款，企业都必须按规定用途使用，按期付息和归还。

为了反映和监督短期借款的借入及归还情况，应设置“短期借款”账户。该账户是负债类账户，其借方登记归还的短期借款，贷方登记取得的短期借款，期末余额在贷方，反映期末尚未归还的短期借款。该账户可按借款种类、贷款人或币种设置明细账，进行明细分类核算。“短期借款”账户的结构如图 4-2 所示。

借方　　　　短期借款	贷方
归还短期借款	取得短期借款
	期末余额：尚未归还的短期借款

图 4-2　“短期借款”账户

为了反映和监督企业借入的长期借款及应计利息和归还本金的情况，应设置“长期借款”账户。该账户是负债类账户，其借方登记归还的长期借款本息，贷方登记取得的长期借款及应计利息，期末余额在贷方，反映期末尚未归还的长期借款本息。该账户可按贷款单位和贷款种类，分别按“本金”“利息调整”等设置明细账，进行明细分类核算。“长期借款”账户的结构如图 4-3 所示。

借方　　　　长期借款	贷方
归还长期借款的本金和利息	取得长期借款及应付未付的借款利息
	期末余额：尚未归还的长期借款本金和利息

图 4-3　“长期借款”账户

提示

短期借款所支付的利息可以采用按季结算的方法。借款利息支出较大的企业一般采用按月预提的方式将其计入当月财务费用，于季度末结算，一次性支付利息。长期借款利息的归还时间按合同约定处理。

案例学习

【例 4-3】 9 月 1 日，公司从银行取得借款 500 000 元，期限 3 个月，年利率为 5%，每季度结息一次，款项已存入银行。

这项经济业务的发生，一方面使公司的银行存款增加 500 000 元，另一方面使公司的短期借款增加 500 000 元。因此，这项经济业务涉及“银行存款”和“短期借款”两个账户。“银行存款”是资产类账户，增加应记入“银行存款”账户的借方，“短期借款”是负债类账户，增加应记入“短期借款”账户的贷方。这项业务应编制如下会计分录：

借：银行存款　　　　500 000

　贷：短期借款　　　　500 000

偿还短期借款时做相反会计分录。

【例 4-4】 公司从银行借入期限为 3 年、年利率为 9% 的长期借款 4 000 000 元，存入银行。

这项经济业务的发生，一方面使公司的银行存款增加 4 000 000 元，另一方面使公司的长期借款增加 4 000 000 元。因此，这项经济业务涉及“银行存款”和“长期借款”两个账户。“银行存款”是资产类账户，增加应记入“银行存款”账户的借方，“长期借款”是负债类账户，增加应记入“短期借款”账户的贷方。这项业务应编制如下会计分录：

借：银行存款　　4 000 000

　贷：长期借款　　4 000 000

4.2　生产准备及采购业务的账务处理

为进行产品生产，企业必须具有一定数量的固定资产（如房屋及建筑物、机器设备、运输设备等）及生产产品所需的原材料。因此，固定资产购建业务和材料采购业务就构成了生产准备及采购业务核算的主要内容。

4.2.1　固定资产购入的核算

固定资产是指同时具有下列特征的有形资产：① 为生产商品、提供劳务、出租或经营管理而持有的；② 使用寿命超过一个会计年度。

固定资产包括房屋及建筑物、机器设备、运输设备、工具器具、仪器仪表等。与其他资产一样，固定资产应按取得时的实际成本计价。其实际成本是指为购建固定资产使其达到可使用状态之前发生的一切合理必要的支出，包括买价、运杂费、包装费及安装费等。

为反映固定资产的增减变动情况，应设置如下会计账户。

1. 在建工程

“在建工程”账户是为了反映和监督企业在建项目的增减变动及其结存情况而设置的账户。该账户是资产类账户，其借方登记在建项目建造成本的增加情况，贷方登记在建项目的完工情况，期末余额在借方，反映期末尚未完工在建项目的建造成本。该账户按照“建筑工程”“安装工程”“在安装设备”“待摊支出”及单项工程等设置明细账，进行明细分类核算。“在建工程”账户的结构如图 4-4 所示。

借方　　在建工程	贷方
归集固定资产的建造成本及预付的承包工程款	结转已完工固定资产的实际成本
	期末余额：尚未达到预定可使用状态的在建工程成本

图 4-4　“在建工程”账户

2. 固定资产

为了反映和监督企业固定资产的增减变动及其结存情况，应设置“固定资产”账户。该账户是资产类账户，其借方登记增加固定资产的原始价值，贷方登记减少固定资产的原始价值，期末余额在借方，反映期末结存固定资产的原始价值。该账户按照固定资产的类别和项目设置明细账，进行明细分类核算。“固定资产”账户的结构如图 4-5 所示。

借方	固定资产 贷方
固定资产增加的原始价值	固定资产减少的原始价值
期末余额：期末固定资产的账面原值	

图 4-5 “固定资产”账户

提示

企业增加的固定资产分为两种。一种是不需要安装即可投入生产使用的固定资产，另一种是需要经过安装、调试才能投入生产使用的固定资产。不需要安装即可投入生产使用的固定资产，可直接按照其为购建固定资产而发生的买价及其相关费用记入“固定资产”账户。需要经过安装、调试才能投入生产使用的固定资产则应将其全部支出记入“在建工程”账户，待设备安装完毕交付使用时，将购入和安装设备的全部支出从“在建工程”账户的贷方转入“固定资产”账户的借方。

案例学习

【例 4-5】 公司购进不需安装的设备一台，进价 800 000 元，增值税 136 000 元，包装及运输费 4 000 元，用银行存款支付款项。

这项经济业务的发生，一方面使公司的固定资产增加 804 000 元，增值税（进项税额）增加 136 000 元，另一方面使公司的银行存款减少 940 000 元。因此，这项经济业务涉及“固定资产”“应交税费—应交增值税（进项税额）”和“银行存款”三个账户。“固定资产”是资产类账户，增加应按其原始价值记入“固定资产”账户的借方，“应交税费—应交增值税（进项税额）”是已交款项，应记入“应交税费—应交增值税（进项税额）”账户的借方，“银行存款”是资产类账户，应按照购置该项固定资产的全部支出记入“银行存款”账户的贷方。这项业务应编制如下会计分录：

借：固定资产	804 000	
应交税费—应交增值税（进项税额）	136 000	
贷：银行存款		940 000

【例 4-6】 公司购入需安装的设备一台，进价 800 000 元，增值税 136 000 元，包装及运输费 4 000 元，款已支付。设备安装过程中，支付材料费 5 000 元，人工费 2 000 元，另用银行存款支付 3 000 元。设备安装完毕，经验收合格，交付使用。

这项经济业务的发生，属于购入固定资产的安装工程。它一方面使公司的在建工程支出增加 940 000 元，另一方面使公司的银行存款减少 940 000 元，领用材料用于设备安装使工程物资减少 5 000 元，发放薪酬使应付职工薪酬增加 2 000 元。因此，这项经济业务涉及“在建工程”“固定资产”“工程物资”“银行存款”和“应付职工薪酬”等账户。“在建工程”“固定资产”是资产类账户，增加应按其实际发生额记入以上账户的借方。“银行存款”是资产类账户，应按照购置该项固定资产的全部支出及设备安装过程中的实际支付额记入“银行存款”账户的贷方。“工程物资”是资产类账户，工程耗用材料是“工程物资”的减少，应按照其领用材料的数额记入“工程物资”账户的贷方。“应付职工薪酬”的增加是负债的增加，应计入“应付职工薪酬”账户的贷方，这项业务应编制如下会计分录：

购进设备付款并交付安装时：

借：在建工程　　804 000

　　应交税费——应交增值税（进项税额）　　136 000

　贷：银行存款　　940 000

设备安装过程中，支付有关款项：

借：在建工程　　10 000

　贷：工程物资　　5 000

　　　应付职工薪酬　　2 000

　　　银行存款　　3 000

设备安装完毕，经验收合格交付使用时，应按该项工程的实际成本编制如下会计分录：

借：固定资产　　814 000

　贷：在建工程　　814 000

提示

需要安装的固定资产购入时，也可以直接记入“工程物资”，待进行设备安装时，将其从“工程物资”转入“在建工程”。

4.2.2　材料采购业务的核算

企业要进行正常的生产经营活动，除了增加必要的固定资产外，还必须购买一定数量的生产用原料、材料及主要材料。材料采购过程中，企业在从供应商处购得所需材料物资的同时，还要支付材料的买价、税款及必要的采购费用。企业购入的材料物资经验收无误入库后，即成为可供使用的生产用原材料。

为反映材料的采购成本，加强对材料采购及入库成本的管理，反映和监督材料采购过程、库存材料的增减变动情况，以及因采购材料而与供应商发生的债务结算关系，应设置如下会计账户。

1. 材料采购

“材料采购”账户是用来反映和监督企业外购材料的买价和采购费用，计算确定材料采购成本的账户。该账户是资产类账户，其借方登记购入材料的买价和采购费用，即将采购材料的实际支出记入该账户的借方，贷方登记已验收入库材料的实际成本，即转入原材料账户借方的成本数，期末如有余额在借方，反映期末已经付款尚未运达企业或已到货但尚未验收入库材料的实际成本。“材料采购”账户一般按照供应单位和材料品种设置明细账，进行明细分类核算。其账户结构如图 4-6 所示。

借方	材料采购 贷方
购入材料的买价和采购费用	生已验收入库材料的实际成本
期末余额:已付款尚未到货或已到货尚未验收材料的实际成本	

图 4-6 “材料采购”账户

2. 原材料

“原材料”账户是用于反映和监督企业库存材料增减变动及其结存情况的账户。该账户是资产类账户,其借方登记已验收入库材料的实际成本,贷方登记发出材料的实际成本,期末余额在借方,反映库存材料的实际成本。“原材料”账户按照材料的保管地点(仓库)、材料的类别、品种和规格等设置明细账(或材料卡片)进行明细分类核算。其账户结构如图 4-7 所示。

借方	原材料 贷方
验收入库材料的实际成本	发出材料的实际成本
期末余额:期末结存材料的实际成本	

图 4-7 “原材料”账户

3. 应付账款

“应付账款”账户是用来反映和监督企业因采购材料、商品和接受劳务等营业活动应支付款项的账户。该账户是负债类账户,其贷方登记应付债权人的货款、税款及代垫费用等,借方登记已偿付债权人的款项,期末余额在贷方,反映企业尚未偿付的款项。该账户一般按照债权人设置明细账,进行明细分类核算。“应付账款”账户的结构如图 4-8 所示。

借方	应付账款 贷方
偿还应付账款	应付供应单位款项
	期末余额:尚未归还的应付款项

图 4-8 “应付账款”账户

4. 应付票据

购买材料采用商业票据结算形式支付货款时,公司应设置“应付票据”账户。“应付票据”账户是用来反映和监督采购材料、商品和接受劳务等债务结算情况的账户。该账户是负债类账户,其贷方登记企业开出并承兑商业汇票确认应付债权人的款项,借方登记已偿付的应付票据款项,期末余额在贷方,反映企业尚未到期的应付票据款。企业应设置“应付票据备查簿”,详细登记票据的种类、签发日期、付款日期、票面金额、收款人、付款日期及金额等资料。到期结清应付票据款项后,应在备查账簿内逐笔注销。“应付账款”账户的结构如图 4-9 所示。

借方	应付票据 贷方
偿付的应付票据款	增加的应付票据款
	期末金额:尚未偿付的应付票据款

图 4-9 “应付票据”账户

5. 预付账款

预付账款是用来反映和监督企业按照合同规定向供应商预付购买材料等款项,而与供应商发生的债权结算情况的账户。该账户是资产类账户，借方登记企业向供应商预付的款项，贷方登记收到供应商提供的材料以冲销预付款，期末余额在借方，表示企业预付的款项，期末余额若在贷方，表示企业尚未补付的款项。该账户可按照供应单位设置明细账，进行明细分类核算。“预付账款”账户的结构如图4-10所示。

借方　　　　预付账款	贷方
预付供应商款项	冲销预付供应商款项
期末余额：尚未结算的预付款	尚未补付的款项

图4-10　“预付账款”账户

6. 应交税费

应交税费是用来反映和监督企业与税务机关各种税费的应交和实交结算情况的账户。该账户是负债类账户，其贷方登记应缴纳的各种税费，借方登记实际上缴的各种税费，期末余额在贷方时，反映企业尚未缴纳的税费，期末余额在借方时，反映企业多缴纳的税费。该账户按应交的税费项目设置明细账，进行明细分类核算。其中，“应交税费——应交增值税”账户是用于反映和监督企业应交和实交增值税结算情况的账户。企业购买材料时缴纳的增值税——进项税额记入该账户的借方，表示已缴纳的税款，企业销售产品时向购买方收取的增值税——销项税额记入该账户的贷方，表示应缴纳的税款。“应交税费”账户的结构如图4-11所示。

借方　　　　应交税费	贷方
实际上缴的各种税费	应缴纳的各种税费
期末余额：多缴纳的税费	期末余额：未缴纳的税费

图4-11　“应交税费”账户

案例学习

【例4-7】 公司购入材料50千克，单价7 000元，计350 000元，应交增值税进项税额59 500元，款项用银行存款支付，货未到。

这项经济业务的发生，一方面使公司的材料采购支出增加350 000元，增值税进项税额增加59 500元，另一方面使公司的银行存款减少409 500元。因此这项经济业务涉及“材料采购”“应交税费——应交增值税(进项税额)”和“银行存款”三个账户。材料价款支出的增加是资产的增加，应记入“材料采购”账户的借方，增值税(进项税额)的增加是负债的减少，应记入“应交税费——应交增值税(进项税额)”账户的借方，银行存款减少是资产的减少，应记入“银行存款”账户的贷方。该项业务应编制如下会计分录：

借：材料采购　　350 000
　　应交税费——应交增值税(进项税额)　　59 500
　贷：银行存款　　409 500

【例4-8】 资料同【例4-7】。假定公司采用实际成本计价，如材料已运达公司并验收入库，发票已到，但价款及税款尚未支付。

这项经济业务的发生，一方面使公司的材料采购支出增加350 000元，增值税(进项税额)增加59 500元，另一方面使公司的应付账款增加409 500元。因此这项经济业务涉及“原材料”“应交税费——应交增值税(进项税额)”和“银行存款”三个账户。入库原材料的增加是资产的增加，应记入“原材料”账户的借方，增值税(进项税额)的增加是负债的减少，应记入“应交税费——应交增值税(进项税额)”账户的借方，应付账款增加是负债的增加，应记入“应付账款”账户的贷方。该项业务应编制如下会计分录：

借：原材料　　350 000
　　应交税费——应交增值税(进项税额)　　59 500
　贷：应付账款　　409 500

当支付款项时，这项经济业务的发生，一方面使公司应付账款减少 409 500 元，另一方面使公司的银行存款减少 409 500 元。因此这项经济业务涉及“应付账款”和“银行存款”两个账户。支付材料价款是负债的减少，应记入“应付账款”账户的借方，银行存款减少是资产的减少，应记入“银行存款”账户的贷方。该项业务应编制如下会计分录：

借：应付账款　　409 500
　贷：银行存款　　409 500

【例 4-9】 资料同【例 4-7】。按合同约定，公司采购材料采用商业承兑汇票结算方式。公司开出并承兑 180 天商业承兑汇票一张。材料尚未运达企业。

这项经济业务的发生，一方面使公司材料采购支出增加 350 000 元，增值税(进项税额)增加 59 500 元，另一方面使公司的应付票据增加 409 500 元。因此这项经济业务涉及“材料采购”“应交税费——应交增值税(进项税额)”和“应付票据”三个账户。材料价款支出的增加是资产的增加，应记入“材料采购”账户的借方，增值税(进项税额)的增加是负债的减少，应记入“应交税费——应交增值税(进项税额)”账户的借方，应付票据增加是负债的增加，应记入“应付票据”账户的贷方。该项业务应编制如下会计分录：

借：材料采购　　350 000
　　应交税费——应交增值税(进项税额)　　59 500
　贷：应付票据　　409 500

【例 4-10】 公司以银行存款预付材料款 450 000 元。

这项经济业务的发生，一方面使公司的预付账款增加 450 000 元，另一方面使公司的银行存款减少 450 000 元。因此这项经济业务涉及“预付账款”和“银行存款”两个账户。预付账款增加是资产的增加，应记入“预付账款”账户的借方，银行存款减少是资产的减少，应记入“银行存款”账户的贷方。该项业务应编制如下会计分录：

借：预付账款　　450 000
　贷：银行存款　　450 000

【例 4-11】 资料同【例 4-7】。公司收到供货商发来的、已预付货款的材料 50 千克，单价 7 000 元，计 350 000 元，应交增值税 59 500 元，冲销预付款项。

这项经济业务的发生，一方面使公司的材料采购支出增加 350 000 元，增值税(进项税额)增加 59 500 元，另一方面使公司的预付账款减少 409 500 元。因此这项经济业务涉及“材料采购”“应交税费——应交增值税(进项税额)”和“预付账款”三个账户。材料价款支出的增加是资产的增加，应记入“材料采购”账户的借方，增值税(进项税额)的增加是负债的减少，应记入“应交税费——应交增值税(进项税额)”账户的借方，预付账款减少是资产的减少，应记入“预付账款”账户的贷方。该项业务应编制如下会计分录：

借：材料采购　　350 000

应交税费——应交增值税(进项税额)　　59 500

贷:预付账款　　409 500

【例 4-12】 公司收回剩余的预付款项。

这项经济业务的发生,一方面使公司的银行存款增加 40 500 元,另一方面使公司的预付账款减少 40 500 元。因此这项经济业务涉及"银行存款"和"预付账款"两个账户。银行存款的增加是资产的增加,应记入"银行存款"账户的借方,预付账款减少是资产的减少,应记入"预付账款"账户的贷方。该项业务应编制如下会计分录:

借:银行存款　　40 500

贷:预付账款　　40 500

【例 4-13】 资料同【例 4-11】。若预付账款 400 000 元,则应补付货款 9 500 元。

这项经济业务的发生,一方面使公司的银行存款减少 9 500 元,另一方面使公司的预付账款增加 9 500 元。因此这项经济业务涉及"银行存款"和"预付账款"两个账户。银行存款的减少是资产的减少,应记入"银行存款"账户的贷方,预付账款增加是资产的增加,应记入"预付账款"账户的借方。该项业务应编制如下会计分录:

借:预付账款　　9 500

贷:银行存款　　9 500

【例 4-14】 计算并结转已验收入库材料的实际采购成本 350 000 元。

这项经济业务的发生,一方面使公司的材料采购减少 350 000 元,另一方面使公司的入库材料增加 350 000 元。因此这项经济业务涉及"原材料"和"材料采购"两个账户。原材料的增加是资产的增加,应记入"原材料"账户的借方,材料采购的减少是资产的减少,应记入"材料采购"账户的贷方。该项业务应编制如下会计分录:

借:原材料　　350 000

贷:材料采购　　350 000

提示

在材料采购业务中,如库存材料的日常核算按实际成本计价,也可以不设"材料采购"账户。购入材料并验收入库后,按材料价款直接借记"原材料"账户,贷记"银行存款""应付账款"或"应付票据"账户。期末如有在途材料,需单独设置"在途物资"账户反映。此时,"原材料"账户不仅反映库存材料的增减变动和结存情况,还要反映采购材料的支出情况和计算入库材料的采购成本。

4.2.3 材料采购成本的计算

材料采购过程中所支付的采购成本包括买价和采购费用两部分。买价是指企业采购物资材料时,按发票价格支付的货款。采购费用是指企业在采购物资材料过程中所支付的各项费用。如运输费、装卸费、保险费、仓储费、材料运输过程中的合理损耗及入库前的挑选整理费等。为了简化核算,在实际工作中,常将对某些本应计入材料采购成本的采购费用,如采购人员的差旅费、市内采购材料的运杂费、专设销售机构经费等计入期间费用,而不计入采购成本。

计算材料采购成本的方法是将企业采购材料所支付的买价和采购费用，按照购入材料的品种、类别加以归集后，分别计算其采购总成本和单位成本。计算过程中，凡能分清为采购哪种材料支付的采购费用，均应直接计入该种材料的采购成本。如不能分清为哪种材料支付的采购费用，则应采用合理的分配标准（如按重量比例等）来分配材料的采购成本。计算公式如下：

$$采购费用分配率=\frac{采购费用总额}{分配标准}$$

案例学习

【例 4-15】 公司购入甲、乙两种材料。其中：甲材料 20 千克，单价 3 000 元；乙材料 60 千克，单价 2 800 元。甲、乙两种材料共支付运输费 8 000 元。需要按照一定分配标准在两种材料之间进行分配。假定公司按照材料重量比例分配材料采购费用。计算分配材料采购费用如下：

$$采购费用分配率=\frac{采购费用总额}{分配标准}=\frac{8000}{60+20}=100$$

甲材料应负担的采购费用＝甲材料重量×采购费用分配率＝20×100＝2000（元）

乙材料应负担的采购费用＝乙材料重量×采购费用分配率＝60×100＝6000（元）

结转入库材料的采购成本时，除了根据会计分录按照入库材料的实际采购成本登记“原材料”账户外，还应根据表 4-1 分别登记甲、乙材料的明细账，进行明细分类核算。

表 4-1 材料采购成本计算表

单位：元

材料名称	单位	数量	单价	买价	运输费	总成本	单位成本
甲	千克	20	3 000	60 000	2 000	62 000	3 100
乙	千克	60	2 800	168 000	6 000	174 000	2 900
合计	—	80	—	228 000	8 000	236 000	—

4.3 生产作业的账务处理

制造业的主要经济活动是生产满足社会需要的消费品。产品的生产过程同时也是材料的消耗过程。企业在产品生产过程中，必然会发生各种材料成本的耗费。这些以货币形式表现的成本耗费，包括原材料等劳动对象的耗费、机器设备等劳动手段的耗费以及人工等活劳动的耗费导致的资产流出，被称为生产费用。生产费用最终会归集、分配到一定种类的产品上。因此，企业为生产产品、提供劳务所发生的各种生产耗费的总和构成了产品成本。总而言之，产品生产过程中费用的发生、归集和分配，最终形成了产品成本，构成了产品生产业务核算的主要内容。

4.3.1 生产作业核算的账户设置

为了反映和监督产品生产费用的发生、归集和分配，正确进行产品生产业务的核算，企业应设置如下会计账户。

1. 生产成本

“生产成本”账户是用来归集和分配产品生产过程中所发生的各项生产成本，包括生产各种产品(产成品、自制半成品等)、自制材料、自制半成品、自制工具、自制设备等，正确计算产品成本的账户。该账户是成本类账户，其借方登记应记入产品生产成本的各项费用，即直接计入产品生产成本的直接材料、直接人工和期末分配计入产品生产成本的制造费用，贷方登记已完工验收入库产品的实际生产成本，期末如有余额在借方，反映期末尚未加工完成的在产品实际成本。该账户应按照产品品种设置明细账，进行明细分类核算。“生产成本”账户的结构见图4-12。

借方　　　　　　生产成本	贷方
为生产产品发生的直接材料、直接人工及分配计入产品生产成本的制造费用	生产完工经验收入库产品的成本
期末余额：在产品成本	

图4-12 “生产成本”账户

2. 制造费用

“制造费用”账户是用来归集和分配企业生产车间为生产产品和提供劳务而发生的各项间接费用。包括职工薪资及福利费、折旧费、办公费、水电费、机物料消耗、劳动保护费及季节性停工损失等。该账户是成本类账户，其借方登记实际发生的制造费用，贷方登记分配计入生产成本的制造费用，制造费用期末结转后一般无余额。该账户可按照不同车间、部门和费用项目设置明细账，进行明细分类核算。“制造费用”账户的结构如图4-13所示。

借方　　　　　　制造费用	贷方
本期发生的各项制造费用	期末转入“生产成本”账户，分配计入产品成本的制造费用
期末余额：多缴纳的税费	期末余额：未缴纳的税费

图4-13 “制造费用”账户

3. 应付职工薪酬

“应付职工薪酬”账户是用来核算企业应付给职工的薪酬总额，反映和监督企业与职工薪酬结算情况的账户。该账户是负债类账户，其贷方登记本月应付职工薪酬，同时将其作为生产费用项目记入各有关成本、费用账户；借方登记本月实际发放的职工薪酬数，期末一般无余额。该账户通常按照职工薪酬、职工福利、社会保险费、住房公积金、工会经费、职工教育经费、非货币性福利、辞退福利、股利支付等内容设置明细账，进行明细分类核算。“应付职工薪酬”账户的结构如图4-14所示。

借方　　　　　　应付职工薪酬	贷方
实际支付薪酬额	应付职工薪酬额

图4-14 “应付职工薪酬”账户

4. 累计折旧

由于固定资产在长期使用过程中能够保持其原有实物形态，但其价值却随着固定资产的使用而逐渐降低，这种由于损耗而逐渐减少的价值就是固定资产折旧。为了使“固定资产”账户能够按照固定资产的原始价值反映其增减变动情况，可以设置“累计折旧”账户，用于反映固定资产的损耗价值。“累计折旧”账户是用来反映和监督企业固定资产累计折旧情况的账户。该账户是资产类账户，但由于是固定资产的备抵账户，因此其账户的贷方登记当月计提的固定资产折旧增加额，表示固定资产因损耗而减少的价值；借方登记固定资产减少时应注销的、已提取的累计折旧额，期末余额在贷方，反映现有固定资产已提取的累计折旧额。该账户只进行总分类核算，不进行明细分类核算。“累计折旧”账户的结构如图 4-15 所示。

借方　　　　　　　累计折旧	贷方
固定资产折旧的减少额	固定资产折旧的提取额
	期末余额：固定资产累计折旧额

图 4-15　“累计折旧”账户

5. 库存商品

对于制造业来说，库存商品是企业已完成全部生产过程，可以作为商品对外销售的产品。为了反映和监督企业库存商品、产品实际成本的增减变动及其结存情况，企业应设置“库存商品”账户。该账户是资产类账户，其借方登记已全部完成生产过程并验收入库产成品的实际成本，贷方登记出库产成品的实际生产成本，期末余额在借方，反映库存产成品的实际成本。该账户应按照产成品的种类、品种及规格设置明细账，进行明细分类核算。“库存商品”账户的结构如图 4-16 所示。

借方　　　　　　　库存商品	贷方
完工入库产成品的实际成本	出库产成品的实际成本
期末余额：库存产成品的实际成本	

图 4-16　“库存商品”账户

案例学习

【例 4-16】 假定公司生产 A、B 两种产品。本月生产车间领用材料及其用途如表 4-2 所示。

表 4-2　领料汇总表

单位：元

项目	甲材料	乙材料	丙材料	合计
生产产品耗用	90 000	42 000	45 600	177 600
其中：A 产品	56 000	26 000	15 600	97 600
B 产品	34 000	16 000	30 000	80 000
车间一般耗用	—	1 200	360	1 560
合计	90 000	43 200	45 960	179 160

这项经济业务的发生，一方面使公司的库存材料减少 179 160 元，另一方面使公司的生

产费用增加 179 160 元。其中：用于产品生产，应计入产品生产成本的材料费用为 177 600 元；车间一般消耗，应计入制造费用的材料费用为 1 560 元。因此这项经济业务涉及“生产成本”“制造费用”和“原材料”三个账户。生产费用的增加是资产的增加，应按照其在生产过程中的用途分别记入“生产成本”和“制造费用”账户的借方，原材料减少是资产的减少，应按照材料名称分别记入“原材料”账户的贷方。该项业务应编制如下会计分录：

借：生产成本——A 产品　　97 600
　　　　　　——B 产品　　80 000
　　制造费用　　1 560
　贷：原材料——甲　　90 000
　　　　　　——乙　　43 200
　　　　　　——丙　　45 960

【例 4-17】 结算本月应付职工薪酬 150 000 元。其中：应付生产 A 产品工人薪酬 72 000 元，应付生产 B 产品工人薪酬 48 000 元，应付车间管理人员薪酬 30 000 元。

这项经济业务的发生，一方面使公司的生产费用增加 150 000 元，其中：一线生产员工增加的薪酬 120 000 元应计入产品生产成本，车间管理人员增加的薪酬 30 000 元应计入制造费用；另一方面使公司的“应付职工薪酬——薪酬”增加 150 000 元。因此这项经济业务涉及“生产成本”“制造费用”和“应付职工薪酬”三个账户。生产费用的增加是成本的增加，其中：一线生产员工增加的薪酬作为直接生产费用记入“生产成本”账户的借方；车间管理人员薪酬的增加应作为间接生产费用的增加记入“制造费用”账户的借方；应付职工薪酬增加是负债的增加，应按照“应付职工薪酬——薪酬”的明细项目记入“应付职工薪酬”账户的贷方。该项业务应编制如下会计分录：

借：生产成本——A 产品　　72 000
　　　　　　——B 产品　　48 000
　　制造费用　　30 000
　贷：应付职工薪酬——薪酬　　150 000

【例 4-18】 按职工薪酬总额的 14%计提职工福利费，如表 4-3 所示。

表 4-3　按职工薪酬总额的 14%计提职工福利费数据

单位：元

项目	职工薪酬总额	计提比例	计提金额
生产 A 产品工人的福利费	72 000	14%	10 080
生产 B 产品工人的福利费	48 000	14%	6 720
车间管理人员福利费	30 000	14%	4 200
合计	150 000	—	21 000

由于职工福利费按照应付职工薪酬总额的一定比例提取，因此，这项经济业务的发生与【例 4-17】业务相似。该项经济业务一方面使公司的生产费用增加 21 000 元。其中：按照一线生产员工薪酬计提的福利费 16 800 元应计入产品生产成本，按照车间管理人员薪酬计提的福利费 4 200 元应计入制造费用，另一方面使公司的“应付职工薪酬——职工福利”增加 21 000元。因此这项经济业务涉及“生产成本”“制造费用”和“应付职工薪酬”三个账户。生产费用的增加是成本的增加，其中：按照一线生产员工薪酬计提的福利费作为直接生产费

用记入“生产成本”账户的借方；按照车间管理人员薪酬计提的福利费作为间接生产费用的增加记入“制造费用”账户的借方；应付职工薪酬增加是负债的增加，应按照“应付职工薪酬——福利费”的明细项目记入“应付职工薪酬”账户的贷方。该项业务应编制如下会计分录：

借：生产成本——A 产品　　10 080

　　　　　　——B 产品　　6 720

　　制造费用　　4 200

　贷：应付职工薪酬——职工福利　　21 000

【例 4-19】 本月生产车间租入机器设备一台，租期三个月。以银行存款预付三个月的租金 9 000 元。

这项经济业务的发生，一方面使公司的其他应收款增加 9 000 元，另一方面使公司的银行存款减少 9 000 元。因此这项经济业务涉及“其他应收款”和“银行存款”两个账户。本业务是预付租金业务，应记入其他应收款。其他应收款的增加是资产增加，应记入“其他应收款”账户的借方，而银行存款减少是资产的减少，应记入“银行存款”账户的贷方。该项业务应编制如下会计分录：

借：其他应收款　　9 000

　贷：银行存款　　9 000

【例 4-20】 月末公司计算本月车间使用的厂房、机器设备等固定资产应提折旧额 14 000元。

这项经济业务的发生，一方面使公司的制造费用增加 14 000 元，另一方面使公司的固定资产折旧额增加 14 000 元。因此这项经济业务涉及“制造费用”和“累计折旧”两个账户。车间固定资产折旧的增加应作为间接费用记入“制造费用”账户的借方，而固定资产折旧增加是固定资产价值的降低，应按照其计提折旧额记入“累计折旧”账户的贷方。该项业务应编制如下会计分录：

借：制造费用　　14 000

　贷：累计折旧　　14 000

【例 4-21】 摊销应由本月负担的租入设备租金 3 000 元。

这项经济业务的发生，一方面使公司的制造费用增加 3 000 元，另一方面使公司的其他应收款减少 3 000 元。因此这项经济业务涉及“制造费用”和“其他应收款”两个账户。本业务是车间摊销租金业务，制造费用是成本类账户，其增加应记入“制造费用”账户的借方，其他应收款减少是资产的减少，应记入“其他应收款”账户的贷方。该项业务应编制如下会计分录：

借：制造费用　　3 000

　贷：其他应收款　　3 000

【例 4-22】 用银行存款支付生产车间的办公及水电费 4 600 元，劳动保护费 2 200 元，保险费 3 200 元，共计 10 000 元。

这项经济业务的发生，一方面使公司的制造费用增加 10 000 元，另一方面使公司的银行存款减少 10 000 元。因此这项经济业务涉及“制造费用”和“银行存款”两个账户。制造费用的增加应记入“制造费用”账户的借方，银行存款减少应记入“银行存款”账户的贷方。该项业务应编制如下会计分录：

借：制造费用　　10 000
　贷：银行存款　　10 000

【例 4-23】 将本月发生的制造费用 62 760 元转入生产成本。其中，A 产品应负担 37 656元，B 产品应负担 25 104 元。

这项经济业务的发生，一方面使公司的生产费用增加 62 760 元，另一方面使公司的制造费用减少 62 760 元。因此这项经济业务涉及"生产成本"和"制造费用"两个账户。生产费用的增加是成本的增加，应作为直接生产费用记入"生产成本"账户的借方，制造费用的减少是成本的结转，应记入"制造费用"账户的贷方。该项业务应编制如下会计分录：

借：生产成本——A 产品　　37 656
　　　　　　——B 产品　　25 104
　贷：制造费用　　62 760

【例 4-24】 月末，计算并结转已完工入库 A、B 产品的实际生产成本 377 160 元。其中，A 产品的实际生产成本 217 336 元，B 产品的实际生产成本 159 824 元。

这项经济业务的发生，一方面使公司的库存产成品成本增加 377 160 元，另一方面使公司完工入库产品的实际成本减少 377 160 元。因此这项经济业务涉及"库存商品"和"生产成本"两个账户。库存商品的增加是资产的增加，应记入"库存商品"账户的借方，结转入库产成品的减少是资产的减少，应记入"生产成本"账户的贷方。该项业务应编制如下会计分录：

借：库存商品——A 产品　　217 336
　　　　　　——B 产品　　159 824
　贷：生产成本——A 产品　　217 336
　　　　　　　——B 产品　　159 824

4.3.2 产品生产成本的计算

会计核算方法中，成本计算是其主要内容之一。成本计算就是将企业在产品生产过程中发生的各项费用，按照产品成本计算对象进行归集和分配后计算产品的总成本和单位成本。产品生产成本的计算一般有以下几个程序。

1. 确定成本计算对象

成本计算对象是指生产费用的归属对象。确定成本计算对象是设置产品成本明细账、归集生产费用、正确计算产品成本的前提条件。由于企业的类型和规模不同，生产的产品各异，不同的产品有各自的生产特点，也就有不同的成本计算对象。但不论采用哪种成本计算方法，企业都要按照最基本的方法，即按照产品品种计算产品成本。

2. 按成本项目分配和归集生产费用

生产费用包括直接费用和间接费用两部分。直接费用，如原材料、直接人工；间接费用，如制造费用。为了反映计入产品成本的生产费用的用途和产品成本的构成情况，应进一步将产品成本划分为原材料、职工薪酬及福利费和制造费用三部分。

(1) 原材料(亦称直接材料)，是指直接用于产品生产构成产品实体的原料、主要材料及有助于产品形成的辅助材料。

(2) 职工薪酬及福利费(亦称直接人工)，是指直接参加产品生产的一线员工应付职工薪酬及按一线员工应付职工薪酬比例计提的福利费。

(3) 制造费用，是指生产车间内发生的，但无法直接计入产品成本，难以专设成本项目的费用和间接用于产品生产的各项费用。

用于归集应记入产品成本费用的明细账—“产品成本明细账”，即是按照以上三个成本项目分别设置的。

提示

在以产品品种为成本计算对象的部门，若只生产一种产品，则计算产品成本时，只需要为这种产品开设一本明细账，记录产品生产过程中各项目的内容。此时，发生的生产费用就是该产品的生产成本，可以直接记入为该产品设置的明细账。如果生产的产品多于一种，就应按照产品品种分别开设产品成本明细账，进行产品的明细分类核算。发生的费用中，凡能分得清为哪种产品所消耗的支出，应根据有关凭证直接记入该种产品成本明细账；凡分不清为哪种产品所消耗的共同费用，如制造费用或几种产品共同耗用的某种原材料费用、参与多种产品生产的一线员工的薪酬等，就应采用适当的分配方法(如按工时或薪酬等)在各成本计算对象之间进行分配，然后记入各产品成本明细账。

案例学习

【例 4-25】 假定公司 A、B 产品的生产工时分别为 1 200 小时和 800 小时，本月生产工人计时薪酬 120 000 元，应计福利费总额 16 800 元，制造费用 62 760 元。将以上费用按生产工时比例在两种产品中进行分配。

(1) 职工薪酬的分配。

$$职工薪酬分配率=\frac{职工薪酬总额}{分配标准}=\frac{120\ 000}{1\ 200+800}=60$$

A 产品应负担的职工薪酬＝A 产品生产工时×职工薪酬分配率＝1 200×60＝72 000(元)

B 产品应负担的职工薪酬＝B 产品生产工时×职工薪酬分配率＝800×60＝48 000(元)

(2) 应计福利费的分配。

$$福利费分配率=\frac{福利费总额}{分配标准}=\frac{16\ 800}{1\ 200+800}=8.4$$

A 产品应负担的福利费＝A 产品生产工时×福利费分配率＝1 200×8.4＝10 080(元)

B 产品应负担的职工薪酬＝B 产品生产工时×福利费分配率＝800×8.4＝6 720(元)

(3) 制造费用的分配。

$$制造费用分配率=\frac{福利费用总额}{分配标准}=\frac{62\ 760}{1\ 200+800}=31.38$$

A 产品应负担的制造费用＝A 产品生产工时×制造费用分配率＝1 200×31.38＝37 656(元)

B 产品应负担的制造费用＝B 产品生产工时×制造费用分配率＝800×3.38＝25 104(元)

4.3.3 计算产品总成本

如果月末某种产品全部完工，该种产品成本明细账所归集的费用总额，就是该种完工产品的总成本，用总成本除以该种产品的总产量，即可计算出该种产品的单位成本。如月末某种产品全部未完工，该种产品明细账所归集的费用总额即为该产品在产品的总成本。如月末某产品有部分完工，则需要归集在产品成本明细账中的费用总额，而后采用适当的分配方法，在完工和未完工产品之间进行分配，才能计算出完工产品的总成本和单位成本。

案例学习

【例 4-26】 假定月末 A、B 产品全部完工。将前述有关产品生产的各项费用直接计入或分配计入 A、B 两种产品的成本明细账之后，即可计算出 A、B 产品的完工产品总成本和单位成本。如表 4-4、表 4-5 所示。有关会计分录见【例 4-24】。

表 4-4　产品成本明细账—A

产品名称：A 产品　　　　单位：元

项目	产量(件)	原材料	职工薪酬	福利费	制造费用	合计
本月生产费用		97 600	72 000	10 080	37 656	217 336
结转完工产品成本	100	97 600	72 000	10 080	37 656	217 336
完工产品单位成本		976	720	100.80	376.56	2 173.36

表 4-5　产品成本明细账—B

产品名称：B 产品　　　　单位：元

项目	产量(件)	原材料	职工薪酬	福利费	制造费用	合计
本月生产费用		80 000	48 000	6 720	25 104	159 824
结转完工产品成本	50	80 000	48 000	6 720	25 104	159 824
完工产品单位成本		1 600	960	134.40	502.08	3 196.48

提示

若本月产品未完工，将明细分类账中“结转完工产品成本”一行改为“月末在产品成本”。该行数据即为下个月产品的期初余额。

4.4　销售业务的账务处理

4.4.1　营业收入的核算

制造业的主营业务是生产产品和销售产品，因此产品的销售过程就是产品价值的实现过程。企业销售过程能够圆满完成，意味着企业的经营资金从成品资金形态转化为货币资金形态，最终完成资金的循环。在产品销售过程中，第一，企业要确认销售收入的实现，销售货物的同时与购货方办理结算，收回货款；第二，补偿生产中垫付的资金，结转已售产品的销售成本，即补偿生产中垫付的资金；第三，支付产品销售过程中支付的费用；第四，计算并缴纳税金；第五，确认企业当期损益。这一系列经济业务活动就构成了企业产品销售业务的核算内容。

1. 销售收入的确认

进行产品销售业务核算的主要问题就是销售收入的确认。产品销售过程中，企业会采取不同的收款方式，因而如何界定销售收入以确定当期损益就成为主营业务核算的核心问题。销售收入的确定时间主要有以下几种确认标准。

（1）在销售时确认销售收入。

最常见的销售收入的确认标准是：企业已发运产品或提供劳务的同时收讫货款或取得收取货款的凭证后，即可确认销售收入的实现。

（2）在销售前确认销售收入。

当企业的经营成果较为确定时，可以根据一定的标准，在销售之前即在生产过程中确认销售收入。例如，跨年度的土建工程，一般按照合同约定的工程结算办法，在按期结算已完工程价款收入时，确认销售收入的实现。

（3）在销售后确认销售收入。

产品销售过程中，有些销售活动可以在销售产品或提供劳务后确认销售收入。例如，采用分期收款发出商品结算方式销售商品时，可以按合同约定的收款日期或以本期收到的商品价款，作为销售收入的实现。

提示

确认销售收入的数额时，应将销售退回、销售折扣及折让作为销售收入的抵减项目登记在册，即销售收入应是企业真正收到的销售收入额。

2. 收入的账户设置

为了反映和监督企业销售产品和提供劳务所取得的收入，正确进行产品销售后办理结算收回货款业务的会计核算，企业应设置如下会计账户。

（1）营业收入。

"营业收入"账户是用来反映和监督企业销售产品和提供劳务（包括产成品、自制半成品、工业性劳务）等所发生收入的账户。该账户是损益类账户，其贷方登记企业已经实现的销售收入，借方登记期末转入"本年利润"账户的销售收入额、发生销售退回及销售折扣、折让业务时应冲减的本期销售收入额。将当期销售收入转入本年利润后，"营业收入"账户期末无余额。该账户应按照产品类别（或劳务）设置明细账，进行明细分类核算。"营业收入"账户的结构如图4-17所示。

借方　　　　　营业收入	贷方
① 期末转入"本年利润"账户的营业收入 ② 销售退回和折让应冲减的营业收入	本期营业收入

图4-17 "营业收入"账户

（2）应收账款。

"应收账款"账户是用来反映和监督企业因销售产品而应向购买单位收取货款的结算情况的账户。该账户是资产类账户，其借方登记企业销售产品但尚未收到的销售收入额，贷方登记企业已经收回的销售收入额，期末余额在借方，反映企业应收而尚未收回的款项。该账户应按照应收账款单位设置明细账，进行明细分类核算。"应收账款"账户的结构如图4-18所示。

借方	应收账款　　　　贷方
发生的应收账款	收回的应收账款
期末余额：尚未收回的应收账款	

图 4-18　“应收账款”账户

（3）应收票据。

“应收票据”账户核算企业因销售产品等而收到的商业汇票。该账户用来反映和监督企业因销售产品等而与购买单位开出的商业汇票(包括商业承兑汇票和银行承兑汇票)的结算情况。该账户是资产类账户，其借方登记企业由于销售产品而收到的购货方的商业汇票，贷方登记汇票到期收回购买单位的款项，期末余额在借方，表示尚未到期的票据应收的款项。该账户应按照应收票据的出票单位设置明细账，进行明细分类核算。为了解应收票据的结算情况，企业应设置“应收票据备查簿”，逐笔登记应收票据的详细情况，待应收票据到期结清后，在“应收票据备查簿”内逐笔注销。“应收票据”账户的结构如图 4-19 所示。

借方	应收票据　　　　贷方
本期增加的应收票据款	本期收回的应收票据款
期末余额：尚未收回的应收票据款	

图 4-19　“应收票据”账户

（4）预收账款。

产品销售过程中，也许会出现预收购货单位货款的收款业务，企业会按照合同或协议的规定向购货单位预收货款。为了反映预收货款的结算情况，企业应设置“预收账款”账户，用来反映和监督企业预收账款的发生和偿付情况。该账户是负债类账户，其贷方登记企业预收的款项，用产品或劳务抵偿预收货款时记入该账户的借方，期末余额在贷方，表示尚未用产品或劳务偿付的预收款项。该账户应按照购买单位设置明细账，进行明细分类核算。“预收账款”账户的结构如图 4-20 所示。

借方	预收账款　　　　贷方
用产品或劳务偿付的预收账款	发生的预收账款
	期末余额：尚未偿付的预收账款

图 4-20　“预收账款”账户

案例学习

【例 4-27】　公司销售 A 产品 50 件，单位售价 5 000 元，价款总计 250 000 元，增值税(销项税额)42 500 元。代垫运输费 2 300 元，以上款项已通过银行转账收讫。

这项经济业务的发生，一方面使公司的银行存款增加 292 500 元，另一方面使公司的销售收入增加 250 000 元，应交增值税增加 42 500 元。同时，由于代垫运输费 2 300 元，使应收账款增加 2 300 元，当这项费用收回时，应收账款减少 2 300 元。因此这项经济业务涉及“银行存款”“营业收入”“应交税费——应交增值税(销项税额)”和“应收账款”四个账户。银行存款和代垫运输费导致的应收账款的增加是资产的增加，应记入“银行存款”和“应收账款”账户的借方，营业收入是损益类账户，增加时应记入“营业收入”账户的贷方，“应交税费——

应交增值税(销项税额)”是负债类账户,增加时应记入“应交税费——应交增值税(销项税额)”账户的贷方。该项业务应编制如下会计分录。

代垫运输费时:

借:应收账款 2 300

　贷:银行存款 2 300

收到全部款项时:

借:银行存款 294 800

　贷:营业收入 250 000

　　应交税费——应交增值税(销项税额) 42 500

　　应收账款 2 300

【例 4-28】 同上例,若全部款项(包括代垫运输费)尚未收到。该项业务应编制如下会计分录。

借:应收账款 294 800

　贷:营业收入 250 000

　　应交税费——应交增值税(销项税额) 42 500

　　银行存款 2 300

【例 4-29】 公司采用商业汇票结算方式销售 B 产品 30 件,每件售价 5 500 元,价款共计 165 000 元,应收增值税(销项税)28 050 元。收到对方签发的期限为三个月的商业承兑汇票一张。

这项经济业务的发生,一方面使公司的应收票据款增加 193 050 元,另一方面使公司的销售收入增加 165 000 元,应交增值税增加 28 050 元。这项经济业务涉及“应收票据”“营业收入”“应交税费——应交增值税(销项税额)”三个账户。应收票据的增加是公司资产的增加,应记入“应收票据”账户的借方。该项业务应编制如下会计分录。

借:应收票据 193 050

　贷:营业收入 165 000

　　应交税费——应交增值税(销项税额) 28 050

【例 4-30】 公司收到东华公司预付购买 A 产品的货款 400 000 元,已存入银行。

这项经济业务的发生,一方面使公司的银行存款增加 400 000 元,另一方面使公司的预收账款增加 400 000 元。预收账款的增加是负债的增加,应记入“预收账款”账户的贷方。这项经济业务涉及“银行存款”和“预收账款”两个账户。该项业务应编制如下会计分录。

借:银行存款 400 000

　贷:预收账款 400 000

【例 4-31】 按合同向预付货款的乙公司发出 A 产品 60 件,单件售价 5 000 元,价款总计 300 000 元,应收增值税(销项税额)51 000 元。以银行存款支付代垫运杂费 4 500 元,冲销原预收货款 400 000 元,并通过银行退回多收部分的货款 44 500 元。

这项经济业务的发生,一方面使公司的预收账款减少 351 000 元,另一方面使公司的销售收入增加 300 000 元,应交增值税增加 51 000 元。同时,由于代垫运输费 4 500 元,使预收账款减少 4 500 元,通过银行存款退回余款时,预收账款和银行存款同时减少 44 500 元。因此这项经济业务涉及“银行存款”“营业收入”“应交税费—应交增值税(销项税额)”和“预收账款”四个账户。预收账款的减少是公司负债的减少，应记入“预收账款”。该项业务应编制如下会计分录。

发出货物及代垫运杂费时：

借：预收账款　　　　355 500

　贷：营业收入　　　　300 000

　　　应交税费——应交增值税(销项税额)　　　　51 000

　　　银行存款　　　　4 500

退回多收部分款项时：

借：预收账款　　　　44 500

　贷：银行存款　　　　44 500

4.4.2　营业成本、费用的核算

为了确认企业与销售收入相对应的成本和费用，反映和监督企业为实现产品销售和提供劳务所支付的成本费用，正确进行产品销售成本和费用业务的核算，企业应设置如下会计账户。

1. 营业成本

“营业成本”账户是用来反映和监督企业已售产品生产成本的计算和结转的账户。该账户是损益类账户，其借方登记从“库存商品”账户转入的已售产品的生产成本，贷方登记期末转入“本年利润”账户的已售产品的生产成本，账户期末无余额。“营业成本”账户应按照产品类别(或劳务)设置明细账，进行明细分类核算。其账户结构如图 4-21 所示。

借方　　　　营业成本	贷方
结转已售产品的生产成本	期末转入“本年利润”数

图 4-21　“营业成本”账户

2. 营业税金及附加

“营业税金及附加”账户是用来反映和监督应由销售产品和提供劳务等负担的各种税金及附加的账户。该账户是损益类账户，其借方登记按照规定标准计算出的本期应由主营业务负担的营业税金及附加，贷方登记期末转入“本年利润”账户的营业税金及附加，该账户期末无余额。“营业税金及附加”账户应按照产品类别(或劳务)设置明细账，进行明细分类核算。其账户结构如图 4-22 所示。

借方　　　　营业税金及附加	贷方
本期应由主营业务负担的营业税金及附加	期末转入“本年利润”数

图 4-22　“营业税金及附加”账户

案例学习

【例 4-32】　公司按规定计算出本月应负担的营业税金及附加 21 000 元。其中：应交税款 14 700 元，应交教育费附加 6 300 元。

这项经济业务的发生，一方面使公司本月销售产品应负担的税金及附加增加 21 000 元，另一方面使公司的应交税费增加 21 000 元。因此这项经济业务涉及“营业税金及附加”和“应交税费”两个账户。“营业税金及附加”是损益类账户，其增加应记入该账户的借方，应交税费的增加是公司负债的增加，应记入“应交税费”账户的贷方。该项业务应编制如下会计分录：

借：营业税金及附加　　21 000
　贷：应交税费——应交税金　　14 700
　　　　　　——应交教育费附加　　6 300

【例 4-33】 期末结转本月已售产品的生产成本。如表 4-6 所示。

表 4-6　本月已售产品生产成本计算表

单位：元

产品种类	本月销售数量(件)	单位生产成本	生产成本合计
A	110	2 173.36	239 069.60
B	30	3 196.48	95 894.40
合计	—	—	334 964.00

结转已售产品生产成本业务的发生，一方面使公司本月已销售产品的成本增加 334 964 元，另一方面使公司的库存商品成本减少 334 964 元。因此这项经济业务涉及“营业成本”和“库存商品”两个账户。“营业成本”是损益类账户，其增加应记入该账户的借方，“库存商品”账户是资产类账户，其减少是公司资产的减少，应记入账户的贷方。该项业务应编制如下会计分录：

借：营业成本——A　　239 069.60
　　　　　——B　　96 894.40
　贷：库存商品——A　　239 069.60
　　　　　　——B　　96 894.40

提示

当月销售的产品不一定是当月生产的产品。由于各月生产的同一种产品的成本多数情况下可能不同，因此与发出材料的实际成本相同，要采用先进先出法、加权平均法等存货的计价方法来计算企业已售产品生产成本。

4.5　利润形成与分配业务的账务处理

制造业的财务成果即通常所说的企业利润(或亏损)。所谓财务成果的核算即正确计算企业在一定会计期间的盈亏。会计核算过程中，需要通过收入和费用的配比来确定盈亏。其中，收入包括营业收入和营业外收入，费用包括为取得营业收入所发生的各种耗费、营业外支出及所得税费用。企业一定期间的利润(或亏损)的计算方法如下：

$$\text{营业利润}=\text{营业收入}-\text{营业成本}-\text{营业税金及附加}-\text{管理费用}-\text{财务费用}-\text{销售费用}-\text{资产减值损失}\pm\text{投资收益}\pm\text{公允价值变动损益}$$

利润总额=营业利润+营业外收入-营业外支出

净利润=利润总额-所得税费用

企业实现了净利润，就意味着企业要对利润进行分配。因此，计算净利润和对利润进行分配就构成了企业财务成果核算的主要内容。

4.5.1　利润实现的核算

为了核算利润的实现情况，反映和监督企业为实现产品销售和提供劳务所支付的成本费用，正确进行期间费用的核算，企业应设置如下会计账户。

1. 期间费用的核算

(1) 管理费用。

管理费用是企业行政管理部门为组织和管理生产经营活动所发生的各项费用。包括企业在筹建期间内发生的开办费、董事会和行政管理部门在企业经营管理中发生的，或者由企业统一负担的公司经费(包括行政管理部门人员的薪酬及福利费、物料消耗、低值易耗品摊销、办公费和差旅费等)、工会经费、董事会费(包括董事会成员津贴、会议费和差旅费等)、聘请中介机构费、咨询费(含顾问费)、诉讼费、业务招待费、房产税、车船使用税、土地使用税、印花税、技术转让费、矿产资源补偿费、研究费用、排污费等。

“管理费用”账户是反映和监督企业行政管理部门为组织和管理生产经营活动所发生的各项费用的账户。该账户是损益类账户，其借方登记本期发生的各项管理费用，贷方登记期末转入“本年利润”账户的管理费用，结转后账户期末无余额。“管理费用”账户按费用项目设置明细账，进行明细分类核算。其账户结构如图 4-23 所示。

借方　　管理费用	贷方
本期发生的各项管理费用	期末转入“本年利润”数

图 4-23　“管理费用”账户

(2) 财务费用。

财务费用是指企业为筹集生产经营所需资金等而发生的筹资费用，包括利息支出(减利息收入)、汇兑损益以及相关手续费、企业发生的现金折扣或收到的现金折扣等。

“财务费用”账户是用来反映和监督企业在筹集资金等过程中发生的各项财务费用的账户。该账户是损益类账户，其借方登记本期发生的各项财务费用，贷方登记期末转入“本年利润”账户的财务费用，结转后期末无余额。“财务费用”账户按费用项目设置明细账，进行明细分类核算。其账户结构如图 4-24 所示。

借方　　财务费用	贷方
本期发生的各项财务费用	① 期末转入“本年利润”数 ② 本期发生的应冲减财务费用数

图 4-24　“账务费用”账户

(3) 销售费用。

销售费用是企业在销售商品、产品和材料、提供劳务过程中发生的各种费用，包括保险费、包装费、展览费和广告费、商品维修费、预计产品质量保证损失、运输费、装卸费等，以及为销售本企业产品而专设销售机构的职工薪酬、业务费、折旧费等经营费用。

“销售费用”账户是用来反映和监督企业在产品销售过程中发生的各种销售费用的账户。该账户是损益类账户，其借方登记本期发生的各项销售费用，贷方登记期末转入“本年利润”账户的销售费用，结转后账户期末无余额。“销售费用”账户按费用项目设置明细账，进行明细分类核算。其账户结构如图 4-25 所示。

借方　　　　销售费用	贷方
本期发生的各项销售费用	期末转入“本年利润”数

图 4-25　“销售费用”账户

提示

期间费用涉及若干明细项目，这些明细项目应由财务人员根据公司财务活动自行设置。

案例学习

【例 4-34】 公司用银行存款支付咨询费 5 000 元。

这项经济业务的发生，一方面使公司当月的管理费用增加 5 000 元，另一方面使公司的银行存款减少 5 000 元。因此这项经济业务涉及“管理费用”和“银行存款”两个账户。“管理费用”是损益类账户，其增加应记入该账户的借方。该项业务应编制如下会计分录：

借：管理费用　　5 000

　贷：银行存款　　5 000

【例 4-35】 结算本月应付行政管理部门人员薪酬 125 000 元，应提取的福利费(假设按照 14%的比例提取)17 500 元。

这项经济业务的发生，一方面使公司当月的管理费用增加 142 500 元，另一方面使公司应付职工薪酬增加 125 000 元，计提福利费增加 17 500 元。这项经济业务涉及“管理费用”和“应付职工薪酬”两个账户。“应付职工薪酬”是负债类账户，其增加应记入该账户的贷方。该项业务应编制如下会计分录：

借：管理费用　　142 500

　贷：应付职工薪酬——工资　　125 000

　　　　　　　　——福利费　　17 500

【例 4-36】 计提本月行政管理部门使用的固定资产折旧 16 000 元。

这项经济业务的发生，一方面使公司当月的管理费用增加 16 000 元，另一方面使公司的累计折旧增加 16 000 元。这项经济业务涉及“管理费用”和“累计折旧”两个账户。该项业务应编制如下会计分录：

借：管理费用　　16 000

　贷：累计折旧　　16 000

【例 4-37】 摊销应由本月行政管理部门负担的保险费 1 200 元。

这项经济业务的发生，一方面使公司当月的管理费用增加 1 200 元，另一方面使公司的其他应收款增加 1 200 元。这项经济业务涉及“管理费用”和“其他应收款”两个账户。该项业务应编制如下会计分录：

借：管理费用　　1 200
　贷：其他应收款　　1 200

【例 4-38】 赵侠报销差旅费 5 800 元(原借 5 000 元)。

这项经济业务的发生，一方面使公司当月的管理费用增加 5 800 元，另一方面使公司的其他应收款减少 5 000 元，现金减少 800 元。这项经济业务涉及“管理费用”“库存现金”和“其他应收款”三个账户。“其他应收款”和“库存现金”的减少是资产的减少，应记入“其他应收款”和“库存现金”账户的贷方。该项业务应编制如下会计分录：

借：管理费用　　5 800
　贷：其他应收款　　5 000
　　　库存现金　　800

【例 4-39】 预提短期借款利息 4 100 元。

这项经济业务的发生，一方面使公司当月的财务费用增加 4 100 元，另一方面使公司的应付利息增加 4 100 元。因此这项经济业务涉及“财务费用”和“应付利息”两个账户。“财务费用”是损益类账户，其增加应记入该账户的借方，“应付利息”是负债类账户，其增加是公司负债的增加，应记入“应付利息”账户的贷方。该项业务应编制如下会计分录：

借：财务费用　　4 100
　贷：应付利息　　4 100

【例 4-40】 用银行存款支付广告费 10 000 元。

这项经济业务的发生，一方面使公司当月的销售费用增加 10 000 元，另一方面使公司的银行存款减少 10 000 元。这项经济业务涉及“销售费用”和“其他应收款”两个账户。“销售费用”是损益类账户，其增加应记入账户的借方。该项业务应编制如下会计分录：

借：销售费用　　10 000
　贷：银行存款　　10 000

2. 营业外收入和营业外支出的核算

营业外收入是指企业发生的与企业生产经营无直接关系的收入。包括固定资产盘盈、处理固定资产净收益等。营业外支出是指企业发生的与企业生产经营无直接关系的支出。包括固定资产盘亏、处理固定资产净损失、非常损失、非正常停工损失等。由于营业外收入和营业外支出也会直接影响利润总额，因此在会计核算中，必须定期确定营业外收支活动对企业利润的影响。为了核算利润的实现情况，反映和监督企业营业外收入和营业外支出对利润总额的影响程度，企业应设置如下会计账户。

(1) 营业外收入。

“营业外收入”账户是用来核算企业发生的与企业生产经营无直接关系的各项收入的账户。该账户是损益类账户，其贷方登记本期发生的各项营业外收入，借方登记期末转入“本年利润”账户的营业外收入，结转后期末无余额。“营业外收入”账户按照收入项目设置明细账，进行明细分类核算。其账户结构如图4-26所示。

借方	营业外收入	贷方
期末转入“本年利润”账户的营业外收入		发生的各项营业外收入

图4-26 “营业外收入”账户

（2）营业外支出。

“营业外支出”账户是用来核算企业发生的与企业生产经营无直接关系的各项支出的账户。该账户是损益类账户，其借方登记本期发生的各项营业外支出，贷方登记期末转入“本年利润”账户的营业外支出，结转后期末无余额。“营业外支出”账户按照费用项目设置明细账，进行明细分类核算。其账户结构如图4-27所示。

借方	营业外支出	贷方
发生的各项营业外支出		期末转入“本年利润”账户的营业外支出

图4-27 “营业外支出”账户

案例学习

【例4-41】 公司报废一台机床，无残值。该机床原值450 000元，已提折旧380 000元。

固定资产报废时，需要注销固定资产原值和累计折旧。发生这项经济业务时，一方面使公司的固定资产减少450 000元，累计折旧减少380 000元，另一方面使公司的固定资产清理增加70 000元。因此，这项经济业务涉及“固定资产”“累计折旧”和“固定资产清理”三个账户。“固定资产清理”是损益类账户，其增加应记入该账户的借方。结转固定资产净损失时，还需将其差额转入营业外支出账户。因此，这项经济业务涉及“固定资产清理”和“营业外支出”两个账户。“营业外支出”是损益类账户，其增加应记入该账户的借方。该项固定资产报废业务应编制如下会计分录：

注销固定资产原值和累计折旧：

借：固定资产清理	70 000	
累计折旧	380 000	
贷：固定资产		450 000

结转处理固定资产净损失：

借：营业外支出	70 000	
贷：固定资产清理		70 000

案例学习

【例4-42】 用银行存款支付社会捐赠支出2 000元。

捐赠支出属于营业外支出。这项经济业务的发生，一方面使公司当月的营业外支出增加 2 000 元，另一方面使公司的银行存款减少 2 000 元。因此这项经济业务涉及“营业外支出”和“银行存款”两个账户。“营业外支出”是损益类账户，其增加应记入该账户的借方。该项业务应编制如下会计分录：

借：营业外支出　　　　2 000

　贷：银行存款　　　　2 000

【例 4-43】 公司销售过期报刊取得收入 2 000 元，款项收到存入银行。

过期报刊销售取得收入属于营业外收入。这项经济业务的发生，一方面使公司当月的银行存款增加 2 000 元，另一方面使公司的营业外收入增加 2 000 元。因此这项经济业务涉及“营业外收入”和“银行存款”两个账户。“营业外收入”是损益类账户，其增加应记入该账户的贷方。该项业务应编制如下会计分录：

借：银行存款　　　　2 000

　贷：营业外收入　　　　2 000

3. *所得税费用的核算*

所得税费用是企业按照国家税法的规定，对企业某一经营年度所得，按照规定的税率计算并缴纳的税款。所得税费用的基本计算公式为：

应纳所得税额＝应纳税所得额×适用税率

企业所得税费用属于生产经营过程中的耗费。作为一项费用支出，所得税费用应在净利润前扣除。

为了反映和监督企业按规定从当期损益中扣除所得税，企业通常设置“所得税费用”账户。该账户是损益类账户，其借方登记本期发生的应计入当期损益的所得税费用，贷方登记期末转入“本年利润”账户的所得税费用，结转后该账户期末无余额。“所得税费用”账户的结构如图 4-28 所示。

借方　　　　所得税费用	贷方
应计入当期损益的所得税费用	期末转入“本年利润”账户的所得税费用

图 4-28 “所得税费用”账户

案例学习

【例 4-44】 假定公司本月实现的应纳税所得额（若无税前扣除项目即为利润总额）为 104 436 元，所得税率为 25%，则本月应纳所得税额＝104 436×25%＝ 26 109（元）。

发生这项经济业务时，一方面使公司的应纳所得税费用增加 26 109 元，另一方面使公司的应交税费增加 26 109 元。因此这项经济业务涉及“所得税费用”“应交税费”两个账户。“所得税费用”是损益类账户，其增加应记入该账户的借方。该项应纳所得税业务应编制如下会计分录。

借：所得税费用　　　　26 109

　贷：应交税费——应交所得税　　　　26 109

提示

企业所得税费用一般按年计算，分期预缴。按年计算的基本计算公式为：

应纳所得税额＝应纳税所得额×适用税率

（应纳所得税额＝利润总额±所得税前利润中予以调整的项目）

分期预缴所得税计算公式为：

① 计算当期累计应纳所得税额：

当期累计应纳所得税额＝当期累计应纳税所得额×适用税率

② 在计算出当期累计应纳所得税额的基础上计算当期应纳所得税额：

当期应纳所得税额＝当期累计应纳所得税额－上期累计已纳所得税额

4. 本年利润的核算

在计算出当期收入、成本、费用的基础上，期末将本期收入、支出的发生额结转入“本年利润”账户，按照配比原则进行比较后，确定企业本期的利润(或亏损)数额。

为了反映和监督企业本年度实现的利润(或发生的亏损)的情况，企业应设置“本年利润”账户。“本年利润”账户是用来核算企业本年度实现利润(或发生的亏损)情况的账户。该账户是所有者权益类账户，其贷方登记本期从各收入类账户转入的本期各项收入，借方登记本期从各费用类账户转入的本期发生的各项费用。该账户1月至11月，余额保留在本账户。其余额如在贷方，表示截至本期本年度累计实现的利润；如在借方，表示截至本期本年度累计发生的亏损。年末，将该账户余额转入“利润分配”账户。结转后该账户无余额。“本年利润”账户的结构如图4-29所示。

借方　　　　本年利润	贷方
营业成本 销售费用 管理费用 财务费用 营业外支出 营业税金及附加 所得税费用 投资收益(借方发生额)	营业收入 营业外收入 投资收益(贷方发生额)
累计发生的亏损	累计实现的利润
转入“利润分配”贷方数	转入“利润分配”借方数

图 4-29　“本年利润”账户

案例学习

【例 4-45】 期末，公司本期损益类账户发生额合计如表4-7所示。请将损益类账户发生额结转至“本年利润”账户。

表 4-7　损益类账户发生额

单位：元

账户名称	借方发生额合计	贷方发生额合计
营业收入		715 000
营业外收入		2 000
营业成本	334 964	
销售费用	10 000	
营业税金及附加	21 000	
管理费用	170 500	
财务费用	4 100	
营业外支出	72 000	
所得税费用	26 109	
合计	638 673	717 000

结转本月发生的各种收入共计 717 000 元。其中，营业收入 715 000 元，营业外收入 2 000元。

该业务一方面使公司的本年利润增加 717 000 元，另一方面使公司的营业收入转出 715 000元，营业外收入转出 2 000 元。因此这项经济业务涉及“本年利润”“营业收入”和“营业外收入”三个账户。“营业收入”和“营业外收入”是损益类账户，其转出应记入账户的借方，“本年利润”是所有者权益类账户，其增加是公司所有者权益的增加，应记入“本年利润”账户的贷方。该项业务应编制如下会计分录。

借：营业收入　　715 000
　　营业外收入　　2 000
　贷：本年利润　　717 000

同时，结转本月发生的各种费用共计 638 673 元。其中，营业成本334 964元，销售费用 10 000 元，营业税金及附加 21 000 元，管理费用170 500元，财务费用 4 100 元，营业外支出 72 000 元，所得税费用 26 109 元。

该业务一方面使公司的本年利润减少 638 673 元，另一方面使公司的营业成本转出 334 964元，销售费用转出 10 000 元，营业税金及附加转出 21 000 元，管理费用转出 170 500 元，财务费用转出 4 100 元，营业外支出转出 72 000 元，所得税费用转出 26 109 元。因此这项经济业务涉及“营业成本”“销售费用”“营业税金及附加”“管理费用”“财务费用”“营业外支出”和“所得税”7 个损益类账户。这些损益类账户的转出应记入其账户的贷方。该项业务应编制如下会计分录。

借：本年利润　　638 673
　贷：营业成本　　334 964
　　　销售费用　　10 000
　　　营业税金及附加　　21 000
　　　管理费用　　170 500
　　　财务费用　　4 100
　　　营业外支出　　72 000
　　　所得税费用　　26 109

将本期收入与费用对比，其差额即为本月实现的利润(或发生的亏损)。据计算，本期实现的利润为 104 436(717 000— 612 564)元,扣除所得税 26 109 元,净利润为 78 327 元。

4.5.2 利润分配的核算

1. 利润分配的内容

企业利润分配主要包括以下内容。

(1) 提取盈余公积金。

盈余公积金包括两种:一种是法定盈余公积金,一般按照净利润的 10%提取;另一种是任意盈余公积金,根据公司协议或章程规定的比例提取。

(2) 向投资者分配利润。

企业提取盈余公积金后可以向投资者分配利润,分配比例按照合同、公司协议或章程规定的比例进行。

2. 利润分配的账户设置

为了核算利润的分配情况,反映和监督企业为实现产品销售和提供劳务所支付的成本费用,正确进行期间费用的核算,企业应设置如下会计账户。

(1) 利润分配。

“利润分配”账户核算企业利润的分配(或亏损的弥补)和历年分配(或弥补)后的结余金额。该账户是所有者权益类账户,其贷方登记本期从“本年利润”账户转入的全年净利润及用盈余公积金弥补亏损的数额,借方登记本期从“本年利润”账户转入的全年净亏损、提取的盈余公积金及向投资者分配利润的数额。该账户如为贷方余额,表示年末未分配利润;如为借方余额,年度中为累计已分配数额,年末结账后表示年末未弥补亏损。该账户一般按“提取法定盈余公积”“提取任意盈余公积”“盈余公积补亏”“应付利润”“应付股利”“未分配利润”等设置明细账,进行明细分类核算。“利润分配”账户的结构如图 4-30 所示。

利润分配

借方	贷方
① 年末由“本年利润”转入的亏损 ② 提取盈余公积 ③ 向投资者分配利润	① 年末由“本年利润”转入的全年净利润 ② 盈余公积补亏
期末余额:年度中为累计已分配利润,年末为未弥补亏损	期末余额:年末未分配利润

图 4-30 “利润分配”账户

(2) 盈余公积。

“盈余公积”账户是用来反映和监督企业从税后利润中提取的盈余公积金的增减变动和结余情况的账户。该账户是所有者权益类账户,其贷方登记盈余公积的支用数额,借方登记从税后利润中提取的盈余公积金。该账户余额在贷方,表示盈余公积的结余数。“盈余公积”账户的结构如图 4-31 所示。

盈余公积

借方	贷方
盈余公积的支用数	从税后利润中提取的盈余公积
	期末余额:盈余公积结余数

图 4-31 “盈余公积”账户

（3）应付股利。

“应付股利”账户是用于反映和监督企业应支付给投资者利润的账户。包括应付国家、其他单位及个人的股利。该账户是负债类账户，其贷方登记企业计算出的应支付给投资者的股利，借方登记实际支付给投资者的股利。该账户余额在贷方，表示应付未付投资者的股利。“应付股利”账户的结构如图4-32所示。

借方　　　应付股利	贷方
实际支付给投资者的股利	计算出应付给投资者的股利
	期末余额：应付而尚未支付的股利

图4-32　“应付股利”账户

案例学习

【例4-46】　接【例4-45】，假设公司1—11月利润为0，年末利润即为本例中的利润。结转本年实现的净利润。

这项经济业务是利润的结转。该业务一方面使公司的本年利润减少78 327元，另一方面使公司的利润分配增加78 327元。因此这项经济业务涉及“本年利润”和“利润分配”两个账户。“利润分配”账户是所有者权益类账户，其增加是公司所有者权益的增加，应记入“利润分配”账户的贷方。该项业务应编制如下会计分录。

借：本年利润　　78 327

　贷：利润分配——未分配利润　　78 327

【例4-47】　接【例4-46】，按税后利润的10%，计算并提取法定盈余公积金；按税后利润的5%，计算并提取任意盈余公积金。

全年应提取法定盈余公积金：78 327×10%＝7 832.70（元）

全年应提取任意盈余公积金：78 327×5%＝3 916.35（元）

这项经济业务的发生，一方面使公司的“利润分配”账户借方增加了11 749.05元，另一方面使公司的盈余公积金增加11 749.05元。因此这项经济业务涉及“利润分配”和“盈余公积”两个账户。“盈余公积”账户是所有者权益类账户，其增加是公司所有者权益的增加，应记入“盈余公积”账户的贷方，“利润分配”账户借方的增加是所有者权益中利润的减少，应在“利润分配”账户的借方表示。该项业务应编制如下会计分录。

借：利润分配　　11 749.05

　贷：盈余公积——法定盈余公积　　7 832.70

　　　　　　——任意盈余公积　　3 916.35

【例4-48】　接【例4-47】，年末，公司决定分配给投资者股利30 000元。

这项经济业务的发生，一方面使公司的股利分配数额增加了30 000元，另一方面使公司应付投资者的股利增加30 000元。因此这项经济业务涉及“利润分配”和“应付股利”两个账户。“应付股利”账户是负债类账户，其增加是公司负债的增加，应记入“应付股利”账户的贷方，“利润分配”账户借方的增加是所有者权益中利润的减少，应在“利润分配”账户的借方表示。该项业务应编制如下会计分录。

借：利润分配　　30 000

　贷：应付股利　　30 000

提示

每年年末,应将利润分配明细账户中除"未分配利润"账户以外的其他明细账户的余额转入"未分配利润"账户的借方,结转后其他明细分类账户的余额为零。"利润分配"总账账户与"利润分配——未分配利润"明细分类账户余额相等。

教、学、做一体化训练

一、知识测试

1. 单项选择题

(1) 实收资本是指企业实际收到的投资人投入的资本,它是企业(　　)中的主要组成部分。

A. 资产　　B. 负债
C. 所有者权益　　D. 利润

(2) 不能计入产品成本的是(　　)。

A. 制造费用　　B. 原材料
C. 职工薪酬及福利费　　D. 管理费用

(3) 企业购入材料等支付的运输费等采购费用,应计入(　　)。

A. 生产成本　　B. 材料采购成本
C. 销售费用　　D. 制造费用

(4) 以下账户期末结转后可能有余额的是(　　)。

A. 生产成本　　B. 管理费用
C. 营业税金及附加　　D. 销售费用

(5) "利润分配"账户在年终结转后出现借方余额表示(　　)。

A. 已分配的利润　　B. 已实现的利润
C. 未弥补的亏损　　D. 未分配的利润

2. 多项选择题

(1) 关于"材料采购"账户,正确的说法有(　　)。

A. 借方登记材料的买价和采购费用
B. 贷方登记入库材料的实际成本
C. 期末有余额在借方
D. 是计算材料采购成本的账户

(2) 与营业收入相对应的成本、费用是指(　　)。

A. 销售费用　　B. 营业成本
C. 营业税金及附加　　D. 管理费用

(3) 关于"制造费用"账户,正确的说法是(　　)。

A. 借方登记实际发生的各项制造费用

B. 贷方登记分配计入产品成本的制造费用

C. 期末余额在借方，表示在产品的制造费用

D. 期末费用结转利润后无余额

(4) 企业购销活动中，表示企业负债减少的是(　　　　)。

A. “应付票据”的借方

B. “应付账款”的借方

C. “预收账款”的借方

D. “预付账款”的借方

(5) 期末结转利润后账户无余额的是(　　　　)。

A. 应交税费　　　　B. 营业税金及附加

C. 制造费用　　　　D. 销售费用

3. 判断题

(1) 企业收到供应单位提供的材料，冲销已预付的货款时，表示企业债权的减少。(　　)

(2) “应交税费”账户的余额必定在贷方，表示应交未交的税费。(　　)

(3) “制造费用”账户的期末余额一定在借方。(　　)

(4) 固定资产因损耗而减少的价值应记入“固定资产”账户的贷方。(　　)

(5) “本年利润”账户在年度中的余额保留在本账户，不予转账。年末结转后应无余额。(　　)

二、实务操作

【习题一】

目的：练习融资业务的核算。

资料：某公司 2015 年发生下列资金筹集业务。

1. 接银行通知，收到国家拨入流动资金 8 000 000 元。

2. 接受西岭公司以一栋厂房和部分机器设备进行的投资，经资产评估部门评估，厂房净值 10 000 000 元，机器设备价值 9 000 000 元。

3. 接受万科公司以银行存款 2 000 000 元进行投资。

4. 4 月 1 日向银行借入长期借款 6 000 000 元，用于生产经营。借入款项的年利率为 9.6%，期限 3 年，利息按年结算，年末支付。

5. 7 月 1 日向银行借入短期借款 3 000 000 元，月利率 6%，期限 3 个月，利息按季结算。

要求：根据上述经济业务编制会计分录。

【习题二】

目的：练习采购业务的核算。

资料：光华工厂 2015 年 3 月份发生以下部分经济业务。

1. 从太平洋公司购入甲材料 20 000 千克，每千克 8 元，货款 160 000 元，增值税 27 200 元；运输费 2 000 元，增值税扣除率为 7%(下同)，共计 120 000 元，当即以银行存款支付，材料尚未到达。

2. 上述材料已运到本厂并验收入库，按实际采购成本入账。

3. 向宏大工厂购入乙材料 5 000 千克，每千克 30 元，货款 150 000 元，增值税 25 500

元；供货方代垫运输费 4 500 元，共计 180 000 元，材料已运达验收入库，按采购成本入账，款项尚未支付。

4. 以银行存款支付前欠宏大工厂款项 180 000 元。

5. 从万科公司购入丙材料 20 千克，每千克 8 000 元，丁材料 10 千克，每千克 10 000 元，计货款 260 000 元，增值税额 44 200 元，前已向万科公司预付购料款 250 000 元，补付货款。

6. 从万科公司购入的丙材料和丁材料均已验收入库，按其实际采购成本入账。

要求：根据以上经济业务编制会计分录。

【习题三】

目的：练习生产作业的核算。

资料：跃进工厂 2015 年 5 月份发生下列部分经济业务。

1. 生产甲产品领用材料：

材料名称	数量/千克	单价/元	金额/元
A 材料	8 000	60	480 000
B 材料	15 000	80	1 200 000
C 材料	50 000	12	600 000
合计	—	—	1 280 000

2. 从银行提取现金 200 000 元，准备发放工资。

3. 以现金发放本月职工工资 200 000 元。

4. 采购员预借差旅费 8 000 元。

5. 生产乙产品领用下列材料：

材料名称	数量/千克	单价/元	金额/元
A 材料	5 000	60	300 000
B 材料	8 000	80	640 000
C 材料	5 000	12	60 000
合计	—	—	1000 000

6. 预提本月份应负担的银行借款利息 12 000 元。

7. 结转本月份应付水电费 8 000 元。其中甲产品耗用 3 500 元，乙产品耗用 2 500 元，

8. 结转本月应付职工工资 200 000 元，其中：甲产品生产工人工资 100 000 元，乙产品生产工人工资 60 000 元，车间管理人员工资 25 000 元，企业行政管理人员工资 15 000 元。

9. 按本月应付工资总额的 14%提取职工福利费。

10. 用银行存款支付当月车间设备修理费 20 000 元。

11. 计提本月固定资产折旧 90 000 元，其中：生产车间应计提固定资产折旧 60 000 元，企业行政管理部门应计提固定资产折旧 30 000 元。

12. 将本月发生的制造费用在甲、乙产品之间按生产工时比例进行分配：甲产品 5 500 工时，乙产品 4 500 工时，并将分配结果填入制造费用分配表，转入生产成本账户。

制造费用分配表

（　　年　　月）

产品名称	分配标准(生产工时)	分配率	应分配的费用
甲产品	5 500		60 335
乙产品	4 500		49 365
合计	10 000	10.97	109 700

13. 结转本月完工产品的生产成本,各产品入库数量及实际成本资料如下：

产品名称	数量(台)	单位成本(元)	总成本(元)
甲产品	400	6000	2 400 000
乙产品	200	6 400	1280 000

要求：

1. 根据以上资料编制会计分录。

2. 根据有关分录分别登记“生产成本”总分类帐户和“生产成本”明细分类帐户。

【习题四】

目的：练习销售业务的核算。

资料：煌荷公司 2015 年 12 月发生以下部分经济业务：

1. 售给伟达公司甲产品 80 台,每台售价 3 000 元;货款 240 000 元及增值税 40 800 元当即收到,存入银行存款户。

2. 收到上月应收伟达公司货款 900 000 元,存入银行存款户。

3. 售给达卡公司甲产品 50 台,每台售价 3 000 元;乙产品 200 件,每件售价 2 500 元,增值税共 110 500 元;款项尚未收到。

4. 以银行存款支付广告费 10 000 元。

5. 销售 B 材料 1 000 千克,每千克售价 200 元,货款 200 000 元,增值税 34 000 元,材料款已收到存入银行。

6. 结转本月已售 B 材料的成本 100 000 元。

7. 收到达卡公司前欠货款 760 500 元,存入银行存款户。

8. 结转本月已售产品的生产成本,其中甲产品每台成本 2 200 元,乙产品每件成本 1800 元。

9. 用银行存款支付本月管理费用 300 000 元。

10. 计提本月银行借款利息 16 200 元。

11. 将收入类账户的余额结转入“本年利润”账户。

12. 成本费用类账户的余额结转入“本年利润”账户。

要求：

1. 根据以上资料编制相应的会计分录。

2. 开设“主营业务收入”总分类账户。根据有关会计分录登记该账户,并结出本期发生额。

【习题五】

目的：练习利润形成及分配业务的核算。

资料：顺达公司2015年12月发生如下部分经济业务。

1. 提取本期应缴纳的房产税2 500元。

2. 以银行存款9 000元支付业务招待费。

3. 分配本月应付公司总部管理人员工资100 000元，应提取的职工福利费14 000元。

4. 预提本月应负担的短期借款利息3 700元。

5. 以银行存款支付银行手续费820元。

6. 清理一批长期无法支付的应付货款20 000元，作为营业外收入转账。

7. 用银行存款为某公司免费送货支付运费600元。

8. 以银行存款2 000元支付罚款。

9. 该公司12月末结账前有关账户余额如下：主营业务收入450 000元，其他业务收入40 000元，营业外收入5 500元，投资收益4 500元(贷方)，主营业务成本290 000元，销售费用15 000元，营业税金及附加6 400元，其他业务成本25 000元，管理费用23 800元，财务费用3 600元，营业外支出7 200元。结转本月收入与费用。

10. 按25%的所得税率计算并结转应纳所得税(假定1—11月利润为0)。

11. 年终结算时，将本年实现的净利润转入“利润分配”账户。

12. 按本年税后利润的10%提取法定盈余公积。

13. 按本年税后利润的10%提取任意盈余公积。

14. 按利润分配方案，将本年税后利润的50%向投资者分配利润。

15. 年末将“利润分配”账户下的有关明细账户余额转入“未分配利润”明细账户。

要求：

1. 根据上述经济业务编制会计分录。

2. 开设并登记“本年利润”“利润分配”总分类帐户以及“利润分配”明细分类账户(假定“利润分配”账户年初为贷方余额88 000元)。

拓展思维

一、课外阅读

会计工作与出纳工作应相分离

出纳是会计工作的一个重要岗位，出纳人员是会计人员的重要组成部分。在制造业中，会计工作岗位可以是一人一岗、一人多岗或一岗多人。会计人员的工作岗位应当有计划地进行轮岗。同时，企业应当建立会计人员岗位责任制度。其主要内容包括：会计人员的工作岗位设置，各会计工作岗位的职责和标准，各会计工作岗位的人员和具体分工，会计工作岗位轮换办法，会计工作岗位的考核办法。

出纳人员不得兼任稽核、会计档案保管和收入、费用、债权债务账目的登记工作，这是由出纳的工作性质决定的。出纳的工作职责就是负责现金和财物的收付，而现金和财物的收付依据就是会计凭证和会计账簿的记录。可以设想，如果一个会计人员既负责出纳工作又负责核算工作，也就是说既管钱又管物，同时还管账簿，那么钱物收付与账簿记录是否相符、是否属实，应当由谁负责核算监督呢？只能是这个会计人员自己。如果会计人员是一个贪图私利、追求个人利益的人，那么谁会保证不会出现贪污、侵吞、挪用公款公物，损害国家、集体和他人利益的情况呢？更为重要的是，由于这个会计人员既是出纳又是核算人员，为了掩盖一些违法犯罪行为，很容易做到账实相符、账证相符，不留任何蛛丝马迹，蒙混过关，即便是稽查人员也很难发现其中的问题。可见，在企业中，出纳人员同时兼任稽核、会计档案保管和收入、费用、债权债务账目的登记工作，对于会计工作来说，是没有益处的。

资料来源：杨成贤编著，《第一次当会计实账实战演练》

二、课后思考题

1. 说明材料采购业务核算的主要内容。材料采购过程中，为什么要设置“材料采购”账户。简述“材料采购”账户的特点以及涉及“材料采购”账户的会计分录。

2. 产品生产过程的核算为什么要分设“生产成本”和“制造费用”账户，简述其区别、核算的主要内容及相应的会计分录。

3. 简述产品销售过程核算的主要内容及相应的会计分录。

4. 说明财务成果核算的主要内容，简述企业利润的构成内容及各项指标的关系。

5. 说明“本年利润”和“利润分配”账户的用途及其之间的关系。

总结评价

一、本章总结

本章阐述的内容是按照规定的会计科目设置账户并运用借贷记账法进行账务处理，是对会计科目和账户、复式记账的加深和扩展。主要涉及账户的设置和使用，包括账户的性质、用途、结构及主要账户之间的对应关系等内容。

本章按照制造业资金流动过程将会计核算内容分为五部分，就融资业务、生产准备及采购业务、生产作业、销售业务、利润形成及分配业务等经济业务说明账户和借贷记账法的应用。

本章的学习重点是：① 掌握会计核算各账户及借贷记账法的实际应用方法，包括正确设置账户及运用会计账户和借贷记账法的原理进行相应的账务处理；② 掌握成本计算的原理和应用。

二、自我评价

评价项目	评价内容	备注
本章重点		
本章难点		
我的问题		

项目五

企业经济业务活动的记录
——记账凭证和账簿

学习目标

◎ 了解记账凭证的种类和基本内容,能够填制记账凭证。
◎ 了解账簿的设置和登记规则,能够完成账簿的平行登记。
◎ 掌握对账、结账以及错账更正的方法。

案例导入

某矿产品加工公司聘请财务顾问对其账务资料进行梳理。财务顾问小组开展工作后,发现近三年的财务资料归档不规范,原始资料保存不完整,遂与企业财务总监进行沟通,要求企业提供真实、合法、完整的会计信息。

根据《会计档案管理办法》的规定,企业和其他组织会计档案保管期如表 5-1 所示。

表 5-1　企业和其他组织会计档案保管期

序号	档案名称	保管期限	备注
一	会计凭证类		
1	原始凭证	15 年	
2	记账凭证	15 年	
3	汇总凭证	15 年	
二	会计账簿类		
4	总账	15 年	包括日记总账
5	明细账	15 年	
6	日记账	15 年	现金和银行日记账 25 年
7	固定资产卡片		固定资产报废清理后 5 年
8	辅助账簿		
三	财务报告类		包括各级主管部门
9	月、季度财务报告	3 年	包括文字分析
10	年度财务报告(决算)	永久	包括文字分析

续表

序号	档案名称	保管期限	备注
四	其他类		
11	会计移交清册	15 年	
12	会计档案保管清册	永久	
13	会计档案销毁清册	永久	
14	银行余额调节表	5 年	
15	银行对账单	5 年	

知识讲解

5.1　编制会计记账凭证

5.1.1　会计凭证的种类

会计凭证简称凭证，是记录经济业务的发生和完成情况，明确经济责任的书面证明，是登记账簿的依据。

会计核算要求真实正确地反映各单位的经济活动，填制和审核会计凭证是会计工作的起点，是对经济业务的发生和完成情况进行及时反映和监督的重要环节。首先，会计凭证是记录经济业务的书面证明，对于任何一项经济业务都要求取得或填制有关会计凭证，记录经济业务的内容、数量、金额等情况。其次，会计凭证是明确经济责任，且具有法律效力的文件，经济业务发生后，经办人员和主管人员都要在有关凭证上签名盖章，证明经济业务的真实性和正确性。再次，会计凭证是登记账簿的依据，一切会计凭证都必须经过有关人员的严格审核，确认经济业务的合法性后，才能作为登记账簿的依据。最后，正确填制和严格审核会计凭证是会计核算的一种专门方法，对于保证会计核算资料的完整、真实、合法，发挥会计在经济管理中的作用，具有十分重要的意义。

会计凭证种类繁多、形式多样，通常按填制程序和用途的不同分为原始凭证和记账凭证两大类。

(1) 原始凭证又称单据，是在经济业务发生或完成时取得或填制的，用以记录经济业务的发生和完成情况的书面证明，它是会计核算的原始资料和重要依据，是登记会计账簿的原始依据。

(2) 记账凭证又称记账凭单，是会计人员根据审核无误的原始凭证，按照经济业务的内容加以归类，并确定会计分录后所填制的会计凭证，是登记会计账簿的直接依据。

从不同来源取得的原始凭证种类繁多、格式不一，无法系统地反映经济业务的内容，也难以直接作为登记账簿的依据。因此，根据经济业务的类别、内容将原始凭证加以归类整理，填制具有统一格式的记账凭证，并将相关的原始凭证附在后面，既有利于原始凭证的归类保管，又简化了记账工作，从而提高会计工作的质量。

提示

记账凭证的基本内容就是会计分录，在会计实务中，会计分录是通过填制记账凭证来完成的。

5.1.2　会计记账凭证的种类

记账凭证是会计人员根据审核无误的原始凭证或汇总原始凭证，按照经济业务内容加以归类，确定应借应贷科目和金额而填制的，可以直接作为登记账簿依据的会计凭证。按照记账凭证的使用范围不同，分为专用记账凭证和通用记账凭证。

1. 专用记账凭证

专用记账凭证是指专门记录某一类经济业务的记账凭证。专用记账凭证按其所反映的内容不同，又可分为收款凭证、付款凭证和转账凭证。专用记账凭证一般适用于企业规模较大、经济业务数量以及收付款业务较多的单位。

(1) 收款凭证。收款凭证是用来记录现金和银行存款收款业务的记账凭证，它是根据有关现金和银行存款收款业务的原始凭证填制的。收款凭证还可以分为现金收款凭证和银行存款收款凭证两种。收款凭证左上角的借方科目固定为“库存现金”或“银行存款”科目，其对应科目填写在贷方科目栏中，格式如表 5-2 所示。

表 5-2　收款凭证

借方科目：　　　　年　月　日　　　　收字第　　号

摘要	贷方科目		√	金额
	总账科目	明细科目		
合 计				

会计主管：　　记账：　　出纳：　　填制：

(2) 付款凭证。付款凭证是用来记录现金和银行存款付款业务的记账凭证，它是根据现金和银行存款付款业务的原始凭证填制的。付款凭证也可以分为现金付款凭证和银行存款付款凭证两种。付款凭证左上角的贷方科目也固定为“库存现金”或“银行存款”科目，其对应科目填写在借方科目栏中，格式如表 5-3 所示。

表 5-3　付款凭证

贷方科目：　　　　年　月　日　　　　收字第　　号

摘要	借方科目		√	金额
	总账科目	明细科目		
合 计				

会计主管：　　记账：　　出纳：　　审核：　　填制：

(3) 转账凭证。转账凭证是用来记录不涉及现金和银行存款收付业务的记账凭证，它是根据现金和银行存款收付业务以外的转账业务的原始凭证填制的。格式如表5-4所示。

表5-4　转账凭证

年　月　日　　　　转字第　　号

摘要	总账科目	明细科目	√	借方金额	√	贷方金额
合计						

会计主管：　　记账：　　审核：　　填制：

2. 通用记账凭证

通用记账凭证是指使用统一的格式记录所有发生的经济业务的记账凭证。在经济业务比较简单、经营规模较小的单位，为了简化会计凭证，不再划分收款凭证、付款凭证和转账凭证，一般使用通用记账凭证记录所发生的各种经济业务。通用记账凭证的格式与转账凭证基本相同，只是凭证的名称不一样。

5.1.3　填制会计记账凭证

1. 记账凭证的基本内容

记账凭证的主要作用是对原始凭证进行分类、整理，按照复式记账的要求，编制会计分录，并据以登记账簿。作为登记会计账簿直接依据的记账凭证，因各单位规模大小不同，其反映经济业务的内容以及对会计核算的要求也不同，记账凭证多种多样。但各种记账凭证都必须保证会计核算的基本要求，必须具备以下基本内容(凭证要素)。

(1) 填制单位的名称。

(2) 记账凭证的名称。

(3) 记账凭证填制的日期及编号。

(4) 经济业务的内容摘要。

(5) 经济业务涉及的会计科目的名称以及应借应贷的金额，包括一级科目和明细科目。

(6) 记账备注，即用"√"表示已过账。

(7) 所附原始凭证的张数。

(8) 有关主管和经办人员的签章。

2. 填制记账凭证的基本要求

为了保证记账凭证能够真实、正确、完整地反映经济业务，其填制必须符合以下要求。

(1) 填制记账凭证时，必须以审核无误的原始凭证或汇总原始凭证为依据。

记账凭证可以根据每一张原始凭证填制，或者根据若干张同类原始凭证汇总填制，还可以根据原始凭证汇总表填制，但不得将不同内容和类别的原始凭证汇总填制在一张记账凭证上。

除结账和更正错误的记账凭证可以不附原始凭证外，其他记账凭证必须附有原始凭证，并在记账凭证上注明原始凭证的张数。如果根据一张原始凭证编制两张或两张以上的记账凭证,可以把原始凭证附在一张主要的记账凭证后面,并在其他记账凭证上注明附有该原始凭证的记账凭证的编号或者附有原始凭证复印件。

(2) 记账凭证在一个月内必须连续编号,以便核查。

记账凭证编号要规范,根据不同的记账凭证采用相应的编号方法。如果使用通用记账凭证格式,应采用顺序编号。如果使用专用记账凭证格式,则采用“字号编号法”,即按凭证类别顺序编号。例如,收款凭证应用“现收字第××号”“银收字第××号”,付款凭证应用“现付字第××号”“银付字第××号”,转账凭证应用“转字第××号”。如果一笔经济业务需要填制两张以上的记账凭证时,记账凭证的编号采用“分数编号法”连续编号,如 $1\frac{1}{2}$、$1\frac{2}{2}$。

(3) 记账凭证的摘要栏是对经济业务的简要说明。

摘要反映了各项经济业务的核心内容,是记账凭证必不可少的项目,填写时应抓住经济业务的要点,文字说明须简明确切。

(4) 记账凭证必须正确填写会计分录。

必须按照会计制度统一规定使用会计科目,账户的对应关系必须清楚正确,一级科目或明细科目要填写齐全。金额的登记方向和数字必须正确且符合书写规范,角分位不留空白,多余的金额栏应划斜线注销,合计金额第一位前要填写货币符号。

(5) 记账凭证的项目要填写齐全,手续要完备,做到责任明确。

在记账凭证上,应将各项目栏内容填列齐全。凭证填写完毕后,应进行复核和检查,并由两名以上的有关人员签名盖章,明确责任。出纳人员根据收款凭证收款,或根据付款凭证付款时,要在凭证上加盖“收讫”或“付讫”的戳记,以免重收重付,防止差错。

提示

在采用专用记账凭证的情况下,凡涉及现金和银行存款的收款业务,填制收款凭证;凡涉及现金和银行存款的付款业务,填制付款凭证。而涉及现金与银行存款划转业务的,按规定只填制付款凭证,以免重复记账。如将现金存入银行,同时涉及银行存款的增加和现金的减少,只填制现金付款凭证,而不填制银行存款收款凭证;从银行提取现金,同时涉及现金的增加和银行存款的减少,只填制银行存款付款凭证,而不填制现金收款凭证。

案例学习

【例 5-1】 大方公司为增值税一般纳税人,2015 年 8 月 8 日销售甲产品 50 件,每件含税售价 1 170 元,收到货款存入银行。根据销售产品及收到款项的原始凭证,填制收款凭证(如表 5-5 所示)。

表 5-5

收款凭证

借方科目：银行存款　　　　2015 年 8 月 8 日　　　　银收字第 8 号

摘要	贷方科目		√	金额									
	总账科目	明细科目		千	百	十	万	千	百	十	元	角	分
销售甲产品 50件	产品销售收入	甲产品					5	0	0	0	0	0	0
	应交税费	应交增值税						8	5	0	0	0	0
合　计						¥	5	8	5	0	0	0	0

会计主管：(签章)　　记账：(签章)　　出纳：(签章)　　审核：(签章)　　填制：(签章)

【例 5-2】 大方公司 2015 年 8 月 20 日以银行存款支付电话费 1 200 元。根据缴费的原始凭证，填制付款凭证(如表 5-6 所示)。

表 5-6

付款凭证

贷方科目：银行存款　　　　2015 年 8 月 20 日　　　　银付字第 18 号

摘要	借 方 科 目		√	金额									
	总账科目	明细科目		千	百	十	万	千	百	十	元	角	分
	管理费用	电话费						1	2	0	0	0	0
8月电话费													
合计							¥	1	2	0	0	0	0

会计主管：(签章)　　记账：(签章)　　出纳：(签章)　　审核：(签章)　　填制：(签章)

【例 5-3】 大方公司 2015 年 8 月 30 日生产车间继续生产甲产品，领用 A 材料 8500 元。根据领料凭证，填制转账凭证(如表 5-7 所示)。

表 5-7

转账凭证

2015 年 8 月 30 日　　　　转字第 10 号

摘要	总账科目	明细科目	√	借方金额										√	贷方金额									
				千	百	十	万	千	百	十	元	角	分		千	百	十	万	千	百	十	元	角	分
生产甲产品领用原材料	生产成本	甲产品						8	5	0	0	0	0											
	原材料	A材料																	8	5	0	0	0	0
合计							¥	8	5	0	0	0	0					¥	8	5	0	0	0	0

会计主管：(签章)　　记账：(签章)　　出纳：(签章)　　审核：(签章)　　填制：(签章)

5.1.4 会计记账凭证的审核

正确编制记账凭证是会计核算工作的一个重要环节，特别是收付款凭证是出纳人员收付款项的依据。因此，为了保证会计信息的质量，除了编制记账凭证的人员要认真负责、加强自审外，财会部门还应建立相互复核和专人审核的制度。其审核主要包括以下几个内容。

(1) 记账凭证所反映的经济业务是否真实，是否附有经过审核了的原始凭证。对记账凭证的审核，也就是对原始凭证的复核，所以，记账凭证必须附有原始凭证，且记账凭证所记录的内容与所附原始凭证反映的经济业务内容必须相符。

(2) 记账凭证的会计分录编制是否符合要求。记账凭证的应借、应贷会计科目必须正确，账户对应关系必须清晰，金额计算要准确无误，记录的经济业务内容必须合理合法。

(3) 记账凭证的摘要填写是否清楚，项目填写是否齐全，有关人员是否签名盖章。记账凭证的摘要既要反映经济业务的内容，又要简明扼要、清楚易懂。记账凭证的有关项目要填写齐全，包括日期、凭证编号、二级和明细会计科目、附件张数以及有关人员签章等。

(4) 审核中如发现记账凭证填制有差错，应查明原因重新填制或用正确的方法予以更正。

5.1.5 会计凭证的保管

会计凭证的保管是指会计凭证登记账簿后的整理、装订和归档存查的工作。

会计凭证是记录经济业务、明确经济责任的书面证明文件，又是登记账簿的依据，它是重要的经济档案和经济资料，企业或有关部门可能因各种需要查问会计凭证。对会计凭证的保管，既要使其安全完整，又要便于调阅、查找和检查监督。会计凭证保管的主要方法和要求有以下几点。

(1) 会计凭证登记完毕后，应当按照分类和编号顺序保管，不得散乱丢失。

(2) 每月记账完毕，要将本月各种记账凭证加以整理，检查有无缺号和附件是否齐全，再将记账凭证按类别和编号顺序排序，连同所附的原始凭证一起折叠整齐，加具封面、封底装订成册，并在装订线上加贴封签。

在已装订成册的会计凭证封面上，按规定注明单位名称、年度、月份、凭证种类、起讫日期、起讫号码、有关人员的签章等。

如果在一个月内凭证的数量过多，可分装若干册，并在封面加注"本月共×册""本册是第×册"。如果有些记账凭证所附的原始凭证数量过多或性质非常重要，也可单独装订保管，但应在其封面上注明所属记账凭证的种类、日期、编号，同时在原有关记账凭证上注明"附件另存"和原始凭证的名称、编号，以便查考。

(3) 装订成册的会计凭证要指定专门的会计人员保管，年度终了，则应移交财会档案室归档保管。未设立档案机构的，应当在会计机构内部指定专人保管，出纳人员不得兼管会计档案。需要查阅以前年度的会计凭证时，需经会计主管同意，并履行一定手续，才能取出查阅。

(4) 会计凭证不得外借，其他单位如因特殊原因需要使用会计凭证时，经本单位会计机构负责人、会计主管人员批准，可以复制。查阅或者复制会计凭证的人员，严禁在会计凭证上涂画、拆封和抽换。

(5) 会计凭证的保管期限，必须严格执行会计制度的有关规定，任何人无权随意销毁。保管期满的会计凭证，可按规定程序销毁，但保管期满而尚未结清的债权债务的原始凭证以及其他涉及未了事项的原始凭证，不得销毁，应当单独抽出立卷，保管到未了事项完成后为止。

5.2　会计账簿的开立与登记

会计账簿是按会计科目开设，以会计凭证为依据，由一定格式和相互联系的账页所组成，用来序时地、分类地、连续地记录和反映各项经济业务的簿籍。

提示

账簿是账户的表现形式，二者既有区别，又有联系。账户是在账簿中以规定的会计科目开设的户头，用以规定不同的账簿所记录的内容，而账簿则是反映账户及其内容的信息载体。如果没有账户也就无所谓账簿，如果没有账簿，账户就成为一种抽象的东西，无法起到提供信息的作用。设置和登记账簿是会计核算的一种专门方法，也是会计核算工作的一个重要环节。

5.2.1　会计账簿的开立

1. 账簿启用的规则

会计账簿是存储经济业务数据资料的重要档案，账簿启用后应由专人负责。为了保证账簿记录的合法性、明确记账责任、保证会计信息的完整、防止舞弊行为，在账簿启用时，必须在账簿的扉页上填列“账簿启用和经管人员一览表”，详细载明单位名称、账簿名称、账簿编号、账簿册数、账簿共计页数、启用日期、交接日期、交接人姓名、记账人员和会计主管人员签章，最后还要加盖单位公章。其格式如表5-8所示。

表5-8　账簿启用和经管人员一览表

单位名称： 账簿名称： 账簿册数： 会计主管(签章)									账簿编号： 启用日期： 账簿页数： 记账人员(签章)			
移交日期			移交人		接管日期			接管人		会计主管	
年	月	日	姓名	签章	年	月	日	姓名	签章	姓名	签章

2. 会计账簿的基本内容

会计账簿的格式多种多样，但其基本构成包括封面、扉页和账页三个部分。

(1) 封面，注明会计账簿的名称，如现金日记账、银行存款日记账、明细分类账、总分类账。

（2）扉页，主要填列会计账簿的使用信息，包括记账单位的名称、账簿启用日期及截止日期、账户目录、页次、经管人员一览表、记账人员及会计主管签章等。

（3）账页，是会计账簿的主体，由若干账页组成，每一账页主要包括账户名称（即会计科目）、登账日期栏、记账凭证的种类和编号栏、摘要栏、借贷方金额和余额栏等。

5.2.2 会计账簿的设置与登记

1. 序时账簿的设置与登记

序时账簿也称日记账，是按各项经济业务发生时间的先后顺序，逐日逐笔连续登记经济业务的账簿。按其记录的内容不同，序时账簿又分为普通日记账和特种日记账。

（1）普通日记账。

普通日记账是用来序时地反映和逐笔记录全部经济业务的日记账。普通日记账也称分录簿，它由会计人员按照每天发生的经济业务的先后顺序，确定应借、应贷的会计科目，编制会计分录，逐笔记入普通日记账的相应栏目，作为记入分类账的依据。其格式和内容如表5-9所示。

表 5-9 普通日记账

年		凭证		摘要	会计科目	金额		账页	过账符号
月	日	字	号			借方	贷方		

普通日记账的功能和作用只是把反映繁杂经济业务的每一张记账凭证的内容集中在一起，可以全面了解一个时期企业经济业务的全貌。但普通日记账不便于分工记录，也不能把各种经济业务进行分类反映，且根据普通日记账逐笔登记总账的工作量很大。所以，许多单位并不设置这种普通日记账，而是直接根据记账凭证登记分类账，以减少重复工作。

（2）特种日记账。

特种日记账是将大量重复发生的同类经济业务，集中在一本日记账中进行登记的账簿。最常见的特种日记账是现金日记账和银行存款日记账，其账页格式又分为三栏式和多栏式。

现金日记账是出纳人员根据现金收款凭证、现金付款凭证和银行付款凭证（记录从银行提取现金业务），按经济业务发生时间的先后顺序进行登记的账簿。其格式及内容如表 5-10 所示。

表 5-10 现金日记账

年		凭证		摘要	对方科目	借方	贷方	余额
月	日	字	号					

银行存款日记账是出纳人员根据银行收款凭证、银行付款凭证和现金付款凭证（记录现

金存入银行的业务)，按经济业务发生时间的先后顺序进行登记的账簿。其格式及内容如表5-11所示。

表 5-11 银行存款日记账

年		凭证		摘要	现金支票号数	转账支票号数	对方科目	借方	贷方	余额
月	日	字	号							

下面具体说明一下银行存款日记账的各栏。

① 日期栏：登记记账凭证的日期，应与现金或银行存款实际收付日期一致。

② 凭证栏：登记入账的收付款凭证的种类和编号。

③ 摘要栏：简要说明登记入账的经济业务的内容。

④ 现金支票号数和转账支票号数栏：如果所记录的经济业务是以支票付款结算的，应填写相应的支票号数，以便与银行对账。

⑤ 对方科目栏：登记现金或银行存款收入的来源科目、支出的用途科目。

⑥ 借方、贷方、余额栏：现金日记账与银行存款日记账是由出纳员根据审核无误的收、付款凭证(现金日记账根据现金收、付款凭证和与现金有关的银行存款付款凭证登记；而银行存款日记账根据银行存款收、付款凭证和与银行存款有关的现金付款凭证登记)逐日逐笔登记。每日的现金或银行存款收付业务登记完毕后，应当各自结算出当日收入、支出合计数，并结出余额，做到"日清"。每月末同样计算现金或银行存款各自的收入、支出合计数，并结出余额，通常称作"月结"。

现金日记账的每日结存余额，应与库存现金的实有数核对相符；而银行存款日记账的每日结存余额，应定期与银行对账单核对相符，每月至少要核对一次，并通过编制银行存款余额调节表检查银行存款记录的正确性。如果一个单位按规定在银行开设了不同银行存款账户，则应分别设置银行存款日记账。现金日记账和银行存款日记账，还应定期与会计人员登记的现金总账和银行存款总账核对相符。

2. 分类账簿的设置与登记

分类账簿是对发生的全部经济业务按照总分类账户和明细分类账户进行分类登记的账簿。分类账簿按其反映内容的详细程度不同，又分为总分类账簿和明细分类账簿。

(1) 总分类账簿。

总分类账簿简称总账。它是按照会计制度中规定的一级会计科目开设的，分类汇总反映各种资产、负债和所有者权益以及费用、成本和收入总括情况的账簿。总分类账簿在全面、总括地反映全部经济业务的同时，又能为编制会计报表提供依据，因而，任何会计主体都要设置总分类账簿。

总分类账簿一般都采用订本账，在一本或几本账簿中将全部总分类账户按会计科目的编号顺序分设，因此，对每个账户应事先按业务量的大小预留若干账页。

总分类账簿一般只进行货币量度的核算，因此，总分类账多使用三栏式，在账页中设置借方、贷方和余额三个金额栏，其格式及内容如表5-12所示。

表 5-12 总分类账

会计科目：

年		凭证		摘要	对应科目	借方	贷方	借或贷	余额
月	日	字	号						

总分类账簿中的对应科目栏，可以设置也可以不设置。借或贷栏是指账户的余额是在借方还是在贷方。

由于采用的会计核算程序不同，总分类账簿的登记方法和登记程序也不一样。它可以直接根据记账凭证，按经济业务发生的时间顺序逐笔登记，也可以根据科目汇总表登记，还可以根据汇总记账凭证按期或分次汇总登记。

(2) 明细分类账簿。

明细分类账簿简称明细账。它是根据经营管理的实际需要，按照某些一级会计科目所属的二级科目或明细科目，分类、连续地记录和反映有关资产、负债和所有者权益以及收入、费用和成本的增减变动等详细情况的账簿。

设置和运用明细分类账簿，能够详细地反映资金循环和收支的具体情况，有利于加强资金的管理和使用，并可为编制会计报表提供必要的资料。所以各会计主体在设置总分类账的基础上，还要根据经营管理的需要，设置若干必要的明细分类账簿，以形成既能提供经济活动的总括情况，又能提供具体详细情况的账簿体系。

明细分类账簿的通用格式有三种，即三栏式明细分类账、数量金额式明细分类账和多栏式明细分类账。

① 三栏式明细分类账。三栏式明细分类账的账页格式与三栏式总分类账相同，只设置借方、贷方和余额三个金额栏。它主要适用于只要求提供价值指标的账户，如短期投资、应收账款、长期投资、应付账款、实收资本等科目的明细核算。其账页格式及内容如表 5-13 所示。

表 5-13 应收账款明细账

购货单位名称： 第 页

年		凭证		摘要	借方	贷方	借或贷	余额
月	日	字	号					

② 数量金额式明细账。数量金额式明细账的账页格式是在收入、发出、结存三栏下，再分别设数量、单价和金额栏。它主要适用于既要提供价值指标，又要提供数量指标的账户，如原材料、库存商品等账户的明细分类账。其格式及内容如表 5-14 所示。

表 5-14　原材料明细分类账

类别：　　　　　　　　　　　　　　　　计量单位：
仓库：　　　　　　　　　　　　　　　　最高储量：
最低储量：　　　　　　　　　　　　　　储备定额：
品名、规格：　　　　　　　　　　　　　计划单价：　　　　　　　　　　第　　页

年		凭证		摘要	收入			发出			结存		
月	日	字	号		数量	单价	金额	数量	单价	金额	数量	单价	金额

③ 多栏式明细分类账。多栏式明细分类账是根据经营管理的需要和经济业务的特点，在一张账页的借方栏或贷方栏下设置若干专栏，集中记录某一总账科目所属的各明细科目的内容。它主要适用于损益类等经济业务的明细核算，如生产成本、主营业务成本、营业费用、管理费用、营业外支出、主营业务收入、营业外收入等账户的明细分类账。其格式及内容如表 5-15、表 5-16 所示。

表 5-15　生产成本明细账

品种及规格：　　　　　　　　　　　计量单位：　　　　　　　　　　第　　页

年		凭证		摘要	借方				贷方	余额
月	日	字	号		直接材料	直接人工	制造费用	合计		

表 5-16　营业收入明细账

年		凭证		摘要	借方	贷方				余额
月	日	字	号			产品销售	加工收入	…	合计	

此外，为了适应固定资产、低值易耗品等明细核算的特殊要求，其明细分类核算的格式一般采用卡片式，具体格式可以自行设计。

明细分类账的登记，应根据会计主体业务量的大小、业务性质及管理要求选择不同的登记方法，可以直接根据原始凭证或原始凭证汇总表、记账凭证逐日逐笔登记或定期汇总登记。在月末将总分类账的余额与其所属的明细分类账的余额之和核对相符。有些会计科目，如经济业务内容单纯、发生次数较少，可以不设明细账。

(3) 总分类账与明细分类账的平行登记。

总分类账与明细分类账的平行登记是对所发生的经济业务，都要以会计凭证为依据，一方面在有关的总分类账中进行登记，另一方面同时在该总分类账所属的各有关明细分类账中登记。平行登记既可以满足管理上对总括会计信息和详细会计信息的需求，又可以检验账户的完整性和正确性。采用平行登记的规则时，应注意以下几点。

① 依据相同。对于需要进行明细核算的每一项经济业务，都要取得原始凭证并编制记

账凭证，再根据审核无误的记账凭证，记入有关的总分类账户以及同期该总分类账所属的有关明细分类账户。

② 方向相同。一般情况下，发生的经济业务在登记总分类账和明细分类账时，其登记方向一致，即登记总账为借方，登记明细账也为借方；登记总账为贷方，则登记明细账也为贷方。但有些账户的总账是三栏式设置，而明细账是多栏式设置，因此，在总分类账及其所属明细分类账中，就不能按相同的记账符号、记账方向进行登记，而只能以相同的变动方向进行登记。

③ 金额相等。平行登记要求登记到总分类账的金额，应与记入其所属的各明细分类账的金额合计数相等，即期初余额、本期发生额及期末余额均相等。

某账户明细账期初余额之和＝该账户总账期初余额之和

某账户明细账本期发生额之和＝该账户总账本期发生额

某账户明细账期末余额之和＝该账户总账期末余额之和

3. 账簿登记的规则

(1) 登记会计账簿时，必须以审核无误的会计凭证为依据。应当将会计凭证的日期、种类和编号、业务内容摘要、金额和其他有关资料等逐项记入账内。做到数字准确、摘要清楚、登记及时、字迹工整。

(2) 登记账簿的同时，要在记账凭证上注明所记账簿的页数，或画“√”符号，表示已经登记入账，以避免重记、漏记。还需要有关人员在记账凭证上签名或者盖章。

(3) 账簿摘要栏和金额栏中的文字和数字书写要规整、易于辨认。书写的文字和数字上方要留有适当的空间距离，不要写满格，一般应占格距的1/2。

(4) 凡需结出余额的账户，结出余额后，应当在“借或贷”等栏内写明“借”或者“贷”等字样。没有余额的账户，应当在“借或贷”等栏内写“平”字，并在余额栏内用“0”表示。现金日记账和银行日记账必须逐日结出余额。

(5) 在账簿首页要注明账户的名称和页次。各种账簿必须按编定的页次逐页、逐行顺序连续登记，不得隔页、跳行。如果发生了隔页或跳行时，应当将空页或空行用红线画对角线注销，加盖“作废”字样，或者注明“此页空白”或“此行空白”字样，并由记账人员签章。对于订本式账簿不得任意撕毁，活页式账簿也不得任意抽换账页。

(6) 每一账页登记完毕结转下页时，应当结出本页合计数及余额，并写在本页最后一行和下页第一行有关栏内，并在摘要栏注明“过次页”和“承前页”字样。也可以将本页合计数及余额只写在下页第一行有关栏内，并在这一行摘要栏注明“承前页”字样。

(7) 在新的会计年度开始时，应将各种账簿的上年年终余额转记到新年度开设的有关新账的第一页的第一行，并在摘要栏内注明“上年结转”字样。

(8) 为了保持账簿记录的清晰、耐久，防止涂改，记账时必须使用蓝黑墨水或者碳素墨水书写，不得使用铅笔或圆珠笔书写。在下列情况下，可以用红色墨水记账：

① 照红字冲账的记账凭证，冲销错误记录；

② 在不设借贷等栏的多栏式账页中，登记减少数；

③ 在三栏式账户的余额栏前，如未印明余额方向的，在余额栏内登记负数余额；

④ 月末、年终结账划线；

⑤ 根据国家统一会计制度的规定可以用红字登记的其他会计记录。

案例学习

1 月 8 日，李天作为大华机电设备有限公司的第一大股东向公司投入现金 40 万元，投入固定资产——面包车一辆，经评估后确认为 30 万元。另一股东欣欣公司投入 30 万元，开来转账支票；C 股东在公司开业前夕要求投资，他向李天承诺马上把投资款 10 万元汇过来。原始凭证如表 5-17 所示进账单，表 5-18 所示资金往来发票，表 5-19 所示现金进账单。

表 5-17

北京发展银行进账单（回 单）

2015 年 1 月 2 日

出票人	全 称	北京欣欣贸易公司		收款人	全 称	北京大华机电设备有限公司										
出票人	账 号	4001202330654-68		收款人	账 号	7001201020541-78										
出票人	开户银行	中国农业银行东单支行		收款人	开户银行	北京发展银行亚运村支行										
金额	人民币（大写）	叁拾万元整				亿	千	百	十	万	千	百	十	元	角	分
								¥	3	0	0	0	0	0	0	0
票据种类	支票	票据张数	1													
票据号码	3301															
		复核 记账		开户银行盖章												

表 5-18

北京市工商企业资金往来专用发票

BEIJING INDUSTRIAL & COMMERCIAL CORPORATION FUND INVOICE

发 票 联

INVOICE

111000555001

No. 00666688

客户名称 Payer 北京欣欣贸易公司　　支票号 Check No. 3301

往来项目 Contact Item	单位 Unit	数量 Quantity	单价 Unit price	金额 Amount 百	十	万	千	百	十	元	角	分	此发票适用范围 The Scope of Application
投资款					3	0	0	0	0	0	0	0	本发票由在本市的工商企业发生除销售商品，提供加工以外的资金往来时使用。如：预收款、借款等。
小写金额合计 Total Amount				¥	3	0	0	0	0	0	0	0	
大写金额 Amount In Words	¢佰叁拾零万零仟零佰零拾零元零角零分												

二、付款方收执

开票单位（盖章）Payee(seal)　　开票人：王瑾 Filler　　2015 年 1 月 2 日 Y M D

表 5-19

北京发展银行现金进账单

对方科目：　　　　　　　　　　　　　　　　　　交款日期：2015年1月2日

收款单位名称	北京大华机电设备有限公司	开户银行 科目账号	北京发展银行 7001201020541-78
款项来源	股东投资		金额

		亿	千	百	十	万	千	百	十	元	角	分
人民币（大写）	肆拾万元整			¥	4	0	0	0	0	0	0	0

	100元	50元	20元	十元	五元	二元	一元	五角	二角	一角	五分	二分	一分	合计金额	收款银行盖章
整把券															
零张券															

会计　　　复核　　　记账　　　收款复核　　　收款员

此外，投入的固定资产—面包车以双方协议价值入账。

会计分录如下：

借：库存现金	400 000	
银行存款	300 000	
固定资产——面包车	300 000	
贷：实收资本——中新公司		300 000
——A 股东（李明）		700 000

企业将收到的现金存银行，会计分录为：

借：银行存款	400 000	
贷：库存现金		400 000

提示

为了便于监督和控制，即便是小规模企业的财务工作也至少设立出纳和会计两个岗位，由不同的人员来专任或兼任。出纳岗位的主要职责包括：办理现金和银行存款的收付款业务；妥善保管现金、空白支票和空白收据；填制记账凭证；登记现金日记账和银行存款日记账等。会计岗位主要职责包括：审核记账凭证；登记账簿；对账、结账；编制会计报表；保管会计凭证、账簿、报表等档案资料；财产清查等。

1. 填制记账凭证

大华公司发生了第一笔正式的业务，公司出纳根据收到的“进账单”等原始凭证填制记帐凭证，如表 5-20、表 5-21、表 5-22、表 5-23 所示。

表 5-20

收 款 凭 证

借方　　　　　　　　　　　　　　　　　　　　　　　　附件 1 张
科目 库存现金　　　　　2015 年 1 月 2 日　　　　　　收字第 1 号

摘要	贷方总账科目	明细科目	记账符号	金额									
				千	百	十	万	千	百	十	元	角	分
收到股东投资	实收资本	李天				4	0	0	0	0	0	0	0
合计					¥	4	0	0	0	0	0	0	0

主管会计（签章）　记账（签章）　审核（签章）　出纳（签章）　制单（签章）

表 5-21

收 款 凭 证

借方　　　　　　　　　　　　　　　　　　　　　　　　附件 1 张
科目 银行存款　　　　　2015 年 1 月 2 日　　　　　　收字第 2 号

摘要	贷方总账科目	明细科目	记账符号	金额									
				千	百	十	万	千	百	十	元	角	分
收到股东投资	实收资本	欣欣公司				3	0	0	0	0	0	0	0
合计						¥	3	0	0	0	0	0	0	0

主管会计（签章）　记账（签章）　审核（签章）　出纳（签章）　制单（签章）

表 5-22

付 款 凭 证

贷方　　　　　　　　　　　　　　　　　　　　　　　　附件　张
科目 库存现金　　　　　2015 年 1 月 2 日　　　　　　付字第 1 号

摘要	借方总账科目	明细科目	记账符号	金额									
				千	百	十	万	千	百	十	元	角	分
现金存入银行	银行存款					4	0	0	0	0	0	0	0
合计					¥	4	0	0	0	0	0	0	0

主管会计（签章）　记账（签章）　审核（签章）　出纳（签章）　制单（签章）

表 5-23

转 账 凭 证

附件　张

2015 年 1 月 2 日　　　　转字第 1 号

摘要	总账科目	明细科目	记账	借方金额										记账	贷方金额									
				千	百	十	万	千	百	十	元	角	分		千	百	十	万	千	百	十	元	角	分
收到股东投资	固定资产	面包车				3	0	0	0	0	0	0	0											
	实收资本	李天															3	0	0	0	0	0	0	0
合计					¥	3	0	0	0	0	0	0	0			¥	3	0	0	0	0	0	0	0

主管会计（签章）　记账（签章）　审核（签章）　出纳（签章）　制单（签章）

2. 审核记账凭证

根据会计的内部牵制原则，出纳填制的凭证由会计负责审核，审核是一项必不可少的重要工作。会计根据记账凭证后附的原始凭证的内容检查记账凭证中的会计分录是否正确，记账凭证上的其他项目是否填写齐全。对填制错误的记账凭证，审核人员可要求制单人员修改。

3. 记账

根据审核后的记账凭证，出纳登记现金日记账和银行存款日记账，如表 5-24、5-25 所示。其他账簿通常由会计登记，如表 5-26、5-27、5-28、5-29、5-30 所示。

表 5-24　现金日记账

2015 年		凭证		摘要	对方科目	收入	支出	方向	结余
月	日	字	号			（借方）	（贷方）		
1	2	收	1	收到投资人投资	实收资本	400 000		借	400 000
1	2	付	1	现金存银行	银行存款		400 000	平	0

提示

登记账簿时，若余额为 0，“方向”栏写“平”。

表 5-25　银行存款日记账

2015 年		凭证		结算单据号	摘要	对方科目	借方	贷方	借或贷	余额
月	日	字	号							
1	2	收	2	3301	收到投资人投资	实收资本	300 000		借	300 000
1	2	付	1		现金存银行	现金	400 000		借	700 000

表 5-26 实收资本明细分类账

二级或明细会计科目：欣欣公司

2015 年		凭证		摘要	借方	贷方	借或贷	余额
月	日	字	号					
1	2	收	2	收到投资人投资		300 000	贷	300 000

表 5-27 实收资本明细分类账

二级或明细会计科目：李天

2015 年		凭证		摘要	借方	贷方	借或贷	余额
月	日	字	号					
1	2	收	1	收到投资人投资		400 000	贷	400 000
1	2	转	1	收到投资人投资		300 000	贷	700 000

表 5-28 总分类账

会计科目：实收资本

2015 年		凭证		摘要	借方	贷方	借或贷	余额
月	日	字	号					
1	2	收	1	收到投资人投资		400000	贷	400000
1	2	收	2	收到投资人投资		300000	贷	700000
1	2	转	1	收到投资人投资		300000	贷	1000000

提示

从形式上看总账和明细账非常接近，而内容并不相同。以“固定资产”为例，总账反映企业各种固定资产的总额，而明细账只反映某项具体的固定资产的金额。在实际工作中，明细账每笔都要登记，而总账通常定期汇总登记以简化核算。

表 5-29 固定资产明细分类账

名称 面包车上海通用别克 GLS 型　计量单位 辆　使用年限 10　折旧率 8%　估计残值 20000

财产编号 Q0001

2015 年		凭证		摘要	借方（增加）		贷方（报废或转出）		借或贷	余额	
月	日	字	号		数量	金额	数量	金额		数量	金额
1	2	转	1	收到投资人投资	1	300000			借		300000

表 5-30　总分类账

会计科目：固定资产

2015 年		凭证		摘要	借方	贷方	借或贷	余额
月	日	字	号					
1	2	转	1	收到投资人投资	300 000		借	300 000

5.2.3　更正错账的方法

在记账过程中，如果账簿记录发生错误，不得任意采用刮、擦、挖补、涂改或使用褪色药水等方法更正，必须根据错误的不同情况，相应地采用正确的错账更正方法。

错账更正的方法主要有划线更正法、红字冲销法、补充登记法三种。

1. 划线更正法

(1) 适用范围。在结账以前，编制的记账凭证没有错误，但发现账簿记录中的文字或数字有笔误或计算错误。

(2) 修改方法。更正时应先将错误的文字或者数字划红线注销，但必须使原有错误的字迹仍可辨认出来，以备查考。然后用蓝字在划线的上端填写正确的文字或者数字，并由记账人员在更正处盖章，以明确责任。对于错误的数字，应当全部划红线更正，不得只更正其中部分错误数字。对于文字错误，可只划去错误的部分。

案例学习

【例 5-4】 记账人员在登账时，将"原材料"账户借方的 21 980 元，误记为 21 890 元。更正方法，应将错误数字 21 890 全部划红线注销，其上端填写正确数字 21 980，并由记账人员在更正处盖章。如表 5-31 所示。

表 5-31　总分类账

账户名称：原材料

2010 年		凭证号	摘要	借方	贷方	借或贷	余额
月	日						
3	1		上年结余			借	345 000
3	31	总字 4 号	1—31 日汇总	21 980 ~~21 890~~ (章)	87 960		
				21 980	87 960	借	279 020

2. 红字冲销法

(1) 适用范围：① 编制的记账凭证的会计科目错误或者方向错误，造成的账簿记录错误；② 编制的记账凭证的会计科目和方向没有错误，只是所记金额大于应记金额，造成的账簿记录错误。

(2) 修改方法。更正时，先用红字金额填制一张内容与原来错误凭证相同的记账凭证，其中摘要栏注明“注销××月××日××号凭证”，并据以用红字金额登记入账，冲销原来的错误记录。然后再用蓝字金额填制一张正确的记账凭证，并据以登记入账。如果原记账凭证中应借、应贷的会计科目无误，但金额有错，所记金额大于应记金额，可将多记金额用红字填写一张与原凭证相同的记账凭证，并据以用红字金额登记入账，冲销多记的金额。

【例 5-5】 企业用支票购买办公用品，共计 500 元。填制记账凭证时，误将“银行存款”科目记为“库存现金”科目，并已登记入账。

借：管理费用——办公用品　　500
　贷：库存现金　　500

发现错误后，先用红字金额填制一张与原错误凭证相同的记账凭证，并用红字金额登记入账，冲销原来的错误记录。

借：管理费用——办公用品　　[500]
　贷：库存现金　　[500]

再用蓝字金额填制一张正确的记账凭证，并用蓝字金额登记入账。

借：管理费用——办公用品　　500
　贷：银行存款　　500

【例 5-6】 从银行提取现金 16 800 元，准备发放工资。根据现金支票编制记账凭证时，金额有误，并已入账。

借：库存现金　　18 600
　贷：银行存款　　18 600

误记金额大于应记金额，差额为 1 800 元。发现错误后，将多记金额 1 800 元用红字填写一张与原凭证相同的记账凭证，并用红字金额登记入账，冲销多记金额。

借：库存现金　　[1 800]
　贷：银行存款　　[1 800]

3. 补充登记法

(1) 适用范围。编制的记账凭证的会计科目和方向没有错误，所记金额小于应记金额，造成账簿记录的错误。

(2) 修改方法。将少记金额用蓝字填制一张与原凭证相同的记账凭证，并用蓝字登记入账，弥补少记的金额。

【例 5-7】 车间领用材料 7 600 元生产 A 产品，记账凭证如下。

借：生产成本——A 产品　　6 700
　贷：原材料　　6 700

误记金额小于应记金额，差额为 900 元。发现错误后，将少记金额 900 元以蓝字填写一张与原凭证相同的记账凭证，并据以登记入账，弥补少记的金额。

借：生产成本——A 产品　　900
　贷：原材料　　900

5.3　期末对账与结账

期末账务处理工作，是会计循环的一个重要环节。对账就是定期或不定期地对各种账簿记录进行核对，以达到账证相符、账账相符、账实相符，保证账簿记录能够为编制会计报表提供真实可靠的数字资料。结账就是把一定时期内（月份、季度、年度）应记入账簿的经济业务全部登记入账后，计算并记录各个账户的本期发生额及期末余额。

5.3.1　对账

在会计工作中，由于种种原因，账簿记录难免发生错记、漏记的情况。因此，为了保证账簿记录的完整和正确，为编制会计报表提供真实可靠的数据资料，在记账之后，结账之前，必须做好对账工作，以保证账证相符、账账相符、账实相符和账表相符。

1. 账证核对

账证核对是指各种账簿记录与记账凭证及其所附原始凭证的核对。核对会计账簿记录与原始凭证、记账凭证的时间、凭证字号、内容、金额是否一致，记账方向是否相符。这种核对主要是在日常编制凭证和记账过程中进行，期末只做抽查。但是在每月终了，如果发现账账不符，还要进行账簿记录与会计凭证的逐项检查核对，查找账账不符的原因。

2. 账账核对

账账核对是指核对各种会计账簿之间的账簿记录是否相符。主要包括以下几个内容。

(1) 总分类账本月借方发生额合计数与贷方发生额合计数，及借方期末余额与贷方期末余额核对相符。实际工作中，这是采用编制试算平衡表的办法进行核对的。

(2) 总分类账期末余额与其所属有关明细分类账各账户期末余额合计数核对相符。

(3) 现金日记账、银行存款日记账的期末余额与有关总分类账户期末余额核对相符。

(4) 会计部门各种财产物资明细分类账期末余额与财产物资保管或使用部门账簿所记录的内容核对相符。

3. 账实核对

账实核对是指核对会计账簿记录与各种财产物资的实存数额是否相符，是通过财产清查进行的。主要包括以下几个内容。

(1) 现金日记账账面余额与现金实际库存数额相核对，这需要每天进行。

(2) 银行存款日记账账面余额与开户银行账目相核对，这是定期进行的，一般每月核对一次。

(3) 各种材料、物资明细分类账面余额与材料、物资实存数额相核对。

(4) 各种应收、应付账款明细分类账账面余额与有关债权、债务单位的账目相核对。

4. 账表核对

账表核对是指核对会计账簿记录与会计报表的有关内容是否相符。

5.3.2　结账

结账是指按照规定把一定时期（月份、季度、年度）内所发生的经济业务登记入账，并将各种账簿结算清楚，计算出每个账户的本期发生额合计数和期末余额，以便进一步根据账簿记录编制会计报表。

从结账工作的角度来看，账簿主要有两类：一类是资产、权益和成本类账簿，这类账簿有本期发生额，也有期末余额；另一类是损益类账簿，这类账簿有本期发生额和结转额，期末结转以后没有余额。

1. 结账的内容和程序

（1）首先将本期内发生的经济业务全部记入有关账簿，然后核对有关账项，以保证账簿记录的完整性、正确性。既不能为赶编会计报表而提前结账，也不能把本期发生的经济业务延至下期登账，更不能先编会计报表而后结账。

（2）将损益类账簿的本期发生额合计数结算出来，并将他们结转到本年利润账簿上，结转之后，损益类账簿上无余额。下一会计期间，重新开设损益类账簿。

（3）结算总分类账和明细分类账中的各项资产、权益等账户的本期发生额合计数和期末余额，并将期末余额结转下期，作为下期的期初余额，继续下一会计期间的业务记录。

2. 结账的方法

年度结账日为公历年度12月31日，半年度、季度、月度结账日分别为公历年度每半年、每季、每月的最后一天。在实际工作中，一般采用“划线结账”的方法进行结账，具体有以下几种方法。

（1）办理月结。应在各账户本月份最后一笔记录下面划一条通栏红线，在红线下结算出本月发生额合计数和月末余额，并在摘要栏内注明“本月合计”“本年累计”字样，然后再在下面划一条通栏红线。

（2）办理年结。应在12月份末月结下数字，结算填列全年12个月的本期发生额合计数，12月份末的“本年累计”就是全年累计发生额，全年累计发生额下面应当划两条通栏红线，表示封账。有余额的账户，在摘要栏内注明“结转下年”字样。下一会计年度，在新账有关账户第一行摘要栏注明“上年结转”字样，并将上年结转余额直接记入新账的余额栏。

提示

年度终了，各会计主体都要结束旧账，更换新账。更换下来的旧账是重要的会计档案，必须按照会计制度统一规定的保存年限妥善保管，不得丢失和任意销毁，以供日后检查、分析和审计。保管期满以后，还要按照规定的审批程序报经批准以后，才能销毁。会计人员必须在年度结束后，将各种活页式、卡片式账簿连同账簿启用和经管人员一览表装订成册，加上封面，统一编号，与各种订本式账簿一起归档保管。

教、学、做一体化训练

一、知识测试

1. 单项选择题

（1）企业将现金存入银行应编制（　　）。

A. 银行收款凭证　　B. 现金收款凭证

C. 银行付款凭证　　D. 现金付款凭证

（2）会计人员审核凭证时发现其金额有差错，应由（　　）。

A. 原制单人员更正　　B. 经办人员更正

C. 会计人员更正　　D. 审批人员更正

(3) 会计凭证装订成册后，应集中管理，并由(　　)。

A. 出纳会计管理　　B. 领导人管理

C. 经办人管理　　D. 专人管理

(4) 记账凭证上记账栏中的“√”表示(　　)。

A. 此凭证编制正确　　B. 已经登记入账

C. 此凭证作废　　D. 不须登记入账

(5) 记账以后，发现凭证、账簿记录会计科目和方向没有错，而只是金额少记，应采用(　　)进行更正。

A. 划线更正法　　B. 补充更正法

C. 红字更正法（全部冲销）　　D. 红字更正法(部分冲销)

2. 多项选择题

(1) 会计凭证的保管应做到(　　)。

A. 定期归档以便查阅　　B. 会计凭证不得外借

C. 由企业自行销毁　　D. 查阅会计凭证应办理借阅手续

(2) 企业购入材料一批，货款已付，材料验收入库，则应编制的全部会计凭证有(　　)。

A. 收料单　　B. 累计凭证

C. 收款凭证　　D. 付款凭证

(3) 登记账簿的要求有(　　)。

A. 账簿书写的文字和数字上面要留适当的空距，一般应占格长的1/2

B. 文字书写清楚，数字大写、小写符合要求

C. 不得用圆珠笔、铅笔书写

D. 各种账簿按页次顺序连续登记，不得跳行或隔页

(4) 企业到银行提取现金2 000元，此项业务应登记(　　)。

A. 现金日记账　　B. 银行存款日记账

C. 总分类账　　D. 明细分类账

E. 备查账

(5) 在会计工作中红色墨水可用于(　　)。

A. 记账　　B. 结账

C. 对账　　D. 冲账

E. 算账

3. 判断题

(1) 一个会计主体可以同时使用通用记账凭证和专用记账凭证。(　　)

(2) 现金日记账每天必须结出余额，并与库存现金实际结存数核对相符。(　　)

(3) 银行存款日记账每天必须结出金额，并与银行对账单核对相符。(　　)

(4) 卡片式账簿的优点是能够避免账页散失，防止不合法地抽换账页。(　　)

(5) 总分类账可采用三栏式账页，而明细分类账则应根据其经济业务的特点采用不同格式的账页。(　　)

二、实务操作

1. 请根据项目四的习题资料，练习日记账、分类账的开立和登记。

2. 根据某自行车经销公司的初创期财务事项，完成当月的会计账务处理，包括账簿的设置、填写记账凭证、登记账簿等，注意练习中错账的更正。(可以暂不考虑有关税费)

(1) 2015 年 12 月 12 日公司发起人史密斯投资 40 万元现金，开办一家名为风轮公司的电动自行车店，将现金存入开户银行账户。

(2) 12 月 13 日银行存款支付店铺租金为 3 万元。

(3) 12 月 15 日在办理了有关公司登记手续后，公司向银行申请一年期借款 10 万元，已获批准。

(4) 12 月 15 日公司从一家制造商处购得 150 辆自行车，开出转帐支票 15 万元，货物次日运到。

(5) 12 月 16 日公司从另一家制造商手中订购价值 12 万元的自行车 100 辆，30 天内付款，货未到。

(6) 12 月 17 日公司购入价值为 1.5 万元的各种商店设备，当即付款 4 000 元，余款 30 天后付请。

(7) 12 月 25 日公司支付业务(5)所欠部分货款 4 万元。

(8) 12 月公司自行车赊销总额为 16 万元，现销自行车总额为 8 万元，所售 150 辆自行车的成本为 15 万元。

(9) 12 月发生雇员工资 1 万元，以现金支付。

(10) 12 月 30 日支付利息 5000 元。

拓展思维

一、课外阅读

财产清查

财产清查，亦称财产检查，是指通过对货币资金、实物资产和往来款项的盘点或核对，确定其实际结存数，并查明实际结存数与账面结存数是否相符的一种专门方法。

经济管理需要客观真实的会计核算资料，而账簿记录是会计核算资料的主要来源。在实际工作中，虽然对会计凭证进行了严格审核、试算平衡和对账，保证了账簿记录的正确和完整，但账簿记录的正确性并不能保证核算资料的客观真实性。因为记账工作与货币资金及实物资产等的保管工作是分开进行的，可能会出现账簿登记的结存数与实存数不相符的现象。例如，由于财产物资在保管过程中，会发生自然损耗；由于非常事故、自然灾害(水灾、火灾、风灾等)造成的非常损失；在财产物资管理工作中，由于收发手续不严、计量检验不准确等，发生错收、错付或在账簿中漏记、重记和错记等情况；由于管理不善造成财产物资损坏、变质或短缺；由于不法分子营私舞弊、贪污盗窃而发生的财产数量和质量上的损失；由于记账时间不同形成未达账项而造成账目不符等。另外，还存在所谓的“隐性账实不符”。例如，由于企业经营管理不善和企业外部环境的变化，尤其是市场供求变化，会造成某些产品物资虽然账实数量相符，但其实际价值已经发生了变化(如积压、变质、滞销产品等)，即其价值有的可能已低于其账面成本价值；有些债权、债务长期没有解决，而成为呆账甚至坏账。综上所述，无论哪一种情况所造成的账实不符，都要通过财产清查发现问题，并进行调整，所以加强财产清查对于保护企业财产的安全、完整，加速资金周转等具有重要意义。

财产清查是一项涉及面广、工作量大、复杂而又细致的工作。企业的财产清查工作不仅是会计部门的一项重要工作，而且还涉及财产物资保管部门、生产部门、其他各职能部门以及个人的管理职责。为了保证财产清查的质量，达到财产清查的目的，各有关部门应该主动、积极配合，并按科学合理的程序组织进行。财产清查一般包括准备阶段、清查阶段和总结阶段。

1. 准备阶段

在清查前，尤其是全面清查前，要严格按照以下步骤做好清查的各项准备工作。

(1) 成立清查小组。

根据清查的目的、种类、对象和范围，成立专门的财产清查小组，负责财产清查的组织和实施。通常清查小组的成员应包括单位有关负责人、会计人员以及与清查内容相关的职能部门的主管人员、技术人员、保管人员、内部审计人员和职工代表等。

(2) 制订清查计划。

清查小组应根据财产清查的目的和要求，拟订财产清查计划，包括财产清查的对象范围、时间进度以及解决清查中出现问题的原则、方法等，明确清查人员的具体分工和职责。

(3) 清查前的业务准备。

① 账簿记录准备。有关财务会计人员应该在财产清查前，把发生的各项经济业务全部登记入账，将有关账目结算清楚，并进行账簿记录与凭证记录、总账与明细账之间的核对，做到账证相符、账账相符，为清查工作提供可靠的会计数据资料。银行存款和往来款项等，也应在清查前准备好对账单。

② 实物整理准备。财产物资保管部门和有关人员应在截止清查日前，将发生的各项财产物资的收、发业务填好凭证手续，登记入账，结出余额。并将准备清查的各项财产物资整理清楚，按类别摆放整齐，标明编号、品种、规格及结存数量，以便进行实地盘点清查。

③ 计量工具的准备。清查前应准备好各种必要的计量器具，并校对准确。清查人员要准备好清查盘点所需要的表册、单据、文具等，以便清查时使用。

2. 清查阶段

财产清查的重要环节是盘点财产物资的实存数量。为明确责任，在财产清查过程中，实物保管人员、出纳人员、往来账户经管人员以及内部审计人员均应在场并参加盘点工作，清查人员要做好盘存记录，在盘存单中详细说明各项财产物资的编号、名称、规格、计量单位、数量、单价、金额等，并由盘点人员和实物保管人员分别签字盖章。

对于不能进行盘点清查的，清查人员要做好核对或查询工作。

3. 总结阶段

盘点清查完毕，会计部门应根据盘存单上所列物资的实际结存数与账面结存记录进行核对。若发现某些财产物资账实不符时，应填制“实存账存对比表”，确定财产物资盘盈或盘亏的数额，调整账面记录，并分析盈亏原因，明确经济责任，总结经验教训，以便在以后的工作中建立健全有关财产管理制度。

二、课后思考题

1. 记账凭证如何分类？如何填制？
2. 账簿的种类、基本内容和登记方法是什么？
3. 错账的更正方法有哪几种？其适用范围是什么？
4. 联系企业实际，试述对账的内容和方法。
5. 阐述结账的主要会计处理事项。

总结评价

一、本章总结

会计凭证简称凭证，是记录经济业务的发生和完成情况，明确经济责任的书面证明，是登记账簿的依据。通常按填制程序和用途的不同分为原始凭证和记账凭证两大类。

记账凭证是会计人员根据审核无误的原始凭证，按照经济业务的内容加以归类，并确定会计分录后所填制的会计凭证，是登记会计账簿的直接依据。按照记账凭证的使用范围不同，分为专用记账凭证和通用记账凭证。模拟企业经济业务事项，反复练习记账凭证的填制和审核。

会计凭证的保管是指会计凭证登记账簿后的整理、装订和归档存查的工作。

会计账簿是按会计科目开设，以会计凭证为依据，由一定格式和相互联系的账页所组成，用来序时地、分类地、连续地记录和反映各项经济业务的簿籍。账簿按用途不同，可分为序时账簿、分类账簿、备查账簿，按账页格式不同可分为三栏式账簿、多栏式账簿、数量金额式账簿。模拟企业经济业务事项，反复练习账簿的设置、登账、对账和结账，并注意采用正确的错账更正方法。

二、自我评价

评价项目	评价内容	备注
本章重点		
本章难点		
我的问题		

项目六

企业经济业务活动的报告

——会计报表

学习目标

◎ 了解财务会计报告,熟悉财务报告体系。
◎ 理解会计报表的作用、内容。
◎ 掌握资产负债表、利润表的编制方法。
◎ 能够进行简单财务分析。

案例导入

退休不久的老张最近遇上了一件令他伤心和困惑的事。伤心的是,他年初所投资的福田公司,居然在不到一年的时间内要破产了!困惑的是,赚钱的公司也会破产?投资前,他曾查阅了该公司的利润表,账上还有280 000元的销售收入,净利润达24 000元,资产负债表显示该公司应收账款与存货增加,厂房设备也增加,数据显示的结果似乎十分良好。不解之余,他找到一位在会计师事务所执业的朋友郑经理咨询。郑经理让他找一张公司的现金流量表来,分析结果是,资产负债表、利润表的编制基础是权责发生制,投资人还应关注企业现金流量表中反映的实际现金流量情况。企业的正常运作需要现金流支持,这个环节出现问题,会导致企业无法持续经营。

福田公司现金流量表摘要

单位:元

项　　目	金　　额
经营活动产生的现金流量	
净利润	24 000
调整项目:应收账款增加	−48 000
存货增加	−40 000
折旧增加	44 000
经营活动产生的现金流量净额	−20 000

续表

项　　目	金　　额
投资活动产生的现金流量	
购买设备	−100 000
投资活动产生的现金流量净额	−100 000
筹资活动产生的现金流量	
短期借款	100 000
筹资活动产生的现金流量净额	100 000
现金净增加额	−20 000

知识讲解

6.1　商业语言——财务会计报告

6.1.1　什么是财务会计报告

财务会计报告是指单位会计部门根据经过审核的会计账簿记录和有关资料，编制并对外提供的反映单位某一特定日期财务状况和某一会计期间经营成果、现金流量及所有者权益等会计信息的总结性书面文件。

《会计法》第二十条第二款规定："财务会计报告由会计报表、会计报表附注和财务情况说明书组成。"

1. 会计报表

会计报表是指企业以一定的会计方法和程序由会计账簿的数据整理得出，以表格的形式反映企业财务状况、经营成果和现金流量的书面文件，是财务会计报告的主体和核心。企业会计报表按其反应的内容不同，分为资产负债表、利润表、现金流量表、所有者权益(股东权益)变动表以及相关附表。其中，相关附表是反映企业财务状况、经营成果和现金流量的补充报表，主要包括利润分配表以及国家统一会计制度规定的其他附表。

2. 会计报表附注

会计报表附注是为便于会计报表使用者理解会计报表的内容而对会计报表的编制基础、编制依据、编制原则和方法以及主要项目等所作的解释。会计报表附注是财务会计报告的一个重要组成部分，它有利于增进会计信息的可理解性，提高会计信息可比性和突出重要的会计信息。

3. 财务情况说明书

财务情况说明书是企业对自身的财务状况和经营成果进行分析、总结、评价后写成的书面文字报告，也是财务会计报告的重要组成部分。阅读会计报表和会计报表附注后，应仔细阅读财务情况说明书，可以帮助报表使用者对企业的情况有更全面、更深刻的理解，客观地评价企业经营管理者的业绩。根据《企业财务报告条例》的规定，财务情况说明书一般应包括如下内容：

(1) 企业生产经营的基本情况；

(2) 利润实现和分配情况；

(3) 资金增减和周转情况；

(4) 对企业财务情况、经营成果和现金流量有重大影响的其他事项。

6.1.2 财务会计报告的作用

会计最主要的作用就是提供决策信息，而财务会计报告是企业对外提供的会计信息的核心部分，它既服务于企业内部的管理者，又服务于企业外部与企业利益相关的各个方面。

(1) 对企业本身来说，财务会计报告信息有助于帮助企业领导和管理人员分析、检查企业的经营活动是否符合制度规定，有助于考察企业资金、成本、效益等计划指标完成程度，有助于分析、评价经营管理中的成绩和不足，以便及时采取措施，提高经济效益，有助于运用财务会计报告的资料和其他资料进行分析，为编制下期计划提供依据。

(2) 对投资人来说，企业的投资者作为企业风险资本的提供者，是企业外部最主要的会计信息使用者。财务会计报告信息将作为投资者判断投资风险和投资报酬，确定投资方向，考量经营管理者受托责任履职情况，决定企业的人事安排与待遇等方面的重要依据之一。

(3) 对于债权人和其他利益相关者来说，财务会计报告信息有助于银行等机构部门考查企业流动资金的使用情况，分析企业银行借款的物资保证程度，研究企业资金的正常需要量，了解银行借款的归还以及信贷纪律的执行情况，充分发挥银行的经济监督和经济杠杆作用。

(4) 对财政、税收、审计部门来说，财务会计报告信息有助于财税部门了解企业资金筹集和运用是否合理，检查企业税收、利润计划的完成与解缴情况，以及有无违反税法和财经纪律的现象，以更好地发挥财政、税收的监督职能，有助于审计部门了解企业财务状况和经营情况及财经政策、法令和纪律执行情况，从而为进行财务审计和经济效益审计提供必要的资料。

(5) 对于行业主管部门来说，财务会计报告信息有助于其考核所属单位的经营业绩以及各项经济政策贯彻执行情况，并通过所属单位同期指标的对比分析，总结成绩、推广先进经验。对所发现问题，分析原因，采取措施，克服薄弱环节。在一定范围内反映国民经济计划执行情况，为国家宏观管理提供依据。

6.1.3 会计报表的种类

企业的会计报表按照其服务对象、报表的编制时间、编制单位等可分为以下几种类型。

1. 会计报表按其服务对象，可分为外部报表和内部报表两大类

外部报表是企业向外部的会计信息使用者报告经济活动和财务收支情况的会计报表，如资产负债表、利润表、现金流量表和所有者权益变动表。这类报表一般有统一的格式和编

制要求。内部报表是用来反映经济活动和财务收支的具体情况，为管理者进行决策提供信息的会计报表。这类报表无规定的格式和种类。

2. 会计报表按其编制的时间，可分为年报和中期报表

年报是年度终了以后编制的，全面反映企业财务状况、经营成果及其分配、现金流量等方面的报表。中期报表是指短于一年的会计期间编制的会计报表，如半年末报表、季报、月报。半年末报表是指每个会计年度的前六个月结束后对外提供的财务会计报告。季报是季度终了以后编制的报表，种类比年报少一些。月报是月终编制的会计报表，只包括一些主要的报表，如资产负债表、利润表等。

3 会计报表按其编制单位，可分为单位会计报表、汇总会计报表和合并会计报表。

单位会计报表是由独立核算的会计主体编制的，用以反映某一会计主体的财务状况、经营成果的会计报表。汇总会计报表是由上级主管部门、专业公司根据基层所属企业编制的报表加以汇总编制的报表，汇总编制时还包括主管部门、专业公司本身的业务。合并会计报表是控股公司把其本身与其附属公司看作是一个统一的经济实体，用一套会计报表来反映其拥有或控制的所有资产和负债，以及其控制范围内的经营成果的会计报表。合并会计报表反映的是控股公司与其附属公司共同的财务状况和经营成果。

6.1.4 会计报表编制的基本要求

1. 以持续经营为基础编制会计报表

企业应当以持续经营为基础，根据实际发生的交易和事项，按照《企业会计准则——基本准则》和其他各项会计准则的规定进行确认和计量，在此基础上编制会计报表。

提示

管理层应对是否能够持续经营进行评估，若某些重大不确定因素可能导致对主体持续经营产生严重怀疑时，应对不确定因素充分披露。但企业不能以附注披露代替确认和计量。以持续经营为基础编制会计报表不再合理的，企业应当采用其他基础编制会计报表，并在附注中披露这一事实。企业在当期已经决定或正式决定下一个会计期间进行清算或停止营业，表明其处于非持续经营状态，应当采用其他基础编制会计报表，如破产企业的资产应当采用可变现净值计量等，并在附注中声明会计报表未以持续经营为基础列报，披露未以持续经营为基础的原因以及会计报表的编制基础。

2. 会计报表列报应保证一致性

列报一致性要求会计报表中的列报和分类应在各期间之间保持一致。除非准则要求改变，或主体的经营性质发生重大变化，改变后的列报能够提供更可靠的，且对财务报告使用者更相关的信息，同时不损害可比信息。

3. 重要性项目应单独列报

重要性是指如果项目的省略或误报会单独或共同影响内外部使用者做出的经济决策，则该项目是重要的。重要性应当根据企业所处环境，从项目的性质和金额大小两方面加以判断。其中，项目的性质应当考虑该项目是否属于企业日常活动、是否对企业的财务状况和经营成果具有较大影响等因素，项目金额大小的重要性，应当通过单项金额占资产总额、负债总额、所有者权益总额、营业收入总额、净利润等直接相关项目金额的比重加以确定。

企业会计准则规定，性质或功能类似的项目，其所属类别具有重要性的，应当按其类别在会计报表中单独列报；性质或功能不同的项目，应当在会计报表中单独列报，但不具有重要性的项目除外。

4. 会计报表项目金额抵销的界定

会计报表中的资产项目和负债项目的金额、收入项目和费用项目的金额不得相互抵销，单独列报资产和负债、收益和费用以便使用者更易理解已发生的交易、其他事项的情况，以及评估主体未来的现金流量。

资产项目按扣除减值准备后的净额列示，不属于抵销。如存货跌价准备与存货项目、应收账款计提的坏账准备与应收账款项目按抵减后的余额列报，不属于抵销。

非日常活动产生的损益，以收入扣减费用后的净额列示，不属于抵销。如非流动资产处置产生的利得与损失，按处置收入扣除该资产账面金额与相关销售费用后的余额列报，不属于抵销。若这些利得与损失是重要的，则应单独列报。

5. 会计报表中应列报所有项目金额的前期比较信息

当期会计报表的列报，至少应当提供所有列报项目上一个会计期间的比较数据，以及与理解当期会计报表相关的说明，其他会计准则另有规定的除外。

会计报表项目的列报发生变更的，应当对上期比较数据按照当期的列报要求进行调整，并在附注中披露调整的原因和性质，以及调整的各项目金额。对上期比较数据进行调整不切实可行（不切实可行，是指企业在做出所有合理努力后仍然无法采用某项规定）的，应当在附注中披露不能调整的原因。

6. 会计报表披露的要求

企业至少应当按年编制会计报表。会计报表涵盖的期间短于一年的，应当披露报表的涵盖期间，以及短于一年的原因。企业应当在会计报表的显著位置至少披露下列各项：① 编报企业的名称；② 资产负债表日或会计报表涵盖的会计期间；③ 人民币金额单位；④ 是合并会计报表的，应当予以标明。

6.2 会计报表的阅读

企业会计报表主要包括资产负债表、利润表、现金流量表和所有者权益变动表。

6.2.1 资产负债表

1. 资产负债表的含义

资产负债表（Balance Sheet）亦称财务状况表，是表示企业在某一特定日期（通常为各会计期末)财务状况的主要会计报表。资产负债表利用“资产＝负债＋所有者权益”会计平衡原则,依照一定的分类标准和次序,将某一特定日期的资产、负债、所有者权益的具体项目分为“资产”和“负债及所有者权益”两大区块,以特定日期的静态企业情况为基准,在经过填制审核会计凭证、登记账簿、期末对账结账等会计程序后,将反映企业财务状况的静态信息浓缩在一张报表上。

就程序而言,资产负债表为簿记记账程序的末端,是集合了登录分录、过账及试算调整后的最后结果与体现。就性质而言,资产负债表则是表现企业资产、负债与所有者权益的对比关系,确切地反映企业某一时点的营运状况。

2. 资产负债表的作用

(1) 反映企业资产的构成及其状况,分析企业在某一日期所拥有的经济资源及其分布情况。资产代表企业的经济资源,是企业经营的基础,资产总量的高低在一定程度上可以说明企业经营规模和盈利基础的大小。企业资产的分布即资产结构,可以反映其生产经营过程的特点,有利于报表使用者进一步分析企业生产经营的稳定性。

(2) 反映企业某一日期的负债总额及其结构,分析企业目前与未来需要支付的债务数额。负债总额表示企业承担的债务的多少,负债和所有者权益的比重反映了企业的财务安全程度。负债结构反映了企业偿还负债的紧迫性和偿债压力的大小。

(3) 反映企业所有者权益的情况,了解企业现有投资者在企业投资总额中所占的份额。实收资本和留存收益是所有者权益的重要内容,反映了企业投资者对企业的初始投入和资本累计的多少,也反映了企业的资本结构和财务实力,有助于报表使用者分析、预测企业生产经营安全程度和抗风险的能力。

3. 资产负债表的结构和内容

就报表基本组成而言,资产负债表充分体现了会计恒等式“资产金额总计＝负债金额合计＋股东权益金额合计”。资产负债表主要包含了报表左边算式的资产部分与右边算式的负债及股东权益部分。而作业前端,如果完全依照会计原则记载,并经由正确的会计核算程序后,必然会使资产负债表的左右两边算式的总金额完全相同。

资产负债表一般有表首、正表两部分。其中,表首概括地说明报表名称、编制单位、编制日期、报表编号、货币名称、计量单位等。正表是资产负债表的主体,列示了用以说明企业财务状况的各个项目。

资产负债表正表的格式一般有两种,即报告式资产负债表和账户式资产负债表。报告式资产负债表是上下结构,上半部列示资产,下半部列示负债和所有者权益。具体排列形式又有两种:一种是按“资产＝负债＋所有者权益”的原理排列,另一种是按“资产－负债＝所有者权益”的原理排列。账户式资产负债表是左右结构,左边列示资产,右边列示负债和所有者权益。不管采取什么格式,“资产各项目的合计等于负债和所有者权益各项目的合计”这一等式不变。

企业会计准则规定资产负债表采用账户式,每个项目通常又分列“期末余额”和“期初余额”两栏,具体格式如表 6-1 所示。

表 6-1 资产负债表

资产	行次	期末余额	期初余额	负债和所有者权益（或股东权益）	行次	期末余额	期初余额
流动资产：	1			流动负债：	36		
货币资金	2			短期借款	37		
交易性金融资产	3			交易性金融负债	38		
应收票据	4			应付票据	39		
应收账款	5			应付账款	40		
预付账款	6			预收账款	41		
应收股利	7			应付职工薪酬	42		
应收利息	8			应交税费	43		
其他应收款	9			应付利息	44		
存币	10			应付股利	45		
其中：消耗性生物资产	11			其他应付款	46		
待摊费用	12			预提费用	47		
一年内到期的非流动资产	13			预计负债	48		
其他流动资产	14			一年内到期的非流动负债	49		
流动资产合计	15			其他流动负债	50		
非流动资产：	16			流动负债：	51		
可供出售金融资产	17			非流动负债：	52		
持有至到期投资	18			长期借款	53		
投资性房地产	19			应付债券	54		
长期股权投资	20			长期应付款	55		
长期应收款	21			专项应付款	56		
固定资产	22			递延所得税负债	57		
在建工程	23			其他非流动负债	58		
工程物资	24			非流动负债合计	59		
固定资产清理	25			负债合计	60		
生产性生物资产	26			所有者权益（或股东权益）：	61		
油气资产	27			实收资本（或股本）	62		
无形资产	28			资本公积	63		
开发支出	29			盈余公积	64		
商誉	30			未分配利润	65		
长摊待摊费用	31			减：库存股	66		
递延所得税费用	32			所有者权益（或股东权益）合计	67		
其他非流动资产	33				68		
非流动资产合计	34				69		
资产合计	35			负债和所有者（或股东权益）合计	70		

案例学习

【例 6-1】 请阅读某药业公司 2015 年 12 月 31 日的资产负债表，如表 6-2 所示。

表 6-2　资产负债表

编制单位：某药业股份有限公司　　2015 年 12 月 31 日　　单位：人民币元

项　　目	期末余额	年初余额
流动资产：		
货币资金	975 922 727.59	933 831 382.64
结算备付金		
拆出资金		
交易性金融资产	29 614 882.99	157 594 977.98
应收票据	301 096 291.99	351 999 168.06
应收账款	338 012 248.96	260 668 021.98
预付款项	53 852 988.79	36 540 328.13
应收保费		
应收分保账款		
应收分保合同准备金		
应收利息		
应收股利		
其他应收款	13 572 701.33	7 113 829.05
买入返售金融资产		
存货	378 140 507.20	387 496 650.35
一年内到期的非流动资产	1 200 000.00	
其他流动资产	15 057 325.21	26 263 290.61
流动资产合计	2 006 469 674.06	21 615 074 648.80
非流动资产：		
发放委托贷款及垫款		
可供出售金融资产	3 887 000.00	3 920 800.00
持有至到期投资		
长期应收款		
长期股权投资	72 339 454.94	72 443 125.13
投资性房地产	3 511 598.74	3 823 486.04
固定资产	696 818 785.66	489 789 039.16
在建工程	234 814 375.67	96 801 307.08
工程物资		
固定资产清理		
生产性生物资产	11 434 374.09	12 031 229.14
油气资产		
无形资产	103 565 274.51	66 522 467.36
开发支出		
商誉	42 883 922.76	18 045 830.93
长期待摊费用	1 599 357.27	2 220 898.72
递延所得税资产	17 360 386.71	27 170 757.98
其他非流动资产	4 200 000.00	4 000 000.00
非流动资产合计	1 192 414 530.35	796 768 941.51
资产总计	3 198 884 204.41	2 958 276 590.31
流动负债：		

续表

项　　目	期末余额	年初余额
短期借款	102 000 000.00	100 000 000.00
向中央银行借款		
吸收存款及同业存放		
拆入资金		
交易性金融负债		
应付票据	6 000 000.00	10 000 000.00
应付账款	252 178 343.85	191 513 110.08
预收款项	19 358 099.71	32 839 600.42
卖出回购金融资产款		
应付手续费及佣金		
应付职工薪酬	84 568 429.08	87 599 587.39
应交税费	29 535 029.74	73 717 188.55
应付利息	184 066.67	196 800.00
应付股利	119 062.65	11 274 571.33
其他应付款	204 056 709.51	108 157 863.10
应付分保账款		
保险合同准备金		
代理买卖证券款		
代理承销证券款		
一年内到期的非流动负债	1 493 074.77	
其他流动负债		
流动负债合计	699 492 815.98	615 298 720.87
非流动负债：		
长期借款	14 184 206.76	15 715 692.18
应付债券		
长期应付款		
专项应付款	4 935 300.00	2 000 000.00
预计负债		
递延所得税负债	14 506 782.74	
其他非流动负债		
非流动负债合计	33 626 289.50	17 715 692.18
负债合计	733 119 105.48	633 014 413.05
所有者权益(或股东权益)：		
实收资本(或股本)	504 000 000.00	504 000 000.00
资本公积	472 354 820.26	472 386 896.46
减:库存股		
专项储备		
盈余公积	281 602 429.21	273 291 008.55
一般风险准备		
未分配利润	864 373 038.42	804 728 064.45
外币报表折算差额		
归属于母公司所有者权益合计	2 122 330 287.89	2 054 406 049.46
少数股东权益	343 434 811.04	270 856 127.80
所有者权益合计	2 465 765 098.93	2 325 262 177.26
负债和所有者权益总计	3 198 884 204.41	2 958 276 590.31

该药业公司，2012年年底资产总额增加了240 607 614.09元，负债总额了100 104 692.43元，所有者权益增加了140 502 921.67元，资产规模扩大，资金实力有所增强，企业产能有较大提升。要特别关注的是固定资产、在建工程项目的具体情况。

6.2.2　利润表

1. 利润表的含义

利润表是反映企业一定会计期间（如月度、季度、半年度或年度）生产经营成果的会计报表。企业在一定会计期间的经营成果既可能表现为盈利，也可能表现为亏损，因此，利润表也被称为损益表。它全面揭示了企业在某一特定时期实现的各种收入、发生的各种费用、成本或支出，以及企业实现的利润或发生的亏损情况。

利润表是根据“收入－费用＝利润”的基本关系来编制的，利润表项目是收入、费用和利润等会计要素内容的具体体现。从反映企业经营资金运动的角度看，利润表主要提供有关企业经营成果方面的信息，属于动态会计报表。

2. 利润表的作用

(1) 利润表能够表明企业生产经营的成果。利润表通过把企业在某一特定期间内的收入、成本和费用情况加以配比，可以全面反映企业生产经营的收益情况，表明企业的投入—产出比例关系，确定企业是取得盈利还是发生亏损。

(2) 利润表是考核企业计划完成情况的重要依据。企业的利润是各项生产经营活动的收益与耗费的集中表现，企业的各项生产经营活动无不发生收益和费用，无不通过收益与费用的比较表现出来。利润是反映企业生产经营情况的综合性指标。利润表通过反映企业生产经营成果的情况，能够为全面考核企业生产经营计划的完成情况提供依据。

(3) 利润表是分析和预测企业收益能力的重要资料。利润表所提供的企业营业利润、投资收益和营业外收支等企业损益的详细情况，是进行财务分析的重要资料。有关方面通过分析前后期的营业利润的增减变化、投资净收益的增减变化和营业外收支的变动情况，可以分析和测定企业损益的发展变化趋势，预测企业未来的盈利能力。

3. 利润表的结构和内容

我国现行利润表的基本内容包括营业收入、营业成本、营业税金及附加、其他业务利润、营业费用、管理费用、财务费用、营业利润、投资收益、补贴收入、营业外收入、营业外支出、利润总额、所得税、净利润。至于净利润的分配，则另编制利润分配表予以揭示。

提示

国际会计准则委员会在《国际会计准则5——财务报表应提供的资料》中规定，收益表“应说明下列资料：销售收入或其他营业收入、折旧、利息收益、投资收益、利息费用、所得税、非常支出、非常收益、公司间重要交易、净收益”。西方会计实务中，收益表报告的净收益，是扣除所得税后的净收益（相当于我国的净利润即税后利润）。至于净收益的分配，则另编制留存收益分配表予以揭示。

利润表一般有表首、正表两个部分。其中表首说明报表名称、编制单位、编制日期、报表编号、货币名称、计量单位等；正表是利润表的主体，反映形成经营成果的各个项目和计算过程。

利润表正表的格式一般有两种，即单步式利润表和多步式利润表。单步式利润表是将当期所有的收入列在一起，然后将所有的费用列在一起，两者相减得出当期净损益。多步式利润表是通过对当期的收入、费用、支出项目按性质加以归类，按利润形成的主要环节列示一些中间性利润指标，如营业利润、利润总额、净利润，分步计算当期净损益。

在我国，利润表采用多步式，每个项目通常又分为“本月数”和“本年累计数”两栏。“本月数”栏反映各项目的本月实际发生数，“本年累计数”栏反映各项目自年初起至报告期末止的累计实际发生数。

在编报中期和年度财务会计报告时，将“本月数”栏改成“上年数”栏。在编报中期财务会计报告时，填列上年同期累计实际发生数；在编报年度财务会计报告时，填列上年全年累计实际发生数。如果上年度利润表与本年度利润表的项目名称和内容不相一致，则按编报当年的口径对上年度利润表项目的名称和数字进行调整，填入本表“上年数”栏（如表6-3所示）。

表6-3　利润表

企业02表

编制单位：　　　　　　　　　　　　　　　　单位：元

项目	行次	本年金额	上年金额
一、营业收入			
减：营业成本			
营业税费			
销售费用			
管理费用			
财务费用（收益以“—”号填更）			
资产减值损失			
加：公允价值变动净收益（净损失以“—”号填列）			
投资净收益（净损失以“—”号填列）			
二、营业利润（亏损以“—”号填列）			
加：营业外收入			
减：营业外支出			
其中：非流动资产处置净损失（净收益以“—”号填列）			
三、利润总额（亏损总额以“—”号填列）			
减：所得税			
四、净利润（净亏损以“—”号填列）			
五、每股权益			
（一）基本每股收益		*	
（二）稀释每股收益		*	

多步式利润表主要分四步计算企业的利润（或亏损）：第一步，以主营业务收入为基础，减去主营业务成本和主营业务税金及附加，计算主营业务利润；第二步，以主营业务利润为基础，加上其他业务利润，减去营业费用、管理费用、财务费用，计算出营业利润；第三步，以营业利润为基础，加上投资净收益、补贴收入、营业外收入，减去营业外支出，计算出利润总额；第四步，以利润总额为基础，减去所得税，计算净利润（或净亏损）。

案例学习

【例 6-2】 请阅读某药业股份有限公司 2015 年 12 月的利润表，如表 6-4 所示。

表 6-4 利润表

编制单位：某药业股份有限公司　　2015 年 12 月　　单位：元

项　　目	本期金额	上期金额
一、营业总收入	2 304 934 220.75	2 257 022 777.82
其中：营业收入	2 304 934 220.75	2 257 022 777.82
利息收入		
已赚保费		
手续费及佣金收入		
二、营业总成本	2 107 630 234.31	1 980 340 237.60
其中：营业成本	1 753 179 695.88	1 691 926 613.58
利息支出		
手续费及佣金支出		
退保金		
赔付支出净额		
提取保险合同准备金净额		
保单红利支出		
分保费用		
营业税金及附加	10 999 766.20	11 202 826.67
销售费用	127 388 659.53	109 295 816.71
管理费用	221 173 084.34	184 161 369.80
财务费用	－3 891 941.26	－6 499 018.06
资产减值损失	－1 219 030.38	－9 747 371.10
加：公允价值变动收益(损失以“－”号填列)	30 806 676.30	－29 692 783.13
投资收益(损失以“－”号填列)	－10 087 718.05	14 978 641.30
其中：对联营企业和合营企业的投资收益	3 851 831.15	4 364 010.17
汇兑收益(损失以“－”号填列)		
三、营业利润(亏损以“－”号填列)	218 022 944.69	261 968 398.39
加：营业外收入	19 356 000.76	4 715 463.68
减：营业外支出	13 531 449.68	6 429 962.49
其中：非流动资产处置损失	2 770 937.46	1 820 913.22
四、利润总额(亏损总额以“－”号填列)	223 847 495.77	260 253 899.58
减：所得税费用	44 588 056.71	49 633 967.29
五、净利润(净亏损以“－”号填列)	179 259 439.06	210 619 932.29
其中：被合并方在合并前实现的净利润		
归属于母公司所有者的净利润	143 556 314.63	165 201 943.12
少数股东损益	35 703 124.43	45 417 989.17
六、每股收益：		
(一) 基本每股收益	0.28	0.33
(二) 稀释每股收益	0.28	0.33
七、其他综合收益	－33 800.00	－278 850.00
八、综合收益总额	179 225 639.06	210 341 082.29
归属于母公司所有者的综合收益总额	143 524 238.43	164 937 314.47
归属于少数股东的综合收益总额	35 701 400.63	45 403 767.82

该公司营业收入增加了47 911 442.93元，但净利润水平同期下降了31 360 493.23元，主要原因在于如何控制好销售费用、管理费用，另外投资损失也影响到当年利润水平。

6.2.3　现金流量表

现金流量表是反映一定时期内（如月度、季度或年度）企业经营活动、投资活动和筹资活动对其现金及现金等价物所产生影响的财务报表，是反映一家公司在一定时期现金流入和现金流出动态状况的报表。作为一个分析的工具，现金流量表从公司的经营、投资和融资角度进行分析，表明公司短期生存能力，特别是缴付账单的能力。现金流量表对于评价企业的实现利润、财务状况及财务管理水平，要比传统的损益表提供更好的基础。具体格式如表6-5所示。

表6-5　现金流量表

企业03表

编制单位：　　　　年度　　　　单位：元

项目	行次	本年金额	上年金额
一、经营活动产生的现金流量：	1		
销售商品、提供劳务收到的现金	2		
收到的税费返还	3		
收到其他与经营活动的关的现金	4		
经营活动现金流入小计	5		
购买商品、接受劳务支付的现金	6		
支付给职工以及为职工支付的现金	7		
支付的各项税费	8		
支付其他与经营活动有关的现金	9		
经营活动现金流出小计	10		
经营活动产生的现金流量净额	11		
二、投资活动产生的现金流量：	12		
收回投资收到的现金	13		
取得投资收闪益收到的现金	14		
处置固定资产、无形资产和其他长期资产收回的现金净额	15		
处置子公司及其他营业单位收到的现金净额	16		
收到其他与投资活动有关的现金	17		
投资活动现金流入小计	18		
购建固定资产、无形资产和其他长期资产支付的现金	19		
投资支付的现金	20		
取得子公司及其他营业单位支付的现金净额	21		
支付其他与投资活动有关的现金	22		
投资活动现金流出小计	23		
投资活动产生的现金流量净额	24		
三、筹资活动产生的现金流量：	25		

续表

项目	行次	本年金额	上年金额
吸收投资收到的现金	26		
取得借款收到的现金	27		
收到其他与筹资活动有关的现金	28		
筹资活动现金流入小计	29		
偿还债务支付的现金	30		
分配股利、利润或偿付利息支付的现金	31		
支付其他与筹资活动有关的现金	32		
筹资活动现金流出小计	33		
筹资活动产生的现金流量净额	34		
四、汇率变动对现金的影响	35		
五、现金及现金等价物净增加额	36		
期初现金及现金等价物余额	37		
期末现金及现金等价物余额	38		

案例学习

【例 6-3】 请阅读某药业股份有限公司 2015 年 12 月的现金流量表，如表 6-6 所示。

表 6-6　现金流量表

编制单位：某药业股份有限公司　　　　2015 年度　　　　单位：　元

项目	本期金额	上期金额
一、经营活动产生的现金流量：		
销售商品、提供劳务收到的现金	2 112 203 276.91	2 041 459 800.74
客户存款和同业存放款项净增加额		
向中央银行借款净增加额		
向其他金融机构拆入资金净增加额		
收到原保险合同保费取得的现金		
收到再保险业务现金净额		
保户储金及投资款净增加额		
处置交易性金融资产净增加额		
收取利息、手续费及佣金的现金		
拆入资金净增加额		
回购业务资金净增加额		
收到的税费返还		3 339 730.96
收到其他与经营活动有关的现金	24 487 872.20	29 619 635.91

续表

项目	本期金额	上期金额
经营活动现金流入小计	2 136 691 149.11	2 074 419 167.61
购买商品、接受劳务支付的现金	1 182 290 435.81	1 336 762 022.39
客户贷款及垫款净增加额		
存放中央银行和同业款项净增加额		
支付原保险合同赔付款项的现金		
支付利息、手续费及佣金的现金		
支付保单红利的现金		
支付给职工以及为职工支付的现金	362 802 488.05	282 484 578.62
支付的各项税费	185 745 519.86	132 478 230.43
支付其他与经营活动有关的现金	173 735 778.55	149 872 156.98
经营活动现金流出小计	1 904 574 222.27	1 901 596 988.42
经营活动产生的现金流量净额	232 116 926.84	172 822 179.19
二、投资活动产生的现金流量:		
收回投资收到的现金	1 267 958 335.69	736 009 193.87
取得投资收益收到的现金	14 337 699.10	15 479 908.31
处置固定资产、无形资产和其他长期资产收回的 现金净额	3 281 552.43	371 949.02
处置子公司及其他营业单位收到的现金净额		
收到其他与投资活动有关的现金	20 000 000.00	2 000 000.00
投资活动现金流入小计	1 305 577 587.22	753 861 051.20
购建固定资产、无形资产和其他长期资产支付的现金	188 761 559.21	82 204 876.49
投资支付的现金	1 121 652 427.14	718 136 230.73
质押贷款净增加额		
取得子公司及其他营业单位支付的现金净额	94 393 981.95	
支付其他与投资活动有关的现金	13 692.91	
投资活动现金流出小计	1 404 821 661.21	800 341 107.22
投资活动产生的现金流量净额	−99 244 073.99	−46 480 056.02
三、筹资活动产生的现金流量:		
吸收投资收到的现金		
其中:子公司吸收少数股东投资收到的现金		
取得借款收到的现金	154 100 000.00	120 000 000.00
发行债券收到的现金		
收到其他与筹资活动有关的现金		
筹资活动现金流入小计	154 100 000.00	120 000 000.00
偿还债务支付的现金	149 990 000.00	90 000 000.00

续表

项目	本期金额	上期金额
分配股利、利润或偿付利息支付的现金	100 897 734.46	87 720 009.34
其中：子公司支付给少数股东的股利、利润	8 729 105.26	8 776 310.99
支付其他与筹资活动有关的现金		
筹资活动现金流出小计	250 887 734.46	177 720 009.34
筹资活动产生的现金流量净额	−96 787 734.46	−57 720 009.34
四、汇率变动对现金及现金等价物的影响	6 226.56	−19 662.25
五、现金及现金等价物净增加额	36 091 344.95	68 602 451.58
加：期初现金及现金等价物余额	933 831 382.64	865 228 931.06
六、期末现金及现金等价物余额	969 922 727.59	933 831 382.64

该公司经营性现金流量净额为232 116 926.84元，投资活动现金流量净额为−99 244 073.99元，筹资活动现金流量净额为−96 787 734.46元。公司除购建固定资产引起的现金流变化外，应重点关注对外投资、偿还到期债务的有关情况。

6.2.4　所有者权益变动表

所有者权益变动表是反映企业本期（年度或中期）内，期初至期末构成所有者权益的各组成部分当期的增减变动情况的报表。通过所有者权益变动表，既可以为报表使用者提供所有者权益总量增减变动的信息，也能为其提供所有者权益增减变动的结构性信息，特别是能够让报表使用者理解所有者权益增减变动的根源。

提示

2007年以前，公司所有者权益变动情况是以资产负债表的附表形式予以体现的。新准则颁布后，要求上市公司于2007年正式对外呈报所有者权益变动表，所有者权益变动表成为与资产负债表、利润表和现金流量表并列披露的第四张主要会计报表。

所有者权益变动表以矩阵的形式列示：一方面，列示导致所有者权益变动的交易或事项，即所有者权益变动的来源，对一定时期所有者权益的变动情况进行全面反映；另一方面，按照所有者权益各组成部分（即实收资本、资本公积、盈余公积、未分配利润和库存股）列示交易或事项对所有者权益各部分的影响。

在所有者权益变动表中，企业应当单独列示下列信息：净利润、直接计入所有者权益的利得和损失项目及其总额、会计政策变更和差错更正的累积影响金额、所有者投入资本和向所有者分配利润等、提取的盈余公积、实收资本或股本、资本公积、盈余公积、未分配利润的期初余额和期末余额及其调节情况。我国企业所有者权益变动表的格式如表6-7所示。

案例学习

【例6-4】　请阅读某药业股份有限公司2015年12月的所有者权益变动表，如表6-8所示。

表 6-7　所有者权益(股东权益)变动表

企业 04 表

编制单位：天天股份有限公司　　2013 年　　单位：元

项目	行次	本年金额						上年金额					
		实收资本(或股本)	资本公积	盈余公积	未分配利润	库存股(减项)	所有者权益合计	实收资本(或股本)	资本公积	盈余公积	未分配利润	库存股(减项)	所有者权益合计
一、上年年末余额													
1. 会计政策变更													
2. 前期差错更正													
二、本年年初余额													
三、本年增减变动金额(减少以“—”号填列)													
(一) 本年净利润													
(二) 直接计入所有者权益的利得和损失													
1. 可供出售金融资产公允价值变动净额													
2. 现金流量套期工具公允价值变动净额													
3. 与计入所有者权益项目相关的所得税影响													
4. 其他													
小计													
(三) 所有者投入资本													
1. 所有者本期投入资本													
2. 本年购回库存股													
3. 股份支付计入所有者权益的金额													
(四) 本年利润分配													
1. 对所有者(或股东)的分配													
2. 提取盈余公积													
(五) 所有者权益内部结转													
1. 资本公积转增资本													
2. 盈余公积转增资本													
3. 盈余公积弥补亏损													
四、本年年末余额													

表 6-8 所有者权益变动表

会企 04 表

编制单位:某药业股份有限公司　　年度　　2015　　单位:元

项目	本年金额						
	实收资本（或股本）	资本公积	减:库存股	盈余公积	未分配利润	少数股东权益	所有者权益合计
一、上年年末余额	504 000 000.00	472 386 896.46		273 291 088.55	804 728 064.45	270 856 127.80	2 325 262 177.26
加:会计政策变更							
前期差错更正							
二、本年年初余额	504 000 000.00	472 386 896.46		273 291 088.55	804 728 064.45	270 856 127.80	2 325 262 177.26
三、本年增减变动金额(减少以"—"号填列)		—32 076		8 311 340.66	59 644 973.97	72 578 683.24	140 502 921.7
(一)净利润					143 556 314.63	35 703 124.43	179 259 439.06
(二)直接计入所有者权益的利得和损失							
1. 可供出售金融资产公允价值变动净额							
2. 权益法下被投资单位其他所有者权益变动的影响		—32 076				—1723.8	—33800
3. 与计入所有者权益项目相关的所得税影响							
4. 其他							
上述(一)和(二)小计		—32 076			143 556 314.63	35 701 400.63	179 225 639.06
(三)所有者投入和减少资本						45 606 387.87	45 606 387.87
1. 所有者投入资本							
2. 股份支付计入所有者权益的金额							
3. 其他						45 606 387.87	45 606 387.87
(四)利润分配				8 311 340.66	—8 311 340.66	—8 729 105.26	—84 329 105.26

续表

项目	本年金额						
	实收资本（或股本）	资本公积	减:库存股	盈余公积	未分配利润	少数股东权益	所有者权益合计
1. 提取盈余公积				8 311 340.66	－8311340.66		
2. 对所有者(或股东)的分配					－75 600 000	－8 729 105.26	－84 329 105.26
3. 其他							
(五) 所有者权益内部结转							
1. 资本公积转增资本(或股本)							
2. 盈余公积转增资本(或股本)							
3. 盈余公积弥补亏损							
4. 其他							
四、本年年末余额	504 000 000.00	472 354 820.26		281 602 429.21	864 373 038.42	343 434 811.04	2 465 765 098.93

6.3 会计报表的编制

会计报表的编制，主要是通过对日常会计核算记录的数据加以归集、整理，生成报表，使之成为有用的财务信息。

6.3.1 资产负债表的编制

1. 资产负债表各项目数据的来源

(1)根据总账科目余额直接填列。

资产负债表大部分项目的填列都是根据有关总账账户的余额直接填列，如“应收票据”项目，根据“应收票据”总账科目的期末余额直接填列。“交易性金融资产”“工程物资”“递延所得税资产”“短期借款”“交易性金融负债”“短期借款”“应付票据”“应付职工薪酬”“应缴税费”“递延所得税负债”“实收资本”“资本公积”“盈余公积”等，都在此项之内。

(2) 根据总账科目余额计算填列。

如“货币资金”项目，根据“库存现金”“银行存款”“其他货币资金”科目的期末余额合计数计算填列。

(3) 根据明细科目余额计算填列。

例如，“应收账款”项目，应根据“应收账款”“预收账款”两个科目所属的有关明细科目的期末借方余额扣除计提的减值准备后计算填列。“应付账款”项目，根据“应付账款”“预付账款”科目所属相关明细科目的期末贷方余额计算填列。

(4) 根据总账科目和明细科目余额分析计算填列。

例如，“长期借款”项目，根据“长期借款”总账科目期末余额，扣除“长期借款”科目所属明细科目中反映的将于一年内到期的长期借款部分，分析计算填列。

(5) 根据科目余额减去其备抵项目后的净额填列。

例如，“存货”项目，根据“存货”科目的期末余额，减去“存货跌价准备”备抵科目余额后的净额填列。“无形资产”项目，根据“无形资产”科目的期末余额，减去“无形资产减值准备”与“累计摊销”备抵科目余额后的净额填列。

2. 资产负债表各项目的填列

资产负债表的“年初数”栏内各项数字，根据上年年末资产负债表“期末数”栏内各项数字填列。“期末数”栏内各项数字，根据会计期末各总账账户及所属明细账户的余额填列。如果当年度资产负债表规定的各个项目的名称和内容同上年度不相一致，则按编报当年的口径对上年年末资产负债表各项目的名称和数字进行调整，填入本表“年初数”栏内。

案例学习

【例 6-5】 甲企业 2015 年 12 月 31 日有关账户的余额如表 6-9 所示，要求计算填列资产负债表中“应收账款”“应付账款”“预收账款”“预付账款”等项目。

表 6-9 账户余额

总账账户	明细账户	余额方向	余额/元
应收账款	A	贷	24 000
	B	借	21 000
	C	贷	35 000
	D	借	17 000
预收账款	E	借	16 000
	F	贷	25 000
预付账款	G	贷	42 000
	H	借	31 000

资产负债表有关项目期末数分析列示如下：

应收账款＝21 000＋17 000＝38 000(元)

预付账款＝31 000＋16 000＝47 000(元)

应付账款＝24 000＋35 000＝59 000(元)

预收账款＝25 000 元

6.3.2 利润表的编制

1. 利润表各项目的填列

由于利润表是反映企业一定时期经营成果的动态报表，因此，该栏内各项目一般根据账户的本期发生额分析填列。

(1)“营业收入”项目，反映企业经营业务所得的收入总额。本项目应根据“主营业务收入”和“其他业务收入”账户的发生额分析填列。

(2)“营业成本”项目，反映企业经营业务发生的实际成本。本项目应根据“主营业务成本”和“其他业务成本”账户的发生额分析填列。

(3)“营业税金及附加”项目，反映企业经营业务应负担的营业税、消费税、城市维护建设税、资源税、土地增值税和教育费附加等。本项目应根据“营业税金及附加”账户的发生额分析填列。

(4)“销售费用”项目，反映企业在销售商品和商品流通企业在购入商品等过程中发生的费用。本项目应根据“营业费用”账户的发生额分析填列。

(5)“管理费用”项目，反映企业行政管理等部门所发生的费用。本项目应根据“管理费用”账户的发生额分析填列。

(6)“财务费用”项目，反映企业发生的利息费用等。本项目应根据“财务费用”账户的发生额分析填列。

(7)“资产减值损失”项目，反映企业发生的各项减值损失。本项目应根据“资产减值损失”账户的发生额分析填列。

(8)“公允价值变动损益”项目，反映企业交易性金融资产等公允价值变动所形成的当期利得和损失。本项目应根据“公允价值变动损益”账户的发生额分析填列。

(9)“投资收益”项目，反映企业以各种方式对外投资所取得的收益。本项目应根据“投资收益”账户的发生额分析填列，如为投资损失，以负号填列。

(10)“营业外收入”项目和“营业外支出”项目，反映企业发生的与其生产经营无直接关系的各项收入和支出。这两个项目应分别根据“营业外收入”账户和“营业外支出”账户的发生额分析填列。

(11) “所得税费用”项目,反映企业按规定从本期损益中减去的所得税。本项目应根据“所得税费用”账户的发生额分析填列。

2. 利润表的编制步骤

(1) 根据原始凭证编制记账凭证,登记总账及明细账,并进行账账核对、账实核对及账证核对。

(2) 保证所有会计业务均入账的前提下,编制试算平衡表,检查会计账户的正确性,为编制会计报表作准备。

(3) 依据试算平衡表损益类账户的发生额,结合有关明细账户的发生额,计算并填列利润表的各项目。

(4) 计算营业利润。以营业收入为基础,减去营业成本、营业税金及附加、销售费用、管理费用、财务费用、资产减值损失,加上公允价值变动收益(减去公允价值损益)和投资收益(减去投资损失)计算出营业利润。

(5) 计算利润总额。以营业利润为基础,加上营业外收入,减去营业外支出,计算出利润总额。

(6) 计算净利润(或净亏损)。以利润总额为基础,减去所得税费用,计算出净利润。

(7) 检验利润表的完整性及正确性,包括表头部分的填制是否齐全、各项目的填列是否正确、各种利润的计算是否正确。

(8) 有关人员签字盖章。

案例学习

【例 6-6】 乙公司所得税税率是 25%,该公司 2015 年 1 月至 11 月各损益类专户的累计发生额和 12 月底转账前各损益类账户的发生额,如表 6-10 所示。

表 6-10 乙公司损益类账户情况

单位:元

账户名称	12 月份发生数		1 月至 11 月累计发生数	
	借方	贷方	借方	贷方
主营业务收入		318 000		5 000 000
主营业务成本	252 500		2 800 000	
销售费用	2 600		10 000	
营业税金及附加	1 000		29 000	
其他业务成本	7 500		32 500	
营业外支出	2 000		11 000	
财务费用	3 000		30 000	
管理费用	4 400		50 000	
其他业务收入		9 500		45 000
营业外收入		3 000		
投资收益		2 000		

则乙公司2015年度利润表有关项目分析如下。

营业收入＝318 000＋9 500＋5 000 000＋45 000＝5 877 500(元)

营业成本＝252 500＋7 500＋2 800 000＋32 500＝3 092 500(元)

营业税金及附加＝1 000＋29 000＝30 000(元)

销售费用＝2 600＋10 000＝12 600(元)

财务费用＝3 000＋30 000＝33 000(元)

管理费用＝4 400＋50 000＝54 400(元)

营业外收入＝3 000(元)

营业外支出＝2 000＋11 000＝13 000(元)

投资收益＝20 000(元)

营业利润＝5 877 500－3 092 500－30 000－12 600－33 000－54 400＋20 000＝2 675 000(元)

利润总额＝2 675 000＋3 000－13 000＝2 665 000(元)

所得税＝2 665 000×25%＝666 250(元)，假设没有其他纳税调整事项。

净利润＝2 665 000－666 250＝1 998 750(元)

6.4 会计报表的简要分析

6.4.1 财务会计报告分析方法

分析财务会计报告的方法很多，但在实务中普遍采用的有比较分析法、比率分析法和趋势分析法。

1. 比较分析法

比较分析法是通过经济指标在数量上的比较，来揭示差异、找出问题的一种方法。其主要作用在于揭示财务活动中的数量关系和存在的差距，从中发现问题，为进一步分析原因、挖掘潜力指明方向。

比较分析法是将实际数与基数进行对比，揭示差异。与实际数进行对比的基数，取决于分析的目的。一般有实际数同计划(定额)比较，可以揭示出实际与计划(定额)之间的差异，分析计划的完成情况；本期指标与上期指标或历史最好水平比较，可确定前后不同时期有关指标的变动情况，分析企业生产经营活动的发展趋势和管理工作的改进情况；本单位指标同国内外、同行同类企业的先进水平进行对比，找出与先进水平之间的差距。采用比较分析法时，应注意进行对比的指标必须具有可比性。

2. 比率分析法

比率分析法是通过计算两项指标之间的相对数，来确定财务变动程度的分析方法。作为会计信息绝对数的补充说明，把分析对比的数值变成相对数，计算出各种比率指标，然后进行比较，从确定的比率差异中发现问题。比率分析法包括构成比率、效率比率和相关比率三种。

(1) 构成比率又称结构比率，用以计算某项经济指标的各个组成部分占总体的比重，反映部分与总体的关系。其计算公式为：

$$构成比率=\frac{部分数额}{总体数额}$$

（2）效率比率用以计算某经济活动中所费与所得的比例，反映投入产出的关系。如成本费用与销售收入的比率、成本费用与利润的比率。可以进行得失的比较，考察经营成果，评价经济效益水平。

（3）相关比率，用以计算两个性质不同却又相关的指标之间的比率，反映有关经济活动的联系。如流动资产与流动负债的比率、现金流量与净利润的比率等。

提示

采用比率分析法，要注意比率指标中对比指标的计算口径要一致。另外，应注意单一的比率不能充分说明问题，应将计算出来的比率与相关比率进行对比分析，以做出正确的评价。

3. 趋势分析法

趋势分析法是将若干期财务会计报告中的相同指标或比率进行对比，揭示和预测企业发展趋势的一种方法。这种分析方法是通过观察连续数期的会计报表，比较各期的相关项目金额，分析某些指标的增减变动情况，在此基础上判断其发展趋势，从而对未来可能出现的结果做出预测的一种分析方法。趋势分析法包括定比和环比两种方法。

（1）定比是以某一时期为基数，其他各期与该期的基数进行比较，计算出趋势百分数。由于计算出的各会计期间的趋势百分数均是以基期为计算基准的，所以能够明确地反映出有关项目和基数相比发生了多大变化。例如，以1999年年末的资产为基数，将2000年年末、2001年年末和2002年年末的资产与1999年年末数进行比较，计算出趋势百分数。

（2）环比是分别以上一时期为基数，将项目的本期数与上一时期的基数进行比较，从而计算出趋势百分比。由于它以前一期作基数，因而更能明确地说明项目的发展变化速度。例如，1998年同1997年比较，1999年同1998年比较，2000年同1999年比较。

采用趋势分析法时，应注意用以进行对比的各个时期的指标，在计算口径上必须一致，才具有可比性。

6.4.2 几种常用的财务比率

财务比率分析是财务报表分析的重中之重。财务比率分析是将两个有关的会计数据相除，用所求得的财务比率来提示同一会计报表中不同项目之间或不同会计报表的相关项目之间所存在逻辑关系的一种分析技巧。然而，单单计算各种财务比率的作用是非常有限的，更重要的是应将计算出来的财务比率作各种维度的比较分析，以帮助会计报表使用者正确评估企业的经营业绩和财务状况，以便及时调整投资结构和经营决策。举例来说，国际商业机器公司（IBM）和苹果公司（Apple Corporation）都是美国生产和销售计算机的著名企业，从这两家公司会计报表中的销售和利润情况来看，IBM要高出苹果公司许多倍。注意，光是笼统地进行总额的比较并无多大意义，因为IBM的资产总额要远远大于后者，所以分析时绝对数的比较应让位于相对数的比较，而财务比率分析就是一种相对关系的分析技巧，它可以被用作评估和比较两家规模相差悬殊的企业经营和财务状况的有效工具。

财务比率分析根据分析的重点不同，可以分为以下四类：流动性分析或短期偿债能力分析；财务结构分析，又称财务杠杆分析；企业营运能力和盈利能力分析；与股利、股票市场等指标有关的股票投资收益分析。

1. 短期偿债能力分析

任何一家企业要想维持正常的生产经营活动，手中必须持有足够的现金以支付各种费用和到期债务，而最能反映企业的短期偿债能力的指标是流动比率和速动比率。

（1）流动比率是全部流动资产对流动负债的比率，即：

$$流动比率=\frac{流动资产}{流动负债}$$

（2）速动比率是将流动资产剔除存货和预付费用后的余额与流动负债的比率，即：

$$速动比率=\frac{速动资产}{流动负债}$$

速动比率是一个比流动比率更严格的指标，它常常与流动比率一起使用以更确切地评估企业偿付短期债务的能力。一般来说，流动比率保持在2∶1、速动比率保持在1∶1左右表明企业有较强的短期偿债能力，但也不能一概而论。事实上，没有任何两家企业在各方面的情况都是一样的。对于一家企业来说预示着严重问题的财务比率，对另一家企业来说可能是相当令人满意的。

2. 财务结构分析

权益结构的合理性及稳定性通常能够反映企业的长期偿债能力。当企业通过固定的融资手段对所拥有的资产进行资金融通时，该企业就被认为在使用“财务杠杆”。除企业的经营管理者和债权人外，该企业的所有者和潜在的投资者对财务杠杆作用也是相当关心的，因为投资收益率的高低直接受财务杠杆作用的影响。衡量财务杠杆作用或反映企业权益结构的财务比率主要有资产负债率、权益乘数、已获利息倍数等。

（1）

$$资产负债率(\%)=\frac{负债总额}{资产总额}$$

通常来说，该比率越小，表明企业的长期偿债能力越强；该比率过高，表明企业的财务风险较大，企业重新举债的能力将受到限制。

（2）

$$权益乘数=\frac{资产总额}{权益总额}$$

毫无疑问，这个倍数越高，企业的财务风险就越高。

（3）

$$负债与业主权益比率(\%)=\frac{负债总额}{所有者权益总额}$$

该比率越低，表明企业的长期偿债能力越强，债权人权益受到的保障程度越高；反之，说明企业利用较高的财务杠杆作用。

（4）

$$已获利息倍数=\frac{息税前利润}{利息费用}$$

该指标既是企业举债经营的前提条件，也是衡量企业长期偿债能力大小的重要标志。企业若要维持正常的偿债能力，已获利息倍数至少应大于1，且倍数越高，企业的长期偿债能力也就越强。

一般来说，债权人希望负债比率越低越好，负债比率低意味着企业的偿债压力小，但负债比率过低，说明企业缺乏活力，企业利用财务杠杆作用的能力较低。如果企业举债比率过高，则沉重的利息负担会压得企业透不过气来。

3. 企业的经营效率和盈利能力分析

企业财务管理的一个重要目标，就是实现企业内部资源的最优配置，经营效率是衡量企业整体经营能力高低的一个重要方面，它的高低直接影响到企业的盈利水平。而盈利能力是企业内外各方都十分关心的问题，因为利润不仅是投资者取得投资收益、债权人取得利息的资金来源，同时也是企业维持扩大再生产的重要资金保障。企业的资产利用效率越高，意味着它能以最小的投入获取较高的经济效益。反映企业资产利用效率和盈利能力的主要财务指标如下：

(1) $$\text{应收账款周转率}(\%)=\frac{\text{赊销净额}}{\text{平均应收账款净额}};$$

(2) $$\text{存货周转率}(\%)=\frac{\text{销货成本}}{\text{平均存货}};$$

(3) $$\text{固定资产周转率}(\%)=\frac{\text{销售净额}}{\text{固定资产净额}};$$

(4) $$\text{总资产周转率}(\%)=\frac{\text{销售净额}}{\text{平均资产总额}};$$

(5) $$\text{毛利率}(\%)=\frac{\text{销售净额}-\text{销售成本}}{\text{销售净额}};$$

(6) $$\text{经营利润率}(\%)=\frac{\text{经营利润}}{\text{销售净额}};$$

(7) $$\text{投资报酬率}(\%)=\frac{\text{净利润}}{\text{平均资产总额}}=\text{总资产周转率}\times\text{经营利润净利率};$$

(8) $$\text{股本收益率}(\%)=\frac{\text{净利润}}{\text{股东权益}}=\text{投资报酬率}\times\text{权益乘数}。$$

以上 8 项指标均是正指标，数值越高，说明企业的资产利用效率越高，意味着它能以最小的投入获取较高的经济效益。

案例学习

【例 6-7】 某药业公司的 2015 年的部分财务比率指标计算如下。

(1) 短期偿债能力分析。

短期偿债能力分析	
营运资本	1 306 976 858.08
流动比率	2.87
速动比率	2.33
现金比率	1.83
长期偿债能力分析	
资产负债率	22.92%
产权比率	29.73%
有形净值债务率	31.04%

(2) 营运能力分析。

短期偿债能力分析	
总资产周转率	0.19
固定资产周转率	0.97
存货周转次数	1.14
总资产周转天数	1923
固定资产周转天数	371
存货周转天数	314

教、学、做一体化训练

一、知识测试

1. 单项选择题

(1) 下列项目中,不应在资产负债表“存货”项目下反映的是(　　)。

A. 在途物资　　B. 委托代销商品

C. 工程物资　　D. 材料成本差异

(2) 下列项目中,属于资产负债表中非流动负债项目的是(　　)。

A. 应付一年内到期的非流动负债

B. 其他应付款

C. 应付股利

D. 应付债券

(3) 下列资产负债表项目中,应根据多个总账科目余额计算填列的是(　　)。

A. 预收款项　　B. 应付账款

C. 货币资金　　D. 盈余公积

(4) 我国利润表采用(　　)格式。

A. 账户式　　B. 报告式

C. 单步式　　D. 多步式

(5) 能够反映企业一定期间经营成果,分析企业获利能力的报表是(　　)。

A. 资产负债表　　B. 利润表

C. 现金流量表　　D. 所有者权益变动表

2. 多项选择题

(1) 下列各项中,在资产负债表中的货币资金项目中加以反映的有(　　　)。

A. 外埠存款　　B. 银行存款

C. 银行汇票存款　　D. 库存现金

(2) 资产负债表中的应付账款项目应根据(　　　)填列。

A. 应付账款所属明细账借方余额合计

B. 应付账款总账余额

C. 预付账款所属明细账贷方余额合计

D. 应付账款所属明细账贷方余额合计

(3) 下列各项中，属于现金流量表中现金及现金等价物的有(　　　)。

A. 银行汇票存款

B. 银行存款

C. 3个月内到期的债券投资

D. 企业持有的可以随时出售的上市公司的股票

(4)下列账户中可能影响资产负债表"应收账款"项目金额的有(　　　)。

A. 应收账款　　B. 预收账款

C. 预付账款　　D. 坏账准备

(5) 下列各项中，不在资产负债表上单独列示的有(　　　)。

A. 在建工程　　B. 累计折旧

C. 坏账准备　　D. 库存股

3. 判断题

(1) 编制会计报表的主要目的就是为会计报表使用者决策提供信息。(　　)

(2) 我国利润表的格式采用多步式。(　　)

(3) 资产负债表反映的是单位在一定时期财务状况具体分布的报表。(　　)

(4) 资产负债表中的"固定资产"项目，应按该科目的总账余额直接填列。(　　)

(5) "利润分配"总账的年末余额一定与资产负债表中未分配利润项目的数额一致。(　　)

二、实务操作

1. A企业"应付账款"明细科目月末贷方余额为20 000元，其中，"应付甲公司账款"明细科目贷方余额为30 000元，"应付乙公司账款"明细科目借方余额为10 000元，"预付账款"明细科目月末贷方余额为30 000元，"预付丙企业账款"明细科目贷方余额为40 000元，"预付丁企业账款"明细科目借方余额为10 000元。请计算企业月末资产负债表中"预付账款"和"应付账款"项目的金额。

2. 某企业2015年1月1日至12月31日损益类科目累计发生额如下。

主营业务收入：3 750万元(贷方)；

主营业务成本：1375万元(借方)；

营业税金及附加：425万元(借方)；

销售费用：500万元(借方)；

管理费用：250万元(借方)；

财务费用：250万元(借方)；

营业外收入：750万元(贷方)；

营业外支出：200万元(借方)；

其他业务收入：750万元(贷方)；

其他业务成本：450万元(借方)；

所得税费用：600万元(借方)。

要求：计算该企业2015年的营业利润、利润总额和净利润。

3. 华宏有限公司 2015 年 8 月 31 日有关总账和明细账的余额如下表所示。

资产账户	借贷方向	余额/元	负债和所有者权益账户	借贷方向	余额/元
库存现金	借	1 500	短期借款	贷	150 000
银行存款	借	700 000	应付票据	贷	25 500
其他货币资金	借	90 000	应付账款	贷	71 000
交易性金融资产	借	115 000	——丙企业	贷	91 000
应收票据	借	20 000	——丁企业	借	20 000
应收账款	借	75 000	预收账款	贷	14 700
——甲公司	借	80 000	——C 公司	贷	14 700
——乙公司	贷	5 000	其他应付款	贷	12 000
坏账准备	贷	2 000	应交税费	贷	28 000
预付账款	借	36 100	长期借款	贷	506 000
——A 公司	借	31 000	应付债券	贷	563 700
——B 公司	借	5 100	其中一年内到期的应付债券	贷	23 000
其他应收款	借	8 500	实收资本	贷	4 040 000
原材料	借	816 600	盈余公积	贷	158 100
生产成本	借	265 400	利润分配	贷	1 900
库存商品	借	193 200	——未分配利润	贷	1 900
材料成本差异	贷	42 200	本年利润	贷	36 700
固定资产	借	2 888 000			
累计折旧	贷	4 900			
在建工程	借	447 400			
资产合计		5 607 600	负债和所有者权益合计		5 607 600

要求：请代华宏公司完成以下 8 月 31 日资产负债表的编制。

资产负债表(简表)

2015 年 8 月 31 日

制表单位:华宏公司　　　　单位:元

资产	年初数	年末数	负债所有者权益	年初数	年末数
流动资产:	(略)		流动负债:	(略)	
货币资金			短期借款		
交易性金融资产			应付票据		
应收票据			应付账款		
应收账款			预收款项		
预付款项			应交税费		
其他应收款			其他应付款		
存货			一年内到期的非流动负债		
流动资产合计			流动负债合计		
非流动资产:			非流动负债:		
固定资产			长期借款		
在建工程			应付债券		
非流动资产合计			非流动负债合计		
			负债合计		
			所有者权益:		
			实收资本		
			盈余公积		
			未分配利润		
			所有者权益合计		
资产总计			负债及所有者权益合计		

4. 某公司 2015 年 4 月的余额试算平衡表如下。

余额试算平衡表

2015 年 4 月 30 日　　　　单位：元

会计科目	期末余额	
	借方	贷方
库存现金	740	
银行存款	168 300	
应收账款	85 460	
坏账准备		6 500
原材料	66 500	
库存商品	101 200	
存货跌价准备		1 200
固定资产	468 900	
累计折旧		3 350
固定资产清理		5 600
长期待摊费用	14 500	
应付账款		93 000
预收账款		10 000
长期借款		250 000
实收资本		500 000
盈余公积		4 500
利润分配		19 300
本年利润		12 150
合计	905 600	905 600

补充资料如下。

(1) 应收账款有关明细账期末余额情况为：

应收账款——长城公司(借方余额)　98 000 元

应收账款——海天公司(贷方余额)　12 540 元

(2) 长期待摊费用中含将于一年内摊销的金额 8 000 元。

(3) 应付账款有关明细账期末余额情况为：

应付账款——白云公司(借方余额)　5 000 元

应付账款——文创公司(贷方余额)　98 000 元

(4) 预收账款有关明细账期末余额情况为：

预收账款——方元公司(借方余额)　2 000 元

预收账款——华裕公司(贷方余额)　12 000 元

(5) 长期借款期末余额中将于一年内到期归还的长期借款数为 100 000 元。

要求：请代该公司完成下列资产负债表的编制。

资产负债表(简表)

制表单位:某公司　　　　2015 年 4 月 30 日　　　　单位:元

资产	期初数	期末数	负债所有者权益	期初数	期末数
流动资产:	(略)		流动负债:	(略)	
货币资金			应付账款		
应收账款			预收账款		
预付账款			一年内到期的非流动负债		
存货			流动负债合计		
一年内到期的非流动资产			非流动负债:		
流动资产合计			长期借款		
非流动资产:			非流动负债合计		
固定资产			负债合计		
固定资产清理			所有者权益:		
长期待摊费用			实收资本		
非流动资产合计			盈余公积		
			未分配利润		
			所有者权益合计		
资产合计			负债及所有者权益总计		

5. 请根据江海公司下列相关会计资料,计算其 2015 年 10 月利润表中“营业利润”“利润总额”“所得税(或所得税费用)”“净利润”共四个项目的“本月数”和“本年累计数”栏的金额。

损益类账户	10 月份发生额	1—9 月累计发生额
主营业务收入	600 000	9 002 055
主营业务成本	300 000	5 574 000
营业税金及附加	30 000	945 000
其他业务收入	60 000	600 000
其他业务成本	45 000	450 000
管理费用	6 000	933 000
财务费用	3 000	600 000
销售费用	3 690	405 000
投资收益	16 800	1 500 000
营业外收入	13 500	0
营业外支出	9 900	150 000
所得税费用	25%	25%

(1) 本月数

营业利润=

利润总额=

所得税费用=

净利润=

(2) 本年累计数

营业利润=

利润总额=

所得税费用=

净利润=

6. 某公司截至2015年12月31日有关科目发生额如下(假定所得税税率为25%,不存在其他纳税调整事项):

科目名称	借方发生额/万元	贷方发生额/万元
主营业务收入	160	5 600
主营业务成本	3 600	120
其他业务收入		400
其他业务成本	320	
营业税金及附加	160	
销售费用	80	
管理费用	280	
财务费用	40	
资产减值损失	140	20
公允价值变动损益	100	120
投资收益	140	200
营业外收入		160
营业外支出	100	

要求:根据上述资料,编制甲公司2015年度利润表,填入下表。

利润表

编制单位:甲公司　　2015年度　　单位:万元

项目	本期金额
一、营业收入	
减:营业成本	
营业税金及附加	
销售费用	
管理费用	
财务费用	
资产减值损失	
加:公允价值变动收益(损失以“一”号填列)	
投资收益(损失以“一”号填列)	
其中:对联营企业和合营企业的投资收益	
二、营业利润(亏损以“一”号填列)	
加:营业外收入	
减:营业外支出	
其中:非流动资产处置损失	
三、利润总额(亏损总额以“一”号填列)	
减:所得税费用	
四、净利润(净亏损以“一”号填列)	

拓展思维

一、课外阅读

财务分析报告的格式

严格地讲，财务分析报告没有固定的格式和体裁，但要求能够反映要点、分析透彻、有理有据、观点鲜明、符合报送对象的要求。一般来说，财务分析报告应包含提要段、说明段、分析段、评价段和建议段等几部分内容，在实际编写分析时可根据具体的目的和要求有所取舍。此外，财务分析报告在表达方式上可以采取一些创新的手法，如可采用文字处理与图表表达相结合的方法，使其易懂、生动、形象。

(1) 提要段，即概括公司综合情况，让财务报告接受者对财务分析说明有一个总括的认识。

(2) 说明段，是对公司运营及财务现状的介绍。该部分要求文字表述恰当、数据引用准确。对经济指标进行说明时可适当运用绝对数、比较数及复合指标数。特别要关注公司当前运作上的重点，对重要事项要单独反映。公司在不同阶段、不同月份的工作重点有所不同，所需要的财务分析重点也不同。例如，公司正进行新产品的投产、市场开发，则公司各阶层需要对新产品的成本、回款、利润数据进行分析的财务分析报告。

(3) 分析段，是对公司的经营情况进行分析研究。在说明问题的同时还要分析问题，寻找问题的原因和症结，以达到解决问题的目的。财务分析一定要有理有据，要细化分解各项指标，因为有些报表的数据是比较含糊和笼统的，要善于运用表格、图示，突出表达分析的内容。分析问题一定要善于抓住当前要点，多反映公司经营焦点和易于忽视的问题。

(4) 评价段，是作出财务说明和分析后，对于经营情况、财务状况、盈利业绩，应该从财务角度给予公正、客观的评价和预测。财务评价不能运用似是而非、可进可退、左右摇摆等不负责任的语言，评价要从正面和负面两方面进行，评价既可以单独分段进行，也可以将评价内容穿插在说明部分和分析部分。

(5) 建议段，即财务人员在对经营运作、投资决策进行分析后形成的意见和看法，特别是对运作过程中存在的问题所提出的改进建议。值得注意的是，财务分析报告中提出的建议不能太抽象，而要具体化，最好有一套切实可行的方案。

二、课后思考题

1. 财务会计报告的作用是什么？
2. 编制会计报表的基本要求是什么？
3. 什么是资产负债表？资产负债表的作用是什么？
4. 什么是利润表？利润表的作用是什么？
5. 资产负债表和利润表有什么关系？

总结评价

一、本章总结

财务会计报告是指单位会计部门根据经过审核的会计账簿记录和有关资料，编制并对外提供的反映单位某一特定日期财务状况和某一会计期间经营成果、现金流量及所有者权益等会计信息的总结性书面文件。财务会计报告包括会计报表、会计报表附注和财务情况说明书。

会计报表是指企业以一定的会计方法和程序由会计账簿的数据整理得出，以表格的形式反映企业财务状况、经营成果和现金流量的书面文件，是财务会计报告的主体和核心。企业会计报表按其反应的内容不同，分为资产负债表、利润表、现金流量表、所有者权益（股东权益）变动表。

本章主要介绍了资产负债表、利润表的基本编制方法。

财务会计报告分析的方法很多，但在实务中普遍采用的方法有比较分析法、比率分析法和趋势分析法。本章主要介绍了财务比率分析指标。

二、自我评价

评价项目	评价内容	备注
本章重点		
本章难点		
我的问题		

项目七

企业经济业务活动的会计循环

学习目标

◎ 了解企业经济业务的会计循环的概念和基本步骤。
◎ 了解企业会计账务处理程序的意义和种类。
◎ 理解科目汇总表账务处理程序的概念、特点、优缺点及适用范围。
◎ 掌握科目汇总表账务处理程序的核算方法。

案例导入

法尔莫公司资产造假

从孩提时代开始，米奇·莫纳斯就喜欢几乎所有的运动，尤其是篮球。但是因天资及身高所限，莫纳斯没有机会到职业球队打球。然而，莫纳斯确实拥有一个所有顶级球员共有的特征，那就是他有一种无法抑制的求胜欲望。莫纳斯把他无穷的精力从球场上转移到他的董事长办公室里。莫纳斯首先设法获得了位于美国俄亥俄州的一家药店，在随后的十年中他又收购了另外299家药店，从而组建了全国连锁的法尔莫公司。不幸的是，这一切辉煌都是建立在资产造假——未检查出来的存货高估和虚假利润的基础上的，这些舞弊行为最终导致了莫纳斯及其公司的破产，下面是这起案件的经过。

自获得第一家药店开始，莫纳斯就梦想着把他的小店发展成一个庞大的药品帝国。其所实施的策略就是所谓的“强力购买”，即通过提供大比例折扣来销售商品。莫纳斯首先做的就是把实际上并不盈利且未经审计的药店报表拿来，用自己的笔为其加上并不存在的存货和利润。然后凭着自己空谈的天份及一套夸大了的报表，在一年之内骗得了足够多的投资用以收购了8家药店，奠定了他的小型药品帝国的基础。这个帝国后来发展到了拥有300家连锁店的规模。

在一次偶然的机会导致这个精心设计的、至少引起5亿美元损失的财务舞弊事件浮出水面时，莫纳斯和他的公司炮制虚假利润已达十年之久，这实在并非一件容易的事。当时法尔莫公司的财务总监认为因公司以低于成本出售商品而招致了严重的损失，但是莫纳斯认为通过“强力购买”，公司完全可以发展得足够大以使得它能顺利地坚持其销售方式。最终在莫纳斯的强大压力下，这位财务总监卷入了这起舞弊案件。他们先将所有的损失归入一个所谓的“水桶账户”，然后再将该账产的金额通过虚增存货的方式重新分配到公司的数百家成员药店中。他们仿造购货发票，制造增加存货并减少销售成本的虚假记账凭证，确认购货却不同时确认负债，多计或加倍计算存货的数量。

资料来源：《商情》，2013 年第 20 期，第 74 页。

知识讲解

7.1　会计循环及账务处理程序

7.1.1　会计循环及账务处理程序概述

1. 会计循环

在一个持续经营的会计主体中，就某一个会计期间而言，从会计事项发生起至会计报表编制完成止的一系列账务处理程序，该程序始于期初，终于期末，并循环往复、周而复始地进行，称为会计循环。一般来说，由于企业要按月结账，编制会计报表，所以一个会计循环通常要历时一个月。

2. 账务处理程序

账务处理程序又称会计核算程序，是指会计凭证和账簿组织、记账程序和方法相互结合的组织形式。选择账务处理程序主要有以下几个要求。

(1) 账务处理程序要与本单位的经济活动的特点、规模的大小和业务简繁的实际情况相适应，并要有利于会计核算工作的分工协作和建立岗位责任制。

(2) 账务处理程序应能正确、及时、完整地提供本单位各方面的会计信息，以满足企业外部的投资者和债权人以及企业内部的领导层的信息需要，并满足国家宏观管理的需要。

(3) 账务处理程序在保证会计工作质量的前提下，应尽量简化核算手续，提高会计工作效率，节约核算费用。

7.1.2　账务处理程序具体方式

不同的会计核算程序规定了填制会计凭证、登记账簿、编制报表的不同步骤和方法，其中主要是总分类账簿记录的依据和方法的不同。目前，账务处理程序主要有记账凭证账务处理程序、汇总记账凭证账务处理程序、科目汇总表账务处理程序等几种方式，其中，科目汇总表账务处理程序最为常用。

1. 概念与特点

科目汇总表账务处理程序又称记账凭证汇总表账务处理程序，是指对发生的经济业务事项，先根据原始凭证或汇总原始凭证，再根据记账凭证定期编制科目汇总表，然后根据科目汇总表登记总分类账的一种账务处理程序。其特点是根据记账凭证定期编制科目汇总表并据以登记总分类账。

2. 核算步骤

(1) 根据原始凭证编制汇总原始凭证。

(2) 根据原始凭证或汇总原始凭证，编制记账凭证。

(3) 根据收款凭证和付款凭证及所附原始凭证，逐笔登记现金日记账和银行存款日记账。

(4) 根据原始凭证、汇总原始凭证和记账凭证，登记各种明细分类账。

(5) 根据各种记账凭证编制科目汇总表。

(6) 根据科目汇总表登记总分类账。

(7) 月末，现金日记账、银行存款日记账和各种明细分类账的余额与有关总分类账的余额相核对。

(8) 月末，根据总分类账和明细分类账的有关资料，编制会计报表。如图 7-1 所示。

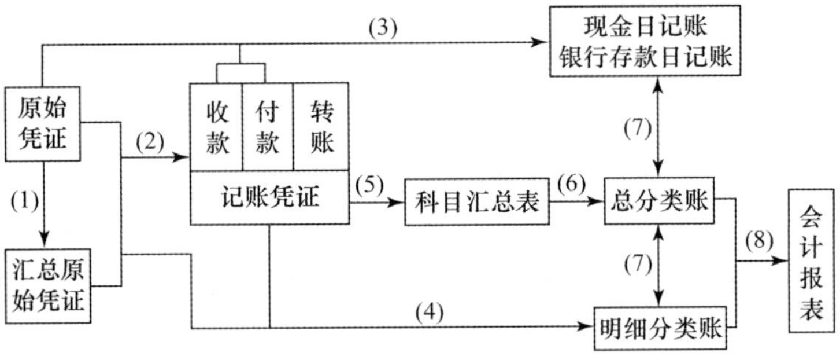

图 7-1　科目汇总表账务处理程序图

3. 适用范围

科目汇总表账务处理程序的优点是根据科目汇总表登记总分类账，大大减轻了登记总分类账的工作量。科目汇总表中的借方发生额合计与贷方发生额合计之间的相等关系，能起到发生额试算平衡的作用。其缺点是科目汇总表不能反映账户之间的对应关系，不便于查对账目。一般适用于经营规模较大、经济业务较多的单位。

7.2　企业会计核算综合模拟

案例学习

现在我们来到一家工业企业——北京瑞通电子科技有限公司，去感性地认识会计工作，了解会计循环，并学习科目汇总表账务处理程序。

1. 企业基本情况

这是一个电视机配件制造业，主要产品为 2901 及 2902 线路板，所生产的产品占我国同类产品市场 10%。所产产品无污染。该企业设有一个生产车间，拥有员工 110 人，车间管理人员 2 人；厂部管理部门，拥有员工 8 人；销售部门，拥有员工 2 人；仓库占地面积 70 平方米，拥有员工 2 人。

该企业注册资金 500 万元，注册为北京瑞通电子科技有限公司，股东北京瑞奇电子集团以房产出资 310 万元，占公司股份的 62 %；北京吉通半导体制造有限责任公司以现金出资 190 万元，占公司股份的 38 %。

李萍为法人代表兼任总经理。

注册地址：北京市密云县工业开发区 88 号

税务登记号：110228236812965

地税代码：06427896

开户行：中国工商银行密云县支行，账号 02100236585

联系电话：010-89616666

该企业为增值税一般纳税人，增值税税率为 17%，所得税税率为 25%，城市维护建设税税率为 7%，教育费附加费率为 3%。

2. 实训所用资料

凭证：收款凭证、付款凭证、转账凭证；

账簿：总分类账（可以用乙式 502 账页代替）；

乙式 502、乙式 504、乙式 614 各 5 页，应交增值税明细账 2 页；

银行存款日记账（见后附）；

工具：签字笔黑色和红色各一支、直尺、曲别针。

3. 1—11 月经济业务情况

(1) 2015 年 11 月末总分类账余额如表 7-1 所示。

表 7-1　总分类账余额

2015 年 11 月 30 日　　单位：元

会计科目	期末余额	
	借方	贷方
库存现金	978.6	
银行存款	1 075 050	
应收账款	1 120 687	
应收票据	1 308 367	
预付账款	11 220	
原材料	1 542 186.15	
库存商品	692 192.25	
固定资产	2 462 500	
累计折旧		49 528.2
短期借款		50 000
应付账款		1 055 924.5
应付票据		353 925
应付职工薪酬		168 710
应交税费		112 400
实收资本		5 000 000
盈余公积		44 589.3
本年利润		1 325 760
利润分配		52 344.00
合计	8 213 181. 00	8 213 181. 00

(2) 2015 年 1—11 月损失类科目的发生额如表 7-2 所示。

表 7-2　1—11 月各损益类账户发生额

单位：元

账户名称	借方发生额	贷方发生额	备注
主营业务收入		35 200 000	
主营业务成本	31 976 000		
营业税金及附加	59 200		
其他业务收入		5 200	
其他业务成本	4 950		
管理费用	975 900		
销售费用	371 000		
财务费用	51 720		
投资收益		3 250	
营业外收入			
营业外支出	2 000		
所得税费用	441 920		

(3) 2015 年 11 月末部分明细分类账余额如下所示。

原材料(或库存商品)：

铜线,单价 500 元,450 千克

线路板,单价 1.35 元,100 000 块

库存商品：

2901 线路板,单价 8.4 元,60 000 块

2902 线路板,单价 7.6 元,35 500 块

应交税费：

未交增值税 64 000 元

应交城建税 4 480 元

应交教育费附加 1 920 元

应交企业所得税 42 000 元

应付账款：

北京飞宇电子有限公司　　500 000 元

北京雷鼎科技公司　　468 000 元

深圳佳和实业有限公司　　87 924.5 元

4. 12 月份发生如下经济业务

(1) 1 日,收到投资者北京伟信有限责任公司投入的货币资金 140 万元,其中,作为资本投入 100 万元,公司注册资金增加至 600 万元(如表 7-3 和表 7-4 所示)。

表 7-3

中国工商银行北京分行进账单（回单）

2015 年 12 月 1 日

出票人	全　称	北京伟信有限责任公司		收款人	全　称	北京瑞通电子科技有限公司										
	账　号				账　号	02100236585										
	开户银行				开户银行	中国工商银行密云县支行										
金额	人民币（大写）	壹佰肆拾万元整				亿	千	百	十	万	千	百	十	元	角	分
							￥	1	4	0	0	0	0	0	0	0
票据种类	转账支票	票据张数	1	开户银行盖章												
票据号码																
复核　记账																

表 7-4

投资协议书

今由北京伟信有限责任公司以现金 140 万元向北京瑞通电子科技有限公司投资，占北京瑞通电子科技有限公司 16.67％的股份。北京瑞通电子科技有限公司应按北京伟信有限责任公司所占股份，根据董事会决议比例予以分配红利。

本协议自签字之日起生效，若一方违约，按有关法律条款处理。

投资方	接受方
单位名称：北京伟信有限责任公司	单位名称：北京瑞通电子科技有限公司
法人代表：张丰	法人代表：李萍
2015 年 12 月 1 日	2015 年 12 月 1 日

（2）2 日，购入铜线，销售方代垫运杂费，货款办理电汇（如表 7-5、表 7-6、表 7-7 和表7-8 所示）。

表 7-5

中国工商银行电汇凭证（回单）

No. 0541246

委托日期　　年　　月　　日

汇款人	全　称			收款人	全　称												此联汇出行给汇款人的回单
	账号或地址				账号或地址												
	汇出地点	省　市　县	汇出行名称		汇入地点	省市县	汇出行名称										
金额	人民币（大写）					千	百	十	万	千	百	十	元	角	分		
汇款用途					汇出行盖章 年　月　日												
单位主管：　会计：　复核：　记账：																	

表 7-6

广州增值税专用发票

发　票　联

No. 00625487

开票日期：2015年12月2日

购货单位	名　　称：北京瑞通电子科技有限公司 纳税人识别号：110228236812965 地 址、电 话：北京市密云县工业开发区88号 010-89616666 开户行及账号：中国工商银行密云县支行 02100236585	密码区	3*21023*9166*72* 加密版本：号01-/-*2/47552507-/5 4 6<</56634>>+11589991 40++14>5<<3782++30000 1336515

货物或应税劳务名称	规格型号	单位	数量	单价	金额	税率	税额
铜线		kg	2 000	500	1 000 000	17%	170 000
合　　计					¥1 000 000		¥170 000
价税合计（大写）	壹佰壹拾柒万元整				（小写）¥1 170 000.00		

销货单位	名　　称：广州鼎盛有色金属公司 纳税人识别号：310112289379504 地 址、电 话：广州市海珠广场0755-64238456 开户行及账号：广发行海珠支行2001526432826	备注	

收款人：　　复核：　　开票人：林燕　　销货单位：（章）

第二联：发票联 购货方记账凭证

表 7-7

广州增值税专用发票

发　票　联

No. 00625488

开票日期：2015年12月2日

购货单位	名　　称：北京瑞通电子科技有限公司 纳税人识别号：110228236812965 地 址、电 话：北京市密云县工业开发区88号 010-89616666 开户行及账号：中国工商银行密云县支行 02100236585	密码区	5*21893*9066*72* 加密版本：号01-/-*2/9993707-/54 6<<159234>> +11592831 40++14>5<<3782++30091 836515

货物或应税劳务名称	规格型号	单位	数量	单价	金额	税率	税额
运输费		公里	2 000	1	2 000	11%	220
合　　计							
价税合计（大写）	贰仟贰佰贰拾元整				（小写）　¥2 220.00		

销货单位	名　　称：上海四达运输有限公司 纳税人识别号：210112226379504 地 址、电 话：上海市明珠广场021-68678456 开户行及账号：浦发银行明珠支行 7001266432826	备注	

收款人：　　复核：　　开票人：钟和　　销货单位：（章）

第二联：发票联 购货方记账凭证

表 7-8

收　　料　　单

发票编号：

供货单位：　　　　　　　　年　　月　　日　　　　　　收料仓库：

材料类别	材料编号	材料名称	规格	计量单位	数量		金额			
					应收	实收	单价	买价	运杂费	合计
备注										

仓库保管员：　　　　　　　　　　　　　　　　　收料员：

（3）3 日，开出现金支票从银行提取差旅费现金 2 000 元（如表 7-9 所示）。

表 7-9

中国工商银行
现金支票存根
XVI04088563
科目 ____________
对方科目 ____________
出票日期　年　月　日
收款人：
金额：
用途：
单位主管　会计

中国工商银行现金支票　　（京）XVI04088563

本支票付款期限十天

出票日期（大写）　年　月　日　付款行名称：工商银行
收款人：　出票人账号：02100236585

人民币（大写）	亿	千	百	十	万	千	百	十	元	角	分
[redacted]											

用途：__________
上列款项请从
我账户中支付
出票人签章

科目（借）
对方科目（贷）
付讫日期　年　月　日
出纳______ 复核______ 记账______
贴对号单处　XVI04000669

（4）3 日，采购员预借差旅费 2 000 元（如表 7-10 所示）。

表 7-10

借　　款　　单

资金性质______________　　　　　　　　2015 年 12 月 3 日

借款单位：采购部门		
借款理由：差旅费		
借款数额：人民币（大写）贰仟元整		￥2 000
本单位负责人　李萍	借款人（签章）　李明	
机关首长指示：	会计主管人员核批：	付款记录：2015 年 12 月 3 日以第　　号支票或现金支出凭单付给

（5）4 日，开出转账支票偿还北京飞宇电子有限公司 50 万元（如表 7-11 所示）。

表 7-11

中国工商银行转账支票存根	中国工商银行转账支票
中国工商银行 转账支票存根 XVI04000669	中国工商银行转账支票　　（京）XVI04000888
科目＿＿＿＿＿	出票日期（大写）　　年　　月　　日　付款行名称：工商银行
对方科目＿＿＿＿＿	本支票付款期限十天　收款人：　　出票人账号：02100236585
出票日期　年　月　日	人民币（大写）[redacted]　亿 千 百 十 万 千 百 十 元 角 分
收款人：	用途：＿＿＿＿＿　科目（借）
金额：	上列款项请从我账户中支付　对方科目（贷）
用途：	出票人签章　付讫日期　年　月　日
	出纳＿＿＿＿ 复核＿＿＿＿ 记账＿＿＿＿
单位主管　　会计	贴对号单处　　XVI04000888

（6）5 日，销售产品，2901 线路板 51 000 块，每块 7.6 元；2902 线路板 36 000 块，每块 8.4元。收到银行承兑汇票（如表 7-12、表 7-13 所示）。

表 7-12

北京增值税专用发票

记　账　联

No. 00534584

开票日期：2015年12月5日

购货单位	名称：广州正大电子集团 纳税人识别号：310112289379504 地址、电话：广州市德政北路39号 020-84766641 开户行及账号：广发行海珠支行 2001526432826			密码区	3*21023*9166*72* 加密版本：号01-/-*2/9962507-/546<</56634>>+115899914++14>5<<3782++300013651		
货物或应税劳务名称	规格型号	单位	数量	单价	金额	税率	税额
线路板	2901	块	51 000	7.6	387 600	17%	65 892
	2902	块	36 000	8.4	302 400	17%	5 140
合　计					￥690 000		￥117 300
价税合计（大写）	捌拾万零柒仟叁佰元整			（小写）￥807 300.00			
销货单位	名称：北京瑞通电子科技有限公司 纳税人识别号：110228236812965 地址、电话：北京市密云县工业开发区88号 010-89616666 开户行及账号：中国工商银行密云支行02100236585			备注			

第四联：记账联　销货方记账凭证

收款人：　　复核：　　开票人：王颖　　销货单位：（章）

表 7-13

银　行　承　兑　汇　票　2

出票日期　贰零壹伍年壹拾贰月零伍日

收款人	全　称	北京瑞通电子科技有限公司			出票人	全　称	广州正大电业集团				
	账　号	02100236585				账　号	2001526432826				
	开户银行	工行密云分理处	行号	118		开户银行	广发银行		行号		
汇票金额	人民币（大写）	捌拾万零柒仟叁佰元整									

千	百	十	万	千	百	十	元	角	分
	¥	8	0	7	3	0	0	0	0

汇票到期日	贰零零玖年零叁月贰拾壹日				
本汇票送请你行承兑，并确定《银行结算办法》和承兑协议的各项规定。 出票人盖章 2015 年 12 月 5 日	承兑协议编号	5800672	交易合同号		
本汇票经本行承兑，到期日由本行付交。 承兑银行盖章 2015 年 12 月 5 日	汇票签发人签章 负责　经办		科目（付）________ 对方科目（收）________ 转账日期　年　月　日 复核　记账		

（7）7 日，开出转账支票购买流水工作台一套（如表 7-14、表 7-15 所示）。

表 7-14

存根	支票
中国工商银行 转账支票存根 XVI04000669 科目________ 对方科目________ 出票日期　年　月　日 收款人： 金额： 用途： 单位主管　会计	**中国工商银行转账支票**　（京）XVI04000999 出票日期（大写）　年　月　日　付款行名称：工商银行 本支票付款期限十天 收款人：　出票人账号：02100236585 人民币（大写）　亿 千 百 十 万 千 百 十 元 角 分 用途：________ 上列款项请从 我账户中支付 出票人签章 科目(借) 对方科目(贷) 付讫日期年月日 出纳________ 复核________ 记账________ 贴对号单处　XVI04000999

表 7-15

北京增值税专用发票

发　票　联

No. 00541685

开票日期：2015年12月7日

购货单位	名　　称：北京瑞通电子科技有限公司 纳税人识别号：110228236812965 地 址、电 话：北京市密云县工业开发区88号 010-89616666 开户行及账号：工行密云支行 02100236585			密码区	3*21023*9166*72* 加密版本：号01-/-*2/9962507-/546<</56634>>+1158999140++14>5<<3782++3001336515		
货物或应税劳务名称	规格型号	单位	数量	单价	金额	税率	税额
流水工作台		套	1	38 400	38 400	17%	6 528
合　　计					￥38 400		￥6 528
价税合计（大写）	肆万肆仟玖佰贰拾捌元整　　（小写）￥44 928.00						
销货单位	名　　称：北京百建机械厂 纳税人识别号：110112289373542 地 址、电 话：朝阳区北三环中路54号64527921 开户行及账号：工行和平里分理处2001456737857			备注			

第二联：发票联　购货方记账凭证

收款人：　　　复核：　　　开票人：李苑　　　销货单位：（章）

（8）8 日，采购原材料，材料已验收入库，货款已开出银行承兑汇票（如表 7-16、表 7-17、表 7-18、表 7-19、表 7-20、表 7-21 所示）。

表 7-16

银　行　承　兑　汇　票　2

出票日期　贰零壹伍年壹拾贰月零捌日

收款人	全　称	上海世佳电子有限公司			出票人	全　称	北京瑞通电子科技有限公司										
	账　号	7001201020541-78				账　号	02100236585										
	开户银行	上海浦东发展银行	行号	19		开户银行	工商银行密云支行		行号	118							
汇票金额	人民币（大写）	肆拾贰万贰仟玖佰伍拾伍元整					千	百	十	万	千	百	十	元	角	分	
								￥	4	2	2	9	5	5	0	0	
汇票到期日	贰零壹伍年零贰月零叁日																
本汇票送请你行承兑，并确定《银行结算办法》和承兑协议的各项规定。 出票人盖章 2015 年 12 月8 日					承兑协议编号	5800672	交易合同号										
本汇票经本行承兑，到期日由本行付交。 承兑银行盖章 2015 年 12 月8 日					汇票签发人签章 负责　经办		科目（付） 对方科目（收） 转账日期　年　月　日 复核　记账										

表 7-17

上海增值税专用发票

发　票　联

No. 14572396

开票日期：2015年12月8 日

购货单位	名　　称：北京瑞通电子科技有限公司 纳税人识别号：110228236812965 地 址、电 话：北京市密云县工业开发区88号 010-89616666 开户行及账号：工行密云支行 02100236585			密码区	3*21023*9166*72* 加密版本：号01-/-*2/9962507-/546<</56634>>+1158999140++14>5<<3782++3001336515		
货物或应税劳务名称	规格型号	单位	数量	单价	金额	税率	税额
电阻	R14	只	2 350 000	0.05	117 500	17%	19 975
二极管	TN5817	只	150 000	0.13	19 500		3 315
三极管	SR140	只	200 000	0.15	30 000		5 100
合　　计					￥167 000		￥28 390
价税合计（大写）	壹拾玖万伍仟叁佰玖拾元整　（小写）￥195 390						
销货单位	名　　称：上海世佳电子有限公司 纳税人识别号：210221718763365 地 址、电 话：上海市中山南路5号 021-68792233 开户行及账号：浦发银行中山支行 7001201020541-78			备注			

收款人：段春莲　　复核：　　开票人：夏开样　　销货单位：（章）

第二联：发票联　购货方记账凭证

表 7-18

上海增值税专用发票

发　票　联

NO. 14572397

开票日期：2015年12月8 日

购货单位	名　　称：北京瑞通电子科技有限公司 纳税人识别号：110228236812965 地 址、电 话：北京市密云县工业开发区88号 010-89616666 开户行及账号：工行密云支行 02100236585			密码区	3*21023*9166*72* 加密版本：号01-/-*2/9962507-/546<</56634>>+1158999140++14>5<<3782++3001336515		
货物或应税劳务名称	规格型号	单位	数量	单价	金额	税率	税额
电位器		只	350 000	0.38	133 000	17%	22 610
电容		只	150 000	0.165	24 750		4 207.5
电感		只	150 000	0.245	36 750		6 247.5
合　　计					￥194 500		￥33 065
价税合计（大写）	贰拾贰万柒仟伍佰陆拾伍元整　（小写）￥227 565.00						
销货单位	名　　称：上海世佳电子有限公司 纳税人识别号：210221718763365 地 址、电 话：上海市中山南路5号 021-68792233 开户行及账号：浦发银行中山支行 7001201020541-78			备注			

收款人：段春莲　　复核：　　开票人：夏开样　　销货单位：（章）

第二联：发票联　购货方记账凭证

表 7-19

收　料　单

发票编号：

供货单位：　　　　年　　月　　日　　　　收料仓库：

材料类别	材料编号	材料名称	规格	计量单位	数量		金额			
					应收	实收	单价	买价	运杂费	合计
备注										

仓库保管员：　　　　收料员：

表 7-20

收　料　单

发票编号：

供货单位：　　　　年　　月　　日　　　　收料仓库：

材料类别	材料编号	材料名称	规格	计量单位	数量		金额			
					应收	实收	单价	买价	运杂费	合计
备注										

仓库保管员：　　　　收料员：

表 7-21

收　料　单

发票编号：

供货单位：　　　　年　　月　　日　　　　收料仓库：

材料类别	材料编号	材料名称	规格	计量单位	数量		金额			
					应收	实收	单价	买价	运杂费	合计
备注										

仓库保管员：　　　　收料员：

(9) 8 日，采购员报销差旅费(如表 7-22 所示)。

表 7-22

差旅费报销单

部门 供应部　　　　　　　　　　　　　　　　　　　2015 年12 月18 日

出差人				李明					出差事由		购货				
出发				到达				交通工具	交通费		出差补贴		其他费用		
月	日	时	地点	月	日	时	地点		单据张数	金额	天数	金额	项目	单据张数	金额
12	4		北京	12	5		上海	火车	1	527	4	80	住宿费	1	480
12	7		上海	12	8		北京	火车	1	527			市内车费		120
													邮电费		
													办公用品费		
													不买卧铺补贴		
													其他		
合计										¥1 054		¥80			¥600
报销总额	壹仟叁佰叁拾肆元整 人民币（大写）								预借旅费		¥2 000		补领金额		
													退还金额	266	

（10）9 日，以现金购入办公用品 860 元，立即发放各部门使用（如表 7-23 所示）。

表 7-23

北 京 市 商 业 企 业 专 用 发 票
BEIJING COMMERCIAL CORPORATIONG INVOICE
发 票 联
INVOICE

发票代码 111000721011
Invoice Code
发票号码 85625363
Invoice No

客户名称：北京瑞通电子科技有限公司
Payer

编号 Serial No	商品名称 Merchandise's name	规格 Specification	单位 Unit	数量 Quantity	单价 Unit Price	十	万	千	百	十	元	角	分
	办公用品								8	6	0	0	0
小写金额合计 Total Amount								¥	8	6	0	0	0
大写金额 Total Amount In Words	亿 仟 佰 拾 万 ¢ 仟 捌 佰 陆 拾 零 元 零 角 零 分												

开票单位(盖章) Payee(Seal)　　开票人 王倩 Filler　　2015年12月9日 Y M D

（11）10 日，购买材料，材料已验收入库，货款暂欠（如表 7-24 和表 7-25 所示）。

表 7-24

北京增值税专用发票

发 票 联

No. 00125566

开票日期：2015 年12月10日

购货单位	名　　称：北京瑞通电子科技有限公司 纳税人识别号：110228236812965 地 址、电 话：北京市密云县工业开发区88号 010-89616666 开户行及账号：工行密云支行 02100236585				密码区	3*21023*9166*72* 加密版本：号01-/-*2/9962507-/546<</56634>>+1158999140++14>5<<3782++30001336515	
货物或应税劳务名称	规格型号	单位	数量	单价	金额	税率	税额
印刷板	2935-2	块	400 000	1.35	540 000	17%	91 800
合　计					￥540 000		￥91 800
价税合计（大写）	陆拾叁万壹仟捌佰元整			（小写）￥631 800.00			
销货单位	名　　称：北京飞宇电子有限公司 纳税人识别号：110104289379504 地 址、电 话：朝阳区酒仙桥56号 开户行及账号：北京银行酒仙桥支行 200106325201099612				备注		

第二联：发票联 购货方记账凭证

收款人：叶菲　　复核：　　开票人：刘敏　　销货单位：（章）

表 7-25

收 料 单

发票编号：

供货单位：　　年　　月　　日　　收料仓库：

材料类别	材料编号	材料名称	规格	计量单位	数量		金额			
					应收	实收	单价	买价	运杂费	合计
备注										

仓库保管员：　　收料员：

（12）12 日，销售产品，2901 线路板 56 400 块，每块 7.6 元；2902 线路板 46 800 块，每块 8.4 元，收到支票存入银行（如表 7-26 和表 7-27 所示）。

表 7-26

中国工商银行进账单（回单）

年　月　日

出票人	全　称		收款人	全　称	
	账　号			账　号	
	开户银行			开户银行	

金额	人民币（大写）	亿	千	百	十	万	千	百	十	元	角	分

票据种类		票据张数		
票据号码				
复核　记账				开户银行盖章

表 7-27

北京增值税专用发票

发　票　联

No. 00534585

开票日期：2015 年12月12日

购货单位	名称：北京佳乐电子集团 纳税人识别号：110105789379948 地址、电话：北京市将台路6号 010-64238456 开户行及账号：北京银行将台路支行 0109032650012010918587			密码区	3*21023*9166*72* 加密版本：号01-/-*2/9962507-/54 6<</56634>>+11589991 40++14>5<<3782++3000 1336515		
货物或应税劳务名称	规格型号	单位	数量	单价	金额	税率	税额
线路板	2901	块	56 400	7.6	428 640	17%	72 868.8
	2902	块	46 800	8.4	393 120	17%	66 830.4
合　计					￥821 760		￥139 699.2
价税合计（大写）	玖拾陆万壹仟肆佰伍拾玖元贰角　（小写）￥961 459.2						
销货单位	名称：北京瑞通电子科技有限公司 纳税人识别号：110228236812965 地址、电话：北京市密云县工业开发区88号 010-89616666 开户行及账号：工行密云支行 02100236585			备注			

收款人：段春莲　　复核：　　开票人：夏开祥　　销货单位：（章）

第二联：发票联　购货方记账凭证

(13) 15 日,以银行存款缴纳各项税费。增值税 64 000 元,城建税 4 480 元,教育费附加 1 920 元(如表 7-28、表 7-29、表 7-30 所示)。

表 7-28

中国工商银行电子缴税付款凭证

转账日期: 20151215　　　　凭证字号: 01323698

纳税人全称及纳税识别号: 06427890		
付款人全称: 北京瑞通电子科技有限公司		
付款人开户账号: 02100236585	征收机关名称: 北京市密云县国家税务局	
付款人开户银行: 工商银行密云支行	收缴国库名称: 国家金库北京市密云县支库	
小写金额: ￥64000.00	缴款书交易流水号: 17861389	
大写金额: 陆万肆仟元整	税票号码: 064278900708987456	
税(费)种名称:	所属时期	实缴金额
增值税	20151101　20151130	64000.00
第一次打印	打印时间: 20151215	

第二联　作付款单位回单　　　　复核　　　　记账

表 7-29

中国工商银行电子缴税付款凭证

转账日期: 20151215　　　　凭证字号: 01323699

纳税人全称及纳税识别号: 06427890		
付款人全称: 北京瑞通电子科技有限公司		
付款人开户账号: 02100236585	征收机关名称: 北京市密云县地方税务局	
付款人开户银行: 工商银行密云支行	收缴国库名称: 国家金库北京市密云县支库	
小写金额: ￥4480.00	缴款书交易流水号: 17861389	
大写金额:肆仟肆佰捌拾元整	税票号码: 064278900708987457	
税(费)种名称:	所属时期	实缴金额
城市维护建设税	20151101　20151130	4480.00
第一次打印	打印时间: 20151215	

第二联　作付款单位回单　　　　复核　　　　记账

表 7-30

中国工商银行电子缴税付款凭证

转账日期：20151215　　　　凭证字号：01323700

纳税人全称及纳税识别号：06427890	
付款人全称：北京瑞通电子科技有限公司	
付款人开户账号：02100236585	征收机关名称：北京市密云县地方税务局
付款人开户银行：工商银行密云支行	收缴国库名称：国家金库北京市密云县支库
小写金额：￥1920.00	缴款书交易流水号：17861389
大写金额：壹仟玖佰贰拾元整	税票号码：064278900708987458

税(费)种名称：	所属时期	实缴金额
教育费附加	20151101　20151130	1920.00

第一次打印　　　　打印时间：20151215

第二联　作付款单位回单　　　　复核　　　　记账

(14) 15 日，开出转账支票，通过银行发放工资(如表 7-31、表 7-32 所示)。

表 7-31

工资汇总表

2015 年 12月 15 日　　单位：　元

部门	应付工资
2901产品	71 181.5
2902产品	67 028.5
小计	138 210
基本车间管理人员	5 500
销售部门	6 000
管理部门	19 000
合计	168 710

会计主管：李博　　　　复核：　　　　制表：于得水

表 7-32

中国工商银行

转账支票存根

XVI04000678

科　　目 ________________

对方科目 ________________

出票日期　　年　　月　　日

收　款　人	
金　　额	
用　　途	

单位主管：　　　　会计：

（15）16 日，开出转账支票支付本月广告费（如表 7-33、表 7-34 所示）。

表 7-33

北京增值税专用发票

发　票　联

No. 00756483

开票日期：2010年12月10日

购货单位	名　　称：北京瑞通电子科技有限公司 纳税人识别号：110228236812965 地 址、电 话：北京市密云县工业开发区88号 010-89616666 开户行及账号：工行密云支行 02100236585	密码区	3*21023*9166*72* 加密版本：号01-/-*2/9962507-/5 4 6<</56634>>+11589991 40++14>5<<3782++3000 1336515

货物或应税劳务名称	规格型号	单位	数量	单价	金额	税率	税额
广告费					15 000	6%	900
合　　计					¥15 000		¥900
价税合计（大写）	壹万伍仟玖佰元整				（小写）¥159 00.00		

销货单位	名　　称：北京金苹果广告制作有限公司 纳税人识别号：110112289379504 地 址、电 话：朝阳区静安里56号 开户行及账号：北京银行静安里支行 200106325201074812	备注	

收款人：于洁　　复核：　　开票人：郑涛　　销货单位：（章）

第二联：发票联　购货方记账凭证

表 7-34

中国工商银行 转账支票存根 XVI04000677
科　　目＿＿＿＿＿＿
对方科目＿＿＿＿＿＿
出票日期　　年　　月　　日
收款人：
金　额：
用　途：
单位主管：　　　会计：

（16）18 日，开出转账支票向希望工程捐款 10 000 元（如表 7-35、表 7-36 所示）。

表 7-35

中国工商银行
转账支票存根
XVI04000688
科　　目＿＿＿＿＿＿
对方科目＿＿＿＿＿＿
出票日期　　年　　月　　日
收款人:
金　额:
用　途:
单位主管:　　　　会计:

表 7-36

北京市非税收入专用收据

No. 00979853

京财非专　　　　　　　　　　　　　　　　　　领用证号: 847589

付款单位全称	北京瑞通电子科技有限公司														
付款方式	现金□	支票□	扣押物□	支票号											
收入项目编码	收入项目名称	计量单位	收缴标准	数量	金额										
					亿	千	百	十	万	千	百	十	元	角	分
	捐款								1	0	0	0	0	0	0
合计								¥	1	0	0	0	0	0	0
金额(大写): 亿　仟　佰　计拾　壹万　零仟　零佰　零拾　零元　零角　零分															
备注:															

执收单位:　　　　　　　　收款人: 李欣　　　　　　　　2015 年 12 月 18 日

（17）22 日，本月 19 日向银行申请的为期 1 年的短期贷款，银行已批准并划拨到企业账户（如表 7-37 所示）。

表 7-37

贷款凭证（收账通知）

2015 年12月 22 日

贷款单位名称	北京瑞通电子科技有限公司	种类	流动资金贷款	贷款户账号	02100236585										
金额	贰拾万元整				千	百	十	万	千	百	十	元	角	分	
						¥	2	0	0	0	0	0	0	0	
用途	购买材料	单位申请期限	2015年12月19日至2016年12月18日	利率	6.8%										
		银行核定期限	2015年12月22日至2016年12月21日												
上述贷款已核发 固定资金贷款. 并已转收你单位 银行签字　2015 年 12 月　22　日			单位会计分录 收入 付出 复核　　　　记账 主管　　　　会计												

(18) 23 日，销售产品给北京佳乐电子集团，2901 线路板 57 000 块，每块 7.6 元；2902 线路板 42 000 块，每块 8.4 元，产品已发出，货款尚未收到(如表 7-38 所示)。

表 7-38

北京增值税专用发票

发　票　联　　　　No. 00534586

开票日期：2015 年12月23日

购货单位	名　　称：北京佳乐电子集团 纳税人识别号：110105789379948 地 址、电 话：北京市将台路6号010-64238456 开户行及账号：北京银行将台路支行 0109032650012010918587			密码区	3*21023*9166*72* 加密版本：号01-/-*2/9962507-/54 6<</56634>>+11589991 40++14>5<<3782++3000 1336515		
货物或应税劳务名称	规格型号	单位	数量	单价	金额	税率	税额
线路板	25901	块	57 000	7.6	433 200	17%	72 868.8
	25902	块	42 000	8.4	352 800	17%	59 976
合　计					￥786 000		￥133 620
价税合计(大写)	玖拾壹万玖仟陆佰贰拾玖元整　　(小写) ￥919 620.00						
销货单位	名　　称：北京瑞通电子科技有限公司 纳税人识别号：110228236812965 地 址、电 话：北京市密云县工业开发区88号 010-89616666 开户行及账号：工行密云支行 02100236585			备注			

收款人：　　复核：　　开票人：王颖　　销货单位：(章)

第二联：发票联　购货方记账凭证

(19) 24 日，收到银行付款通知支付电费。生产车间负担 80%，管理部门负担 20%(如表 7-39、表 7-40 所示)。

表 7-39

北京增值税专用发票

发　票　联　　　　No. 00514251

开票日期：2015年12月24日

购货单位	名　　称：北京瑞通电子科技有限公司 纳税人识别号：110228236812965 地 址、电 话：北京市密云县工业开发区88号 010-89616666 开户行及账号：工行密云支行 02100236585			密码区	8*24795*9166*72* 加密版本：号01-/-*2/47552507-/54 6<</56634>>+11589991 40++14>5<<3782++3000 1336515		
货物或应税劳务名称	规格型号	单位	数量	单价	金额	税率	税额
电费			8 200	0.9	7 380	17%	1 254.6
合　计					￥7 380		￥1 254.6
价税合计(大写)	捌仟陆佰叁拾肆元陆角整　　(小写) ￥8 634.6						
销货单位	名　　称：北京市供电总公司 纳税人识别号：110112289379504 地 址、电 话：鼓楼大街5号 89256333 开户行及账号：工行密云支行 02100114578			备注			

收款人：项一飞　　复核：　　开票人：夏丹　　销货单位：(章)

第二联：发票联　购货方记账凭证

表 7-40

委邮　　　　**中国工商银行委托收款凭证（回单）**　　　　第　　号

委托日期　2015 年 12 月 24 日　　　　委托号码：

付款人	全　称	北京瑞通电子科技有限公司	收款人	全　称	北京市供电总公司
	账号或地址	02100236585		账　号	02100114578
	开户银行	工行密云县支行		开户银行	工行　行号 19
委收金额	人民币：（大写）	捌仟陆佰叁拾肆元陆角整	千 百 十 万 千 百 十 元 角 分		¥ 8 6 3 4 6 0
款项内容	电费	委托收款凭据名称		附寄单证张数	1
备注：		款项收妥日期 2015年12月24日		收款人开户银行盖章　月　日	

此联是收款人开户银行给收款人的回单

（20）26 日，月末，企业对各项财产物资进行全面清查，漆包线盘亏 1.3Kg，由于计量器具有误差造成，计入管理费用（如表 7-41 所示）。

表 7-41

账存实存对比表

单位名称：　　　　2015年 12 月 26 日　　　　金额单位：元

编号	类别及名称	规格及型号	计量单位	单价	实存数量	账存数量	盘盈数量	盘盈金额	盘亏数量	盘亏金额
	漆包线	0.5mm	Kg	71	37.6	38.9				
备注		原因：计量器具的误差								

单位主管：　　　　盘点负责人：李博　　　　实物保管人：王英

（21）30 日，计提短期借款利息 580 元。

（22）30 日，摊销本月应负担的财产保险费 1 870 元，生产车间负担 70%，管理部门负担 30%。

（23）30 日，计提固定资产折旧费（如表 7-42 所示）。

表 7-42

固定资产折旧表

2015 年12 月30 日　　　　单位：元

使用单位	项目	月初固定资产原	月折旧率	月折旧额
基本生产车间	房屋建筑物	1 240 000	0.4%	4 960
	机器设备	552 500	1%	5 525
	小计			10 485
销售部门	房屋建筑物	46 500	0.4%	186
	办公设备	50 000	1.6%	800
	小计			986
管理部门	房屋建筑物	232 500	0.4%	930
	办公设备	91 000	1.6%	1 456
	交通设备	250 000	1%	2 500
	小计			4 886
	合计			16 357

会计主管：李博　　　　复核：　　　　制表：于得水

(24) 30 日，本月发出材料(如表 7-43 所示)。

表 7-43

材料费用分配表

2015年12月30日

单位：元

部门	直接计入	分配计入			合计
		分配标准	分配率	分配金额	
2901 产品	1 608 850	250 000		50 000	1 658 850
2902 产品	1 370 910	195 000		39 000	1 409 910
小计	2 979 760	445 000	0.2	89 000	3 068 760
车间一般消耗					16 680
合计					3 085 440

会计主管：李博　　复核：　　制表：于得水

(25) 30 日，结算本月工资(如表 7-44 所示)。

表 7-44

工资费用分配表

2015年12月30日

单位：元

部门	直接计入	分配计入			合计
		生产工时	分配率	分配金额	
2901 产品	67 000	9 600		5 760	72 760
2902 产品	62 500	8 400		5 040	67 540
小计	129 500	18 000	0.6	10 800	140 300
车间管理人员					6 500
销售部门					8 000
管理部门					21 000
合计					175 800

会计主管：李博　　复核：　　制表：于得水

(26) 30 日，月末按产品实际工时分配结转制造费用，2901 产品、2902 产品的生产工时分别为 9 600 小时、8 400 小时(如表 7-45 所示)。

表 7-45

制造费用分配表

年　　月　　日

金额单位：元

项目	分配标准	分配率	分配金额
2901 产品			
2902 产品			
合计			

会计主管：　　复核：　　制表：

(27) 30 日，本月 2901 产品投产 250 000 块，2902 产品投产 195 000 块，全部完工。生产成本期初无余额（如表 7-46、表 7-47、表 7-48 所示）。

表 7-46

产品成本计算表

年 月 日

本月完工产品 ________块

月末在产品 ________块

产品名称:________

单位：元

项目	原材料	工资及福利费	制造费用	总成本
本月生产费用				
本月完工产品成本				

会计主管： 复核： 制表：

表 7-47

产品成本计算表

年 月 日

本月完工产品________块

月末在产品 ________块

产品名称:________

单位：元

项目	原材料	工资及福利费	制造费用	总成本
本月生产费用				
本月完工产品成本				

会计主管： 复核： 制表：

表 7-48

产品检验合格入库汇总表

年 月 日

单位：元

产品名称	规格	入库数	单位成本	总成本	备注
合计					

部门主管： 仓库保管：贾金花 制单：

(28) 30 日，结转已销产品成本，2901 线路板的单位成本为 7.0128 元，2902 线路板的单位成本为 7.6710 元(如表 7-49 所示)。

表 7-49

已销产品成本计算表

年 月 日

单位：元

产品名称	销售量	单位成本	总成本	备注
合计				

会计主管： 复核： 制表：

(29) 30 日,计算应交增值税、城市维护建设税、教育费附加(如表 7-50 所示)。

表 7-50

应交税费计算表

单位名称 :＿＿＿＿＿＿　　年　月　日　　单位：元

税种、税目	计税依据		适用税率	应交税费	备注
	项目	金额			
合计					

会计主管:　　复核:　　制表:

(30) 31 日,结转本月实现的各项收入(如表 7-51 所示)。

表 7-51

结转前各损益类账户发生额汇总表

年　月　日　　单位：元

账户名称	借方发生额	贷方发生额	备注
主营业务收入			
主营业务成本			
营业税金及附加			
其他业务收入			
其他业务成本			
管理费用			
销售费用			
财务费用			
投资收益			
营业外收入			
营业外支出			
所得税费用			

会计主管:　　复核:　　制表:

(31) 31 日,结转本月发生的各项成本、费用。

(32) 31 日,计算并结转所得税(没有纳税调整事项)(如表 7-52 所示)。

表 7-52

应交所得税计算表

年 月 日 单位：元

项目	金额	备注
年应纳税所得额		
适用税率		
年应纳所得税额		
减：已纳所得税额		
应补（退）所得税额		

会计主管： 复核： 制表：

（33）31 日，结转本年净利润。

（34）31 日，根据净利润的 10%提取法定盈余公积金（如表 7-53 所示）。

表 7-53

利润分配表

单位名称 ____________ 年 月 日 金额单位：元

项目	计提依据		计提比例	计提金额	备注
	项目	计提基数			
合计					

会计主管：李博 复核： 制表：于得水

（35）31 日，董事会讨论通过，年末按可分配利润的 40%分配股利（如表 7-54 所示）。

表 7-54

利润分配表

单位名称 ____________ 年 月 日 单位：元

项目	计提依据		计提比例	计提金额	备注
	项目	计提基数			
合计					

会计主管：李博 复核： 制表：于得水

（36）31 日，年末结转利润分配的各明细账。

5. 附表

表 7-55　科目汇总表

年　　月　　日　　　　　　　　　　汇字　第　　号

	借方金额	√	会计科目	贷方金额	√

制表人：

表 7-56　余额试算平衡表

年　　月　　日

会计科目	期末余额	
	借方	贷方

续表

会计科目	期末余额	
	借方	贷方
合计		

制表人：

表 7-57　资产负债表

编制单位：　　　　　　　　　　年　　月　　日　　　　　　　　　　单位：元

资产	行次	期末余额	年初余额	负债和所有者权益(或股东权益)	行次	期末余额	年初余额
流动资产：				流动负债：			
货币资金				短期借款			
交易性金融资产				交易性金融负债			
应收票据				应付票据			
应收账款				应付账款			
预付款项				预收款项			
应收利息				应付职工薪酬			
应收股利				应交税费			
其他应收款				应付利息			
存货				应付股利			
				其他应付款			
一年内到期的非流动资产				一年内到期的非流动负债			
其他流动资产				其他流动负债			
流动资产合计				流动负债合计			
非流动资产：				非流动负债：			
可供出售金融资产				长期借款			
持有至到期投资				应付债券			
长期应收款				长期应付款			

续表

资产	行次	期末余额	年初余额	负债和所有者权益(或股东权益)	行次	期末余额	年初余额
长期股权投资				专项应付款			
投资性房地产				预计负债			
固定资产				递延所得税负债			
在建工程				其他非流动负债			
工程物资				非流动负债合计			
固定资产清理				负债合计			
生产性生物资产				所有者权益			
油气资产				实收资本(或股本)			
无形资产				资本公积			
开发支出				减:库存股			
商誉				盈余公积			
长期待摊费用				未分配利润			
递延所得税资产				所有者权益 合计			
其他非流动资产							
非流动资产合计							
资产总计				负债和所有者权益总计			

单位负责人: 会计主管: 制表:

表 7-58 利润表

编制单位: 年 月 单位:元

项目	行次	本期金额	本期累计
一、营业收入			
减:营业成本			
营业税金及附加			
销售费用			
管理费用			
财务费用			
资产减值损失			
加:公允价值变动收益(损失以"—"号填列)			
投资收益(损失以"—"号填列)			
二、营业利润(亏损以"—"号填列)			
加:营业外收入			
减:营业外支出			
其中:非流动资产处置损失			
三、利润总额(亏损总额以"—"号填列)			
减:所得税费用			
四、净利润(净亏损以"—"号填列)			
五、每股收益:			
(一)基本每股收益			
(二)稀释每股收益			

单位负责人: 会计主管: 制表:

表 7-59　银行存款日记账

户名　　　　　　　　　　　　　　　　账号

年		凭证号	摘要	支票号码	其他票据号码	借方	贷方	借或贷	余额
月	日								

6. 实训要求

（1）根据有关业务填制原始凭证（大部分原始凭证已经填制完，基础会计只要求填制一些基本的原始凭证）。

（2）根据原始凭证逐笔编制记账凭证。

（3）编制科目汇总表（由于经济业务数量不多，全月只汇总一次并编制科目汇总表）。

（4）根据科目汇总表登记总分类账。

（5）根据收款凭证、付款凭证和原始凭证登记银行存款日记账。

（6）根据记账凭证和原始凭证登记明细分类账。

（7）根据总分类账编制余额试算平衡表。

（8）编制资产负债表和利润表。

教、学、做一体化训练

一、知识测试

1. 单项选择题

（1）库存商品明细账采用（　　）格式的账页。

A. 普通三栏式　　　　B. 数量金额式

C. 多栏式　　　　D. 卡片式

(2) 管理费用明细账采用(　　)格式的账页。

A. 普通三栏式　　B. 数量金额式

C. 多栏式　　D. 卡片式

(3) 科目汇总表核算程序是根据(　　)登记总分类账。

A. 原始凭证　　B. 记账凭证

C. 原始凭证汇总表　　D. 记账凭证汇总表

(4) 应交增值税明细账的月末余额为贷方 5 000 元,应(　　)。

A. 转入“应交税费——未交增值税”

B. 应保留在“应交税费—应交增值税”

C. 转入“营业税金及附加”

D. 转入“本年利润”

(5) 如果记账凭证正确,但在登记账簿时登错了金额应该采用(　　)更正。

A. 划线更正法　　B. 红字更正法

C. 补充登记法　　D. 涂改液

2. 多项选择题

(1) 明细分类账的登记依据是(　　)。

A. 原始凭证　　B. 记账凭证

C. 原始凭证汇总表　　D. 记账凭证汇总表

(2) 提取固定资产折旧费可能借记(　　)。

A. 制造费用　　B. 管理费用

C. 其他业务成本　　D. 生产成本—辅助生产成本

(3) 资产负债表中存货项目包括(　　)。

A. 原材料　　B. 库存商品

C. 工程物资　　D. 生产成本

(4) 会计报表编制的根据是(　　)。

A. 原始凭证　　B. 记账凭证

C. 总分类账　　D. 明细分类账

(5) 会计方法包括(　　)。

A. 会计核算方法　　B. 会计分析方法

C. 会计预测方法　　D. 会计决策方法

3. 判断题

(1) 采用专用记账凭证的企业,从银行提取现金的业务既可以填制收款凭证也可以填制付款凭证。(　　)

(2) 如果记账凭证正确,但在登记账簿时登错了金额应该采用划线更正法更正。(　　)

(3) 科目汇总表中的借方发生额合计与贷方发生额合计之间的相等关系,能起到发生额及余额试算平衡的作用。(　　)

(4) 2007 年 10 月 10 日,支票日期大写为“贰零零柒年拾月拾日”。(　　)

(5) 不需在记账凭证上签名的人员是单位负责人。(　　)

二、实务操作

请将“案例学习”资料中的空白凭证、表格填写完整，按照科目汇总表账务处理程序，进行会计业务核算。

拓展思维

一、课外阅读

审 计 报 告

会计报表是财务会计报告分析的主要资料来源，为了全面掌握企业的经营状况，还需要收集其他资料，如企业人力资源、企业背景、企业文化、市场前景 、企业的会计政策等。另外，在进行财务会计报告分析时还有一项主要资料来源是注册会计师的审计报告。

注册会计师依照国家有关法规及一般公认会计原则，采用必要的查账验证程序，对企业会计报表予以验证后，应提出查账验证报告，对验证后的会计报表表示意见。收集、审阅注册会计师的审计报告，这样做是为了检验用来分析的财务报告是否已经审计。

注册会计师的审计报告之所以重要，是因为它向分析人员提供了有关财务报告是否公正、合法、合理的审计意见。对于各个被审计的企业财务报告，注册会计师将根据审计结果，在其审计报告中提出以下五种意见中的一种。

1. 无保留意见审计报告(无解释)

“无保留意见审计报告(无解释)”意味着注册会计师认为，企业的会计报表在所有重大方面公允地反映了公司的财务状况、经营成果和资金变动情况，会计处理方法的选用遵循了一贯性原则。

2. 无保留意见审计报告加说明段(有解释)

“无保留意见审计报告加说明段(有解释)”意味着注册会计师对会计报表的某些部分做出说明。认为企业的会计表在所有重大方面公允地反映了公司的财务状况、经营成果和资金变动情况，会计处理方法的选用遵循了一贯性原则。

3. 保留意见审计报告

“保留意见审计报告”意味着注册会计师认为，企业会计表存在有待确定之处或未能查明是否属实之处，除此之外，企业会计报表在所有重大方面公允地反映了公司的财务状况、经营成果和资金变动情况，会计处理方法的选用遵循了一贯性原则。

4. 拒绝发表意见审计报告

“拒绝发表意见审计报告”意味着注册会计师不能确定公司的某些经营活动对会计报表整体反映的影响程度，无法对公司会计报表是否公允反映公司的财务状况、经营成果和资金变动情况发表审计意见。

5. 否定意见审计报告

“否定意见审计报告”意味着注册会计师认为，会计报表未能公允地反映公司财务状况、经营成果和资金变动情况。

二、课后思考题

1. 结合一家企业的真实情况，描述该企业的会计循环过程。

2. 什么是记账凭证账务处理程序、汇总记账凭证账务处理程序？它们与科目汇总表账务处理程序的区别是什么？

3. 记账凭证账务处理程序、汇总记账凭证账务处理程序的核算步骤是什么？

4. 请通过网络信息，初步了解企业电算化系统的核算过程。

5. 请通过网络信息采集，阅读一家上市公司披露的财务信息。

总结评价

一、本章总结

会计循环是指在一个持续经营的会计主体中，一个会计期间的一系列账务处理程序，包括确认、计量、记录、报告等环节。

账务处理程序又称会计核算程序，是指会计凭证和账簿组织、记账程序和方法相互结合的组织形式。目前，账务处理程序主要有记账凭证账务处理程序、汇总记账凭证账务处理程序、科目汇总表账务处理程序等几种方式，其中科目汇总表账务处理程序最为常用。

科目汇总表账务处理程序又称记账凭证汇总表账务处理程序，是指对发生的经济业务事项，先根据原始凭证或汇总原始凭证，再根据记账凭证定期编制科目汇总表，然后根据科目汇总表登记总分类账的一种账务处理程序。

二、自我评价

评价项目	评价内容	备注
本章重点		
本章难点		
我的问题		

项目八

企业会计人员的职业操守

学习目标

◎ 掌握设置会计工作岗位的原则。
◎ 了解会计的职业规划,可以初步规划自己的会计职业生涯。
◎ 认识会计工作的主要技能要求。
◎ 了解我国企业会计核算法规体系,掌握会计信息质量要求。

案例导入

小林毕业于某大学会计专业,并考取了文秘证书。大学毕业后,小林留京发展,她找到了一个初级会计岗位,迈出了职业生涯的第一步。

然而,干了一年左右后小林发现,自己对会计职业比较喜欢,但自己目前所处的职业环境实在很难令人满意。例如,面对公司会计工作操作上的不规范,她非但不能提出更正,反而还要违心地去执行。公司任人唯亲,员工缺乏培训等。小林开始情绪消极。难道职场新人的生活就是这样的吗?究竟怎样规划自己的职业才能离成功更进一步?如何调整心态寻找和确定正确的职业目标?

知识讲解

8.1 会计从业人员的职业生涯

8.1.1 会计工作岗位划分

1. 什么是会计岗位

会计工作岗位是对一个单位的会计工作进行具体分工而设置的各个职能岗位。

一个单位的会计人员的配备,既有数量问题,又有质量问题。就数量问题而言,一个单位到底配备多少会计人员为宜,是一个需要因行业、单位而作出具体回答的问题。因为会计人员的配备数量,同单位的大小、业务的多寡、资产的规模、经营管理的要求、核算的组织形式及采用什么样的核算手段等，都有密切的关系，这具体体现在会计岗位的设置上。

企业会计工作岗位的设置一般包括会计机构负责人或者会计主管人员、出纳、财产物资核算、工资核算、成本费用核算、资金核算、往来结算、总账报表、稽核、档案管理等。

2. 设置会计工作岗位的原则

(1) 根据本单位会计业务的需要。

各单位应当根据会计业务需要设置会计工作岗位。由于各单位所属行业的性质、自身的规模、业务内容和数量以及会计核算与管理的要求不同，会计工作岗位的设置条件和要求也不相同。在设置会计工作岗位时，必须结合单位的实际情况，有的分设、有的合并、有的不设，以满足会计业务需要为原则。

(2) 符合内部牵制制度的要求。

会计工作岗位，可以一人一岗、一人多岗或者一岗多人。但出纳人员不得兼容稽核、会计档案保管和收入、费用、债券债务账目的登记工作。从多年来税收检查、审计和会计工作秩序整顿中暴露出的问题来看，不少单位在会计工作岗位设置上存在岗位职责不清、人浮于事、手续混乱等问题。在一些小型经历组织中，会计、出纳一人兼任，或者出纳与财物保管一人兼任，为徇私舞弊或贪污挪用等违法乱纪行为留下了可乘之机，隐患甚大，造成损失的也已不在少数，这是很值得重视和引以为戒的。

(3) 有利于会计人员全面熟悉业务，不断提高业务素质。

会计人员的工作岗位应当有计划地进行轮换，这样做不仅可以鼓励会计人员不断进取、改进工作，而且可以在一定程度上防止违法乱纪现象，保护会计人员。

(4) 有利于建立岗位责任制。

会计人员岗位责任制是指在会计机构内部按照会计工作的内容和会计人员的配备情况，将会计机构的工作划分为若干个岗位，并按岗位规定职责进行考核的责任制度。

提示

企业应根据自身规模大小、业务量多少等具体情况设置会计岗位。一般大中型企业应设置会计主管、出纳、固定资产核算、材料物资核算、工资核算、成本核算、收入、利润核算、资金核算、总账报表和稽核等会计岗位。小型企业因业务量较少，应适当合并和减少岗位设置，可设置出纳、总账报表和明细分类核算等会计岗位。

案例学习

请阅读美康食品的企业简介资料，分析该公司会计岗位设置是否合理。

(1) 企业名称：北京美康食品有限公司。

(2) 法定代表人：赵顺利。

(3) 注册地址：北京市通州区新华北街 6 号。

(4) 注册资本：600 万元。

(5) 企业类型：民营企业。

(6) 企业经营范围及主要产品：125 克装可可双色饼干、250 克装奶油面包等。该企业为连续生产的食品加工企业，产品品种很多，生产周期短，本例中只以250克装奶油面包、可可双色饼干两种产品为例。

(7) 经营方式：食品加工。

(8) 企业职工人数和组织机构：共有职工60人，其中生产车间40人；企业下设供应部、一个基本生产车间、销售部、财务部、公司办公室。

(9) 财务部的岗位及人员分工：会计主管1人：张佳；出纳1人：李阳；会计3人：方明(记账)、刘宏(仓库保管)、王群(车间领料员)。

(10) 开户银行：中国工商银行通州支行新华分理处，账号：1103610086621112，税务登记号：110224223810263。

(11) 税率：企业所得税税率为25%；增值税税率为17%；城建税税率为7%；教育附加费为3%。

(12) 产品工艺流程：原材料的处理调配、第一次和面、第一次发酵、第二次调制面团、第二次面团处理、第二次发酵、整形、成型、烤前加工处理、烘烤、冷却、包装、成品。

8.1.2　会计职业生涯规划

1. 会计职业人才需求现状分析

会计是一个较为特殊的职业，也是每个单位不可或缺的最重要的岗位之一。在我国现阶段，无论是综合性大学还是专业院校，几乎每个学校都设有财经专业，尤其是会计专业，每年都有成千上万的会计专业大学毕业生涌入人才市场。会计虽是热门职业，但在这种情况下，普通和初级财务人员明显供大于求，但高端财务人才却千金难觅。

财务会计工作作为企事业单位最重要的信息系统和控制系统，对从业人员的专业技能和个人素质要求越来越高。目前，具有丰富的会计工作经验，并且取得会计专业技术资格和职业资格的中高级会计人才，成为市场上的抢手货。会计就业市场竞争日益激烈。面对这种现状，当代大学生更应该好好谋划自己的前途，做好合理的职业生涯规划。

此外，国际会计专业人才的需求逐渐趋热。据有关就业部门统计，截止目前，我国尚缺9万名与国际市场接轨的国际会计专业人才。专业人才的巨大缺口意味着我们应当拓宽国际视野和增强应对能力，向国际化、专业化迈进。

2. 会计执业资格介绍

会计专业技术资格证书包括会计从业资格证书、初级会计专业技术资格证书、中级会计专业技术资格证书、高级会计专业技术资格证书。

会计专业技术职务晋升顺序为会计员→助理会计师→会计师→高级会计师→正高级会计师。

案例学习

某位会计职业院校毕业生的生涯规划示意，如图8-1所示。

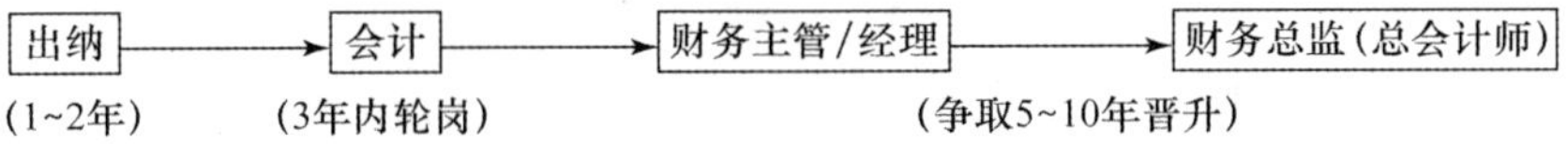

图 8-1　某会计学员的执业规划示意

会计职业的发展前景包括内部审计师、税务经理或税务代理、会计信息系统实施专家或ERP专家、理财顾问或财务顾问、CFA(特许金融分析师)、CPA(注册会计师)、CFO(首席财务官)等。

3. 与会计执业相关的机构

(1) 主要与会计管理有关的政府部门,包括国家审计部门、国家财务部门、国家税务部门、国家监察和管理部门、银监会、证监会、保监会、海关等。

(2) 其他机构,包括会计学会、中国注册会计师协会、审计学会、总会计师协会、成本协会,以及其他会计研究机构等。

8.1.3　会计职业技能要求

新经济是以现代信息技术为基础,以经济全球化为必然发展趋势的经济形式。新经济形势赋予会计职业新的职业特征,对会计人员提出了新的、更高的职业要求,主要表现在以下几个方面。

(1) 会计职业更加突出非智力因素,即职业道德素质和团队合作精神。

(2) 在信息化技术日新月异的今天,传统的会计专业技能最终会被信息化技术所取代,会计信息系统终将完全融入企业管理信息系统并成为其中的一个子系统,会计人员的角色与作用将发生根本性改变。

(3) 会计职业凸现综合素质要求,要求其从业人员不仅要掌握会计学科知识、跟踪会计发展动态,还要学习掌握经济学、管理学、金融学、法学等相关学科知识。不仅要懂经营管理,具有将会计融入企业经营管理的能力,还要深刻理解、领会会计与政治、经济、文化等社会因素间的必然联系。

(4) 会计是国际通用商业语言,在经济全球化的背景下,会计必然走向国际化。我国财政部于2010年4月2日发布了《中国企业会计准则与国际财务报告准则持续全面趋同路线图》,以此深化我国会计标准改革,加快国际趋同步伐,积极参与和跟进国际财务报告准则改革工作,及时对中国相关准则进行修改。

会计职业技能应由哪些能力要素构成?理论上尚无系统的回答,但会计职业能力基础框架一般应由价值观和专业认同、专业胜任能力、知识技能、人际技能和组织技能五部分构成。其中,价值观和专业认同居于框架的最高层,专业胜任能力则为框架的基础。它们之间的逻辑关系如图8-2所示。

(1) 价值观和专业认同。

价值观和专业认同属于意识形态方面要求,处于基础框架的顶端。在我国的政治、经济、法律、文化环境下,已经形成具有中国特色的会计理论与方法体系,会计人员必须具备合格的政策理论水平和会计政策的洞察力,树立社会主义核心价值观、爱岗敬业、遵循法规与职业道德。

(2) 专业胜任能力。

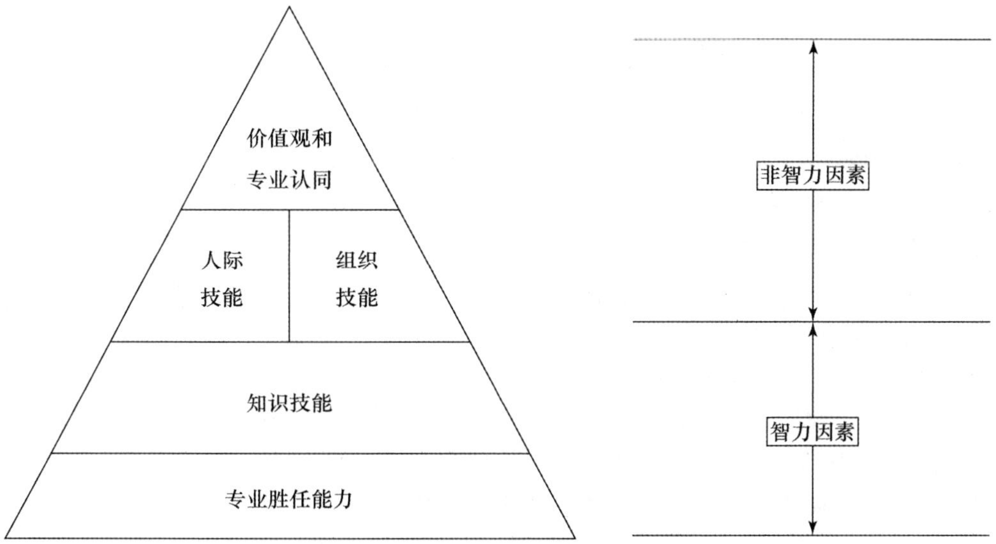

图 8-2　会计职业能力基础框架

专业胜任能力反映实现规定的任务所需要的知识和技能。其中，必需的知识主要包括会计理论与方法、税法、公司理财、风险管理和内部控制等，必需的技能包括实务操作技能、现代信息技术、企业与行业经验。专业胜任能力的核心应在于对会计标准的理解与应用，能够依据会计标准正确处理会计事项，生成符合标准的会计信息。

(3) 知识技能。

知识技能是指人们获取知识的方法，包括如何获取知识和获取哪些知识。当今学校教育已不再是获取知识的“主渠道”，多数的知识获取在于开放学习、继续学习。会计人员应具备对知识的自主建构能力和应用能力，树立终身学习的理念。

(4) 人际技能。

新经济形势下的会计职业不再是“账房先生”，会计工作不再是单纯地记账、算账和报账，会计人员要充分利用会计信息，积极参与决策、风险管理和内部控制。这就要求会计人员善于表达、善于沟通，及时、准确地将相关信息和自己的理想、观点传递给相关各方，以取得对方的理解与支持。在会计事项处理过程，有时也需要其他部门人员的配合与支持，与他们沟通，利用他们的工作成果。

(5) 组织技能。

复杂交易和业务活动的会计处理离不开专业判断。交易和业务活动越复杂，对专业判断能力的要求也就越高，甚至有些复杂交易和业务活动的处理还必须借助团队的力量，在合作的前提下才能完成，才能保证会计信息质量。在信息化条件下，会计已不再是孤立的管理部门，会计信息系统也不再是独立系统，它已经成为企业管理信息系统的一个子系统，会计部门和所有信息生成部门的合作关系将越来越紧密。因此，团队精神、问题的分析与解决能力、创新能力是未来会计人员必须具备的，合格的会计人员必须具备相应的组织技能。

8.2 会计从业人员的职业规范

8.2.1 会计职业规范

会计职业规范是指规范、协调、统一会计行为的法律、原则、制度等。它是会计行为的标准,对会计行为具有约束力。

1. 会计职业规范的作用

(1) 会计职业规范是会计行为合法、合理性的标准。在会计实际工作中,经常遇到的主要问题是"应该怎么做,不该怎么做",要指导会计人员正确解决这些问题,必须有一个外在、统一的标准,这个标准就是会计职业规范。

(2) 会计职业规范是对会计工作进行评价的依据之一。这种评价可由会计人员自我进行,即自评,也可由其他人来进行,即社会评价。

(3) 会计职业规范是引导会计工作往特定方向发展的一种约束力和吸引力,也称"会计行为机制"。这种力量可以来自会计合理性的特定思维,也可以来自外界权威的强制力,还可以是由外界的约束力转化为内在的规则而起作用。

2. 会计法规体系

会计法规是指由国家和地方立法机关以及中央、地方各级政府和行政部门制定颁发的有关财务会计方面的法律、法规、规则、办法、规定等。这些法规制度是贯彻国家有关财经方针、政策的重要工作,是处理财务会计的规范和基本准则。我国企业会计核算法规体系主要包括《会计法》《企业会计准则》等核算方面的法规。

(1)《会计法》。

《会计法》于1985年1月21日颁发,5月1日起正式施行,并于1993年12月、1999年10月先后两次修订。它是我国会计工作的根本大法,是制定会计准则、会计制度和各项会计法规的基本依据,也是指导会计工作最根本的准则。

《会计法》主要规定了会计工作的基本目的、会计管理权限、会计责任主体、会计核算和会计监督的基本要求、会计人员和会计机构的职责权限,并对会计法律责任作出了详细的规定。《会计法》的颁布施行,对加强会计工作,保障会计人员行使职权,发挥会计工作在维护国家财经制度、加强经济管理、提高经济效益中的作用,具有十分重要的意义。

(2) 会计准则。

会计准则是关于会计确认、计量、报告的会计行为规范,是进行会计核算工作必须共同遵守的基本要求。它是我国境内所有企事业单位进行会计工作所必须遵循的基本规范,是我国会计法规体系的重要组成部分,对我国企事业单位的财务会计核算具有普遍约束力。

2006年2月15日,财政部发布了包括《企业会计准则——基本准则》(以下简称"基本准则")和38项具体准则在内的企业会计准则体系,实现了我国会计准则与国际财务报告准则的实质性趋同,顺应了完善我国社会主义市场经济体制和经济全球化的需要。其中,基本准则在1992年发布的《企业会计准则》的基础上,根据形势发展的需要作了重大修订和调整,对于规范企业会计行为、提高会计信息质量、报告财务状况和经营成果,供投资人做出决策、完善资本市场和市场经济等具有十分重要的意义。会计准则体系如图 8-3 所示。

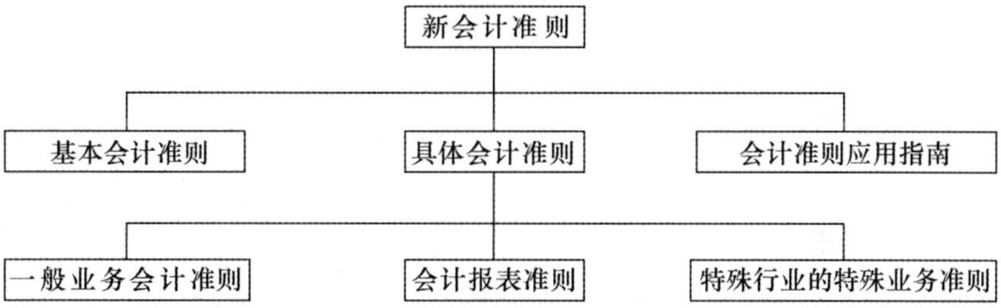

图 8-3　会计准则体系

基本准则规定了会计目标、基本假设、会计基础和会计信息质量要求、会计要素及其确认、计量原则，以及财务报告的基本规范等。它对 38 项具体准则起着统驭作用，可以确保各具体准则的内在一致性。

具体准则根据基本准则规定，用来指导企业各类经济业务的确认、计量、记录和报告。具体准则共 38 项，是根据基本准则的要求，对经济业务的会计处理所作出的具体规定的准则。

企业会计准则应用指南是根据基本准则和具体准则制定的。指导会计实务的操作性指南，主要解决在运用准则处理经济业务时所涉及的会计科目、账务处理、会计报表及其格式。其由两部分组成，第一部分为会计准则解释，第二部分为会计科目和主要账务处理。

一般业务准则主要规范各类企业普遍适用的一般经济业务的确认和计量要求，包括存货、会计政策、会计估计变更和差错更正、资产负债表日后事项、建造合同、所得税、固定资产、租赁、收入、职工薪酬、股份支付、外币业务、借款费用、长期股权投资等。

特殊行业的特殊业务准则主要规范特殊行业的特定业务的确认和计量要求，如石油天然气开采、生物资产、金融工具确认和计量等。

会计报表准则主要规范普通适用于各类企业的报告类准测，如财务报表列报、现金流量表、合并财务报表、中期财务报告等。

案例学习

某公司原财务科科长齐某调离本单位，与新上任的财务科科长高某办理会计工作移交手续，人事科科长进行监交，并在移交清册上签字、盖章。高某上任后发现该公司银行存款账实不符，存在较大问题，于是联系齐某。齐某说："我已经办理了移交，移交时没有发现问题，现在有问题与我无关。"该公司在会计工作移交上是否符合《会计法》的规定？

《会计法》规定："会计人员调动工作或者离职，必须与接管人员办清交接手续。"《会计工作基础规范》也规定，会计人员工作调动或因故离职，必须与接替人员办理交接手续，并将本人所经营的会计工作，在规定期限内移交清楚。会计人员临时离职或因事、因病不能到职工作的，会计机构负责人、会计主管人员或单位领导必须指定人员接替代理。没有办清交接手续的，不得调动或离职。一般会计人员办理交接手续，由会计机构负责人（会计主管人员）监交，会计机构负责人（会计主管人员）办理交接手续，由单位负责人监交，必要时主管单位可以派人会同监交。

根据《会计基础工作规范》的规定，移送人员对移交的会计凭证、会计账簿、会计报表和其他会计资料的合法性、真实性承担法律责任。移交人员所移交的会计资料是在其经办会计工作期间所发生的，其应当对这些会计资料的真实性、完整性负责。即便接替人员在交接时因疏忽没有发现所接受的会计资料在合法性、真实性、完整性方面存在的问题，如事后发现，仍应由原移交人员负责，原移交人员不得以会计资料已移交而推脱责任，接替人员不对移交过去的材料的真实性、完整性负法律上的责任。

3. 会计信息质量要求

评价会计信息的质量，如同我们评价一件商品的质量，要看功能是否符合使用者的需要。同样，会计信息也可以视为一种特殊形式的“商品”，它的质量好坏，要通过会计信息的质量特征来表现。《企业会计准则——基本准则》中明确了对会计信息质量的要求。

(1) 客观性(可靠性)。

企业应当以实际发生的交易或者事项为依据进行会计确认、计量和报告，如实反映符合确认和计量要求的各项会计要素及其他相关信息，保证会计信息真实可靠、内容完整。

会计信息的客观性，是指会计信息能够准确、合理地反映会计主体的财务状况和经营成果，使信息使用者在依据这些信息作出决策时，不会产生重大错误。

(2) 相关性。

企业提供的会计信息应当与财务会计报告使用者的经济决策需要相关，有助于财务会计报告使用者对企业过去、现在或者未来的情况作出评价或者预测。

会计信息的相关性，是指财务报表信息与使用者将要作出的决策相关联，能帮助使用者改进或提高所要作出决策的质量。

(3) 明晰性(可理解性)。

企业提供的会计信息应当清晰明了，便于财务会计报告使用者理解和使用。

会计信息的明晰性，是指会计报表信息必须清晰明了，便于使用者理解和利用，这一原则实际上强调的是可理解性，会计信息的内容必须准确无误地表达，易于理解，才能达到提供会计信息的目的，从而实现会计的目标。

(4) 可比性。

企业提供的会计信息应当具有可比性。

同一企业不同时期发生的相同或者相似的交易或者事项，应当采用一致的会计政策，确保会计信息口径一致、相互可比。

(5) 及时性。

企业对于已经发生的交易或者事项，应当及时进行会计确认、计量和报告，不得提前或者延后。

会计信息的及时性，是指会计核算要讲求时效，必须在最佳的时间提供相应的会计信息。例如，我国上市公司不仅需要按时公开披露年度财务报告，还需要提供中期(短于一个完整会计年度的报告期间)财务报告等。

(6) 实质重于形式。

企业应当按照交易或者事项的经济实质进行会计确认、计量和报告,不应仅以交易或者事项的法律形式为依据。

实质重于形式在会计上的应用,要求按照交易或事项的经济实质,而非外表形式来进行相应的会计确认、计量、记录与报告。例如,企业固定资产是指同时具备以下两个特征的有形资产:①为生产商品、提供劳务、出租或经营管理而持有的;②使用寿命超过一个会计年度。但是在实务中,对于“融资租入的固定资产”,企业虽然不拥有其所有权,但实质上与该项固定资产所有权相关的风险和报酬已经转移到了企业(承租人),因此,应将其确认为企业的固定资产。

提示

企业以融资租赁方式租入的资产虽然从法律形式来讲企业并不拥有其所有权,但是由于租赁合同中规定的租赁期相当长,接近于该资产的使用寿命,租赁期结束时承租企业有优先购买该资产的选择权,在租赁期内承租企业有权支配资产并从中受益等。因此,从其经济实质来看,企业能够控制融资租入资产所创造的未来经济利益,在会计确认、计量和报告上就应当将以融资租赁方式租入的资产视为企业的资产,列入企业的资产负债表。

(7) 重要性。

企业提供的会计信息应当反映与企业财务状况、经营成果和现金流量等有关的所有重要交易或者事项。

会计信息的重要性,是指财务报告在全面反映企业财务状况和经营成果的同时,应当区别经济事项的重要程度,采用不同的会计处理程序和方法。对于重要的会计事项,应单独核算、分项反映,并在会计报表中加以重点披露;而对于不重要的会计事项,则可以简化核算或合并披露。这也是从会计核算的成本效益原则考虑的需要。

(8) 谨慎性。

企业对交易或者事项进行会计确认、计量和报告时应当保持应有的谨慎,不应高估资产或者收益、低估负债或者费用。

会计信息的谨慎性,是指在处理不确定的会计事项时,当有几种方法可供选择时,应当持谨慎的态度,选择不导致夸大资产、虚增利润的方法。在进行会计核算时,应当合理地预计可能发生的损失和费用,而不应预计可能实现的收入和过高地估计资产的价值。

综合来看,可靠性、相关性、可理解性、可比性、及时性、实质重于形式、重要性和谨慎性之间相互联系,相互影响,缺一不可。前面五项是基础性要求,后面三项是修正性要求。若用结构图来反映,八大会计信息质量要求可以用图 8-4 来说明。

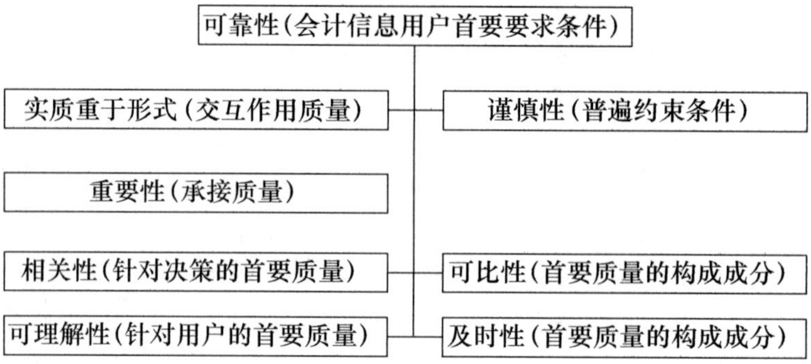

图 8-4 会计信息质量要求结构图

教、学、做一体化训练

一、知识测试

1. 单项选择题

(1) 可以不独立设置会计机构的单位是(　　)。

A. 企业集团　　B. 行政事业单位

C. 民营企业　　D. 规模很小的企业

(2) 企业在配备会计人员数量时,不需考虑的因素是(　　)。

A. 单位的大小　　B. 业务的多寡

C. 经营管理的要求　　D. 生产工艺流程

(3) 会计人员的工作岗位应当有计划地进行(　　),以促进会计人员全面熟悉业务。

A. 更改　　B. 增减

C. 轮换　　D. 变动

(4) 当前,我国会计法规体系的第一层次是(　　)。

A. 会计法　　B. 企业会计基本准则

C. 企业会计具体准则　　D. 各大行业会计制度

(5) 会计的基本准则中不包括(　　)。

A. 会计核算的前提条件　　B. 具体业务准则

C. 会计要素准则　　D. 会计报表准则

2. 多项选择题

(1) 为了贯彻内部牵制制度的要求,出纳员不得监管(　　　　)。

A. 总账的登记工作

B. 会计档案的保管工作

C. 货币资金日记账的登记工作

D. 债券债务明细账的登记工作

(2) 设置会计工作岗位的原则包括(　　　　)。

A. 根据本单位会计业务的需要

B. 符合内部牵制制度的要求

C. 有利于会计人员全面熟悉业务，不断提高业务素质

D. 有利于建立岗位责任制

(3) 会计专业技术职务有(　　　　)。

A. 会计员　　　　B. 高级会计师

C. 助理会计师　　　　D. 注册会计师

(4) 根据《企业会计准则》，我国企业的会计期间划分为(　　　　)。

A. 年度　　　　B. 半年度

C. 季度　　　　D. 月度

(5) 下列各项中，属于会计岗位的有(　　　　)。

A. 工作核算岗位　　　　B. 资金核算岗位

C. 计划管理岗位　　　　D. 会计档案管理岗位

3. 判断题

(1) 各企事业单位、行政机关等一般都应单独设置会计机构。但一些规模小、会计业务简单的单位，也可不单独设置会计机构。(　　)

(2) 我国《企业会计准则—基本准则》是由国务院财政部制定并颁布的。(　　)

(3) 会计人员的职责，就是进行会计核算。(　　)

(4) 会计工作岗位，可以一人一岗、一人多岗或者一岗多人。(　　)

(5) 会计准则是会计人员从事会计工作必须遵循的基本原则和共同标准。(　　)

二、实务操作

某日，四个会计人员各自发表了对“重要性”的看法。

小张说：“我认为重要性是从会计信息使用者的角度提出的，判断会计事项是否重要的标志是看其是否影响信息使用者的决策。”小王却说：“信息是否重要，主要看其涉及的金额数，金额越大，越重要。”小孙认为：“只要是真实可靠且相关的信息一定是重要的。”小李说：“我觉得一条信息是重要的，那它就是重要的。”

试分别评述四人的看法，并谈谈你对重要性会计信息质量要求的认识。当遇到会计信息质量要求无法兼顾的情况，你将如何取舍？

拓展思维

一、课外阅读

担任会计专业职务的基本条件和基本职责

(一) 会计员

1. 担任会计员的基本条件如下：

(1) 初步掌握财务会计知识和技能；

(2) 熟悉并能认真执行有关会计法规和财务会计制度；

(3) 能担任一个岗位的财务会计工作；

(4) 大学专科或中等专业学校毕业，在财务会计工作岗位上见习一年期满。

2. 会计员的基本职责是：负责具体审核和办理财务收支，编制记账凭证，登记会计账簿，编制会计报表和办理其他会计事项。

（二）助理会计师

1. 担任助理会计师的基本条件如下：

（1）掌握一般的财务会计基础理论和专业知识；

（2）熟悉并能正确执行有关的财经方针、政策和财务会计法规、制度；

（3）能担负一个方面或某个重要岗位的财务会计工作；

（4）取得硕士学位或取得第二学士学位或研究生班结业证书，具备履行助理会计师职责的能力，或者大学本科毕业后在财务会计工作岗位上见习一年期满，或者大学专科毕业并担任会计员职务两年以上，或者中等专业学校毕业并担任会计员职务 4 年以上。

2. 助理会计师的基本职责是：负责草拟一般的账务会计制度、规定、办法，解释、解答财务会计法规、制度中的一般规定，分析、检查某一方面或某些项目的财务收支和预算的执行情况。

（三）会计师

1. 担任会计师的基本条件如下：

（1）较系统地掌握财务会计基础理论和专业知识；

（2）掌握并能正确贯彻执行有关的财经方针、政策和财务会计法规、制度；

（3）具有一定的财务会计工作经验，能担负一个单位或管理一个地区、一个部门、一个系统某个方面的财务会计工作；

（4）取得博士学位并具有履行会计师职责的能力，或者取得硕士学位并担任助理会计师职务两年左右，或者取得第二学士学位或研究生班结业证书并担任助理会计师职务 2～3 年，或者大学本科或专科毕业并担任助理会计师职务 4 年以上。

2. 会计师的基本职责是：负责草拟比较重要的财务会计制度、规定、办法，解释、解答财务会计法规、制度中的重要问题，分析、检查财务收支和预算执行情况，培养初级会计人才。

（四）高级会计师

1. 担任高级会计师的基本条件如下：

（1）较系统地掌握经济、财务会计理论和专业知识；

（2）具有较高的政策水平和丰富的财务会计工作经验，能担负一个地区、一个部门或一个系统的财务会计管理工作；

（3）取得博士学位并担任会计师职务 2～3 年，或者取得硕士学位、第二学士学位或研究生班结业证书，或者大学本科毕业并担任会计师职务 5 年以上。

2. 高级会计师的基本职责是：负责草拟和解释、解答一个地区、一个部门、一个系统或在全国实行的财务会计法规、制度、办法，组织和指导一个地区、一个部门、一个系统的经济核算和财务会计工作，培养中级以上会计人才。

二、课后思考题

1. 设置会计工作岗位的原则是什么？企业应如何设置会计岗位？

2. 你如何设计自己的会计职业生涯规划目标？

3. 会计工作的主要技能要求有哪些？你的学习目标是什么？

4. 我国企业会计核算法规体系主要包括哪些内容？

5．会计信息质量要求有哪些内容？

总结评价

一、本章总结

会计工作岗位是对一个单位的会计工作进行具体分工而设置的各个职能岗位。企业设置会计工作岗位应当根据本单位会计业务的需要，符合内部牵制制度的要求，有利于会计人员全面熟悉业务、不断提高业务素质，有利于建立岗位责任制。

会计职业能力基础框架一般应由价值观和专业认同、专业胜任能力、知识技能、人际技能和组织技能五部分构成。

我国企业会计核算法规体系主要包括《会计法》《企业会计准则》等核算方面的法规。

会计信息质量要求，包括客观性（可靠性）、相关性、明晰性（可理解性）、可比性、及时性、实质重于形式、重要性、谨慎性等。

二、自我评价

评价项目	评价内容	备注
本章重点		
本章难点		
我的问题		

参考文献

[1] 财政部会计资格评价中心.初级会计实务[M].北京：中国财政经济出版社，2013.

[2] 中华人民共和国财政部.企业会计准则[M].北京：经济科学出版社，2006.

[3] 中华人民共和国财政部.企业会计准则——应用指南[M].北京：中国财政经济出版社，2006.

[4] 康述尧.基础会计[M].北京：中国财政经济出版社，2004.

[5] 张晖.企业会计[M].2版.北京：高等教育出版社，2006.

[6] 许保国.基础会计[M].2版.北京：机械工业出版社，2007.

[7] 徐秀艺.新编企业财务报告分析[M].北京：高等教育出版社，2009

[8] 杨桂洁.会计基础与实务[M].2版.北京：人民邮电出版社，2013.